編著

法のクレオール序説
異法融合の秩序学

北海道大学
大学院法学研究科
研究選書

北海道大学出版会

法学・政治学は現代社会の変動のなかで，より高次の発展が求められている。この要請に応え，研究成果を世に問うために，「北海道大学法学部研究選書」を，北海道大学法学部学術振興基金の出版助成を得て刊行することとした。
　1994年7月

北海道大学法学部

はじめに

長谷川　晃

　「法のクレオール」——多くの人には新奇な言葉であるだろう。しかしながら，本書にまとめられた研究の焦点を一言で示すにはいささか新奇な言葉も必要である。というのも，そこでは文化的背景や制度的構制を異にする法どうしがともに関わる異法融合の過程が古代から現代に至るまでさまざまな地域で広範に存在していると捉え，その機序を，特にさまざまな法的アクターとその主体的営為による接合の動態において分析し把握することが目的だからである。

　2005年度から2009年度までの5年間，私が研究代表者となった科学研究費基盤研究(S)「〈法のクレオール〉と主体的法形成の研究」プロジェクト(課題番号：17103001)は，上記のような課題をめぐって遂行された[1]。このプロジェクトにおいて試みに法のクレオール(the creole of law)と呼んだものは，異なる法体系・法文化の遭遇と各社会内での法の相互浸透，そしてさらなる法の変成と次なる新たな遭遇という連鎖的な法の形成過程であり，それらの現象をその動態に即して活き活きと捉えようとする視座である。ここで表題的に用いられた法のクレオールという用語は当時から新しいもので，その企図するところを十分に説明することはかならずしも容易ではなかった。そもそもクレオールというそれ自体は魅惑的な用語には，周知のとおり，すでに言語論的あるいは文化論的なさまざまな意味と含蓄が伴っており，それらとはまた異なる含み，異なる問題領域でこの語を用いることには疑義や不安もないではなかった。上記の研究プロジェクトにおいていわれるべきことは，特にポストコロニアルな文脈に限定されない，より普遍的な法の相互作用たる，法の移植・継受や流入などと呼ばれてきた法の相互浸透の一環としての法的変成の動態であったから，従来から特有の意味や含意をもって使用され

ているものとは異なる，独自の表現を有する概念が必要だと感じられもしたのである[2]。しかし，上記の研究プロジェクトのまとめとなる本書においては，この動態に関して，異なる法の相互作用からあらたな法が形成されてゆく過程に関わる発見論的な意味において法のクレオールという用語を維持することとし，こうした現象を一般的に広く名指すのに法融合やその秩序といった表現を用いることとした。

さて，ここで問題となっている法の相互作用に関するあらたな視点は近年いくつかの基礎的作業によって開拓されつつあるが，とりわけ注目されるのはイギリスの法理論家ウィリアム・トワイニング（William Twining）である。すでに別途拙稿で紹介したとおり[3]，彼は，この種の現象について従来幾多の用語が用いられているところ，それらをまとめるものとして「伝播/拡散(diffusion)」という用語を提案する。トワイニングによれば，この用語は，法の伝播/拡散の過程とは多方向的かつ多次元的なものであり，特に準則や学説のみならずさまざまな法的素材を含み，そのことによって動的な多元的法体系を形成するということを示すことができる。そしてこの認識を踏まえて，トワイニングは法の伝播/拡散の研究のための新たな視座を次のようにまとめている。

a．法の伝播/拡散の素材源は往々にして多様である。
b．法の伝播/拡散にはレヴェルが交錯する相互作用がある。
c．法の伝播/拡散の経路は複雑で間接的でありうる。
d．法の伝播/拡散において法の採用や定立は公式の行為であるが，非公式の伝播/拡散もある。
e．準則，概念，法制度（裁判所など）は法の伝播/拡散の唯一の対象でも主たる対象でもない。
f．法の伝播/拡散にはさまざまな主体が関わる。
g．法の伝播/拡散は長期間にわたる過程を要する。
h．法の伝播/拡散においては母法から子法へという一方的な過程だけが重要なのではない。
i．継受・移入された法が変容を被らないということはない。
j．法の継受・移入の受け皿となる当該社会の既存の文化や慣行が重要である。

k．法の伝播/拡散においてはイデオロギー，文化，技術の間の緊張関係に注意すべきである。
　l．法の伝播/拡散の社会的インパクトの評価は注意深く行うべきである。

　このトワイニングの視座は異法融合のあり方の把握について重要な一歩を示している。たしかに，その内容はある面ではいまだマニフェスト的なものであり，今後さらにグローバルな規模での法変容も含めて，理論的および経験的な探求が求められることはいうまでもない。しかし，そこで示された異なる法の間の相互作用における法的アクターの活動への注目，法の伝播/拡散プロセスにおける多面性への注目，そしてこの相互作用によって生ずる法変容の方向性への注目などは，我々の研究プロジェクトの問題関心に基本的に重なり合うものである。しかし，我々の目からすれば，これらのポイントについてさらに深化した探求の必要があると考えられる。というのも，トワイニングのマニフェスト的な指摘を踏まえたうえでなお，法的アクターの活動における主体性とはいかなる様態の主体性なのか，また多面的な法の継受のプロセスにおいてはそれらの多面的要素の間にいかなる相互連関があるのか，さらに，そのような法の動態が一定の方向性を有した法変容を生み出すときそれはいかなる価値的志向性を示すのかといった問題について，経験的探求とともにいっそうの理論的なモデル化が必要になるからである。そして，このような深化の方向にこそ，法のクレオールを見定めながら進めようとする我々の研究プロジェクトの意義がある。

　本書はこのような科研基盤研究（S）プロジェクトにおける我々の探求の成果を示すものである。ただし，これらの成果は分担者各自がそれぞれの研究関心の下にまとめた異法融合の動態についての試論群であり，それぞれの関心における分析や検討の最終的結論を示すものではかならずしもない。法融合における法のクレオールの諸相はそれを分析するほどに複雑となり，また広範であって，その探求は今後も継続的に深められるべきものだからである。しかしそうはいっても，これらの論考がまとめられた法のクレオール序説たる本書において，法のクレオールを介した法的な活動主体性の様態，多面的

な伝播/拡散の過程における相互連関，そして法変容の価値的志向性に関していかなる示唆を与えうるのか，それぞれの論考の概括的な位置づけを図ってみることは重要であろう。

　まず，冒頭の拙稿「法のクレオールと法的観念の翻訳」は，異法融合の動態における法のクレオールの構造や要素，あるいはその作用についての一般的なモデルの提示とその一つの要となる規範的翻訳の分析を行おうとするものである。そこではまず，法のクレオールの概念の発見的な意義や基本的な様相のモデルを示し，これに続く各分担者の論考のモデル的次元での理論的な位置づけを図る。そしてそれと同時に，法のクレオールによる主体的法形成の基軸と考えられる，異なる法観念や異なる法体系の相互作用に介在する法的観念の翻訳という一つの重要な主体的営為の有り様をめぐって哲学的解釈学に立脚する視点から理論的な考察を行い，特に近代日本における西洋のrightsの観念の翻訳導入過程の特質に関わる分析と検討を行って，異法融合の具体的な条件の解明を試みる。

　次に，尾崎一郎「日本における法文化の変容と法のクレオール」は，日本社会における低訴訟率の文化的説明と制度的説明との争いという問題を素材としながら，文化と制度との対立という既存の問題構成を脱し，文化は社会の人々が有意味な相互行為をなす基本枠組であって，行為・制度・イデオロギーを媒介として循環的に再生産されると捉え，その見地から異法融合も捉え直す必要を論ずる。そこでは，特に法的コミュニケーションを秩序形成と自明性欠如という二重の意味で自覚的で不自然なものであると捉える。そして，近代日本においては法を対象化し選び取るという契機も加わって三重の人為性が現れるため，法のクレオールが法と社会との断絶を克服する過程だとしても，現実には法の意図的な維持・改変と作為を超えた再生産・変容とが交錯しているために法の変化は一方向的ではないことを指摘する。

　続いて，松村良之「人々は法律用語をいかに概念化するか——『権利』，『Hak』，『Right』」は，異なる社会・文化の人々が新しい法的言語にどのような意味づけを与え，どのように概念化するかという問題を具体的な社会調査を通じて明確化することをテーマとする。そこでは特に，日本，インドネ

シア，米国の人々の「権利」，「hak」，「right」という言葉に対する反応を実証的に調査し，特にインドネシアにおける「hak」観念の意味変容に注目する。そして，日本や米国においては権利や right の観念が人間関係や共同体の重視とは異質な原理として捉えられるのに対して，インドネシアでは継受法と固有法の二元体制の下で先住民が各種族の Adat 法に服しているため，本来アラビア語起源の観念である「hak」が権利の主張，弱者への配慮，人間関係の配慮などを統合すべく変化しているということを示す。

　以上のような理論的・経験的省察に続いて，本書の考察は歴史的あるいは比較論的な実証的検討へと移る。

　まず，齋藤哲志「フランス古法時代の一法格言に関する覚書——取消・原状回復をめぐって」は，近世フランスの法格言「フランスにおいて無効の主張はなんら実現されない」の意義の歴史的変容について，ローマ法とフランス法との対抗という視点から検討する。歴史的に見るとこの法格言には，中世におけるローマ法の再発見に対する実務の反応に関わる層と，15世紀における取消状の制度化に対応する層という二つの意味層がある。そして前者から後者への変化においては，16世紀にあらたに生じた「フランス法」というナショナルな観念を通じて取消のカテゴリーが創出されたことがその対となる当然無効の考察を促したこと，さらに国王によるフランス法化の動きやローマ法に基づいた「国王＝立法者」観念の展開などが重要であった。

　水野浩二「訴訟法書・公証手引書における『職権と当事者』——12・13世紀『法生活の学問化』の一断面」は，西欧の12世紀ルネサンスの一環として復活した中世学識法学の法実務への浸透や，その重要な要素である訴訟手続の学識化＝学識法的訴訟手続の普及において，訴訟法書や公証手引書という文献群が重要であったという観点から，この時期に頻用された「効用ある一節」(clausula salutaris) の具体的役割を検討する。このような一節の使用は12世紀後半のアングロ・ノルマン教会法学派ですでに知られていた。そこでは，手続の簡易化や訴訟戦術上の配慮から法的根拠を特定しない方略としての機能，さらに法源上訴求力が認められていない場合の訴えを可能にする機能などが働いており，これらは「法生活の学問化」の進展と表裏一体の

実務の浸透過程での現象であった。

　田口正樹「中世後期ドイツの学識法曹と政治・外交活動」は，ローマ法継受に関する研究が20世紀後半に教会法への注目や「法生活の学問化」の観点の受容を通じてより広範に展開されるようになったことを踏まえ，13世紀中頃から15世紀後半までのドイツ学識法曹の活動について，特に政治・外交分野における学識法曹の活動と意義に注目しつつ，法のクレオールにおける主体性の問題を歴史的に検討する。中世後期ドイツの法学生は，13世紀以降，教皇文書の獲得や皇帝使節としての教皇庁との交渉などの活動で重要な位置を占め，15世紀には学識法化が進むなか，ドイツの内政と外交においてさまざまな交渉に従事する学識法曹の一団を形成して，国王・諸侯・都市にとって不可欠の存在となった。そして，こうした法曹の存在と活動を通じて，政治における伝統的行動準則も大きく変容していった。

　今井弘道「ヴェーバーの『解釈的理解』と近代・近代法批判――アーレントとガダマーの間?!」は，20世紀前半のドイツにおける法思想の変遷のなかで，特にマックス・ヴェーバーの思想に即して，法学的思考から政策的思考への転換や法学的思考様式への思想的批判といった局面に着目しつつ，法動態の根元的部分で働く規定的判断力の機序について手がかりを見出そうとする。そこでは，ヴェーバーによる法律至上主義への批判や実践的判断の一環としての責任倫理の模索の意義を再考するが，これは同時に，近年の哲学的議論のなかであらためて注目されている反省的判断力と規定的判断力との接点を，この二つの判断力の対立が弁証法的ともいうべき動態的な論理的構造を実体化した所産と見て，この構造のなかでの法的な規定的判断力の有り様をヴェーバーを素材に明らかにする試みでもある。

　中村民雄「EUのなかのイギリスにおける憲法の主体的なクレオール」は，EU法がイギリスのコモン・ロー憲法上の「国会主権の原則」とそれをめぐるイギリスの裁判官・学説の憲法認識に与える変化を分析し，同時にEU各国の法とEU固有の法とが複合するEU全体の法秩序の形成過程を観察する。そこでは，法変成に関わる種々の事実を精査して，EU法秩序の形成過程ないしはEUのなかのイギリスの憲法原則の認識変容を多面的に捉えながら，

EU法とイギリス憲法の間の異法融合が，イギリスのコモン・ロー憲法を支える法認識手法は変えることなく国会の意思の前後関係に置き換えるという形式的原則の一部修正として現れ，コモン・ロー憲法に対して特定の実体権を厚く保護する成文憲法の提唱は伝統と断絶していることが，多様な主体の法創造活動に目を向けることで立体的に把握されると論ずる。

会沢恒「米国憲法訴訟の"外部"へのまなざし」は，米連邦最高裁が，憲法上の論点の判断に際して外国法や国際法を参照することの可否をめぐる近時の論争について論ずる。この論争が本格化したのは21世紀に入ってからであるが，実際には最高裁は建国期以来，特に罪責と刑罰の均衡や実体的デュー・プロセスに関する事件で国外の状況を参照してきており，現在では参照賛成・許容の立場がわずかに制している。憲法理論上はこの論争は憲法解釈の方法や司法審査の正統性をめぐる原意主義と「生ける憲法」論との対抗の問題であり，法文化論上は〈アメリカ〉の独自性・例外性を重視する見方と内部の多様性や民主主義的な憲法理解を強調する見方との対置の問題でもある。最高裁の手法は，国内的規範と国際的動向の双方を睨みつつ対話を試みる関与のアプローチであり，法のクレオールの一つの形である。

桑原朝子「近世前期の裁判物にみる上方都市の社会構造——『民事裁判』をめぐって」は，近世前期日本の京都を中心とする上方都市において，中国の裁判関連テクストの翻訳や翻案を通じて従来には例を見ない裁判物と呼ばれる名裁判話集が生み出され，そのなかには中国と異なった「民事裁判」の事例が多いことに着目し，この「民事裁判」への関心を支えている上方都市の協調的社会構造を解明しようとする。特に，裁判物の作者たちは俳人が多く，付合形式により一つの文芸を構成する連句は自他共生関係を作り出す要素を持っており，彼らの描く町の理想像は連句の座のイメージに近い。その一方，連句による協調関係には個人の突出を許さない窮屈さもあり，連句が18世紀初頭から衰退し，京都の町も変化して，「民事裁判」への関心が低下したことも，連句と町と「民事裁判」の構造的連関を窺わせる。

林田清明「法のナラティヴと法的推論——志賀直哉『范の犯罪』を素材に」は，明治以降の近代化のなかで異質な西洋法が日本社会に移入された場

面を捉え，官製の法解釈・法的推論の考え方の受容過程を分析する。それは統治者にとっての近代という大物語に沿い，特に解釈の客観性や適用の一貫性を通じて形式的に差異を解消し，多様な見方や人を同一のものに還元する方法であった。しかし，近代日本の文学，特に志賀直哉の作品に現れる人々の意識はこれとは異なり，法の準則はあいまいかつ不確定で，法準則を用いることがかえって既存の準則を逸脱することになるという見方が窺える。ここではまた，法や法的判断が裁判官を含むさまざまな人々のストーリーから成り立ち，そのストーリーや説得・説明，レトリックなどの言語的要素も含む多様で動的な法を捉える〈法と文学〉の立場の重要性も強調される。

最後に，鈴木賢「中国における個別事例を通じた規範変革運動の展開とその意義——中国法のあらたな段階」は，現代中国法が政府主導型で形成され，一般市民が法形成に関わる機会はなかったという状況に対して，近年，市民の訴訟提起により形式的な法を現実生活のなかの生ける法に変えようとする，影響性訴訟という運動が展開されるようになった事態に注目する。そこでは，影響性訴訟の諸事例を訴訟類型，地域分布，内容的特徴などの見地から多角的に整理・検討して，現代中国社会において法への市民参加が進みつつあり，法の支配の新たな展開が少しずつではあるが模索されていることを証示するとともに，政治的主張を法的論点に加工して社会問題を技術化，専門化し法廷という公共空間での理性的議論を可能にするという方途が開かれて，合法的な社会変革の可能性が現れていることを展望する。

以上のように各分担者の関心はさまざまであるが，すべての論考において，異なる法を受け止め，結びつけ，そしてあらたな法として展開してゆく法融合の秩序が考察の焦点となっており，その際の軸として主体的な法形成の活動が重視されていることは明らかであろう。そしてそれらは，たとえば理論面，歴史面，比較面といったようにある種縦割り型に分類できるものというよりは，むしろお互いが多次元的に重なり合うことで，法のクレオールを通じた異法融合の多面的な有り様を示しているのである。それでは，これらの諸論考は，法のクレオールという視座を発見論的に用いた一般的分析に関していかなる位置づけを有するであろうか。

以前に別途拙稿でも述べたように[4]，クレオールの根元的動態には，一般的に四つの局面のクレオール過程が含まれる。それは，まず主体化，変成，そして文化混合という三つの局面であり，これらの過程は，それぞれクレオール α（主体化），クレオール β（変成），クレオール γ（文化混合）とも呼ぶことができる。そして，これら三つの局面には，その主軸となる作用としてクレオール過程の根元的動因たる人間の活動主体性における創造的な判断作用が付随しているが，これは第四の局面としてクレオール ψ（解釈的活動主体性）と呼ぶことができる。

これらの局面を有する法のクレオールにおいてその主たる局面となるのは，法的変成である。法的主体化という局面は個々の法的アクターそれぞれのミクロな活動様式の問題として，また法的文化混合の局面はさまざまなアクター全体の集合が産み出すマクロな秩序パタンの問題として考えられるが，重要なのはそれらの結節点として働いているメゾ・レヴェルでの法的秩序形成の動きそのものである。そして，個々のアクターの主体性とマクロな秩序パタンとは，この変成の動態の内部でいずれ形をなすに至るポテンシャルとして伏在しているのであり，法的変成の一定のパラメーターとして位置づけられることになる。そこで，法的変成それ自体は，このようなパラメーターを示す形で以下のようにマトリックス的に——ただし，それは静態的な変成構造ではなく動態的な変成過程の内に現れる契機を示すのであるが——表現される。

$$
\text{法的変成＝法のクレオール}（\text{クレオール }\beta）
\begin{cases}
\text{Ms/Dv ; Ms/Da ; Ms/Di} \\
\text{Mc/Dv ; Mc/Da ; Mc/Di} \\
\text{Mp/Dv ; Mp/Da ; Mp/Di}
\end{cases}
$$

この場合の契機は，異なる法の間の意義転換[Ms]，異なる法の間の相互連結[Mc]，そして異なる法の間の浸透混成[Mp]というものである。さらに，これらの三つの契機のそれぞれには，法の具体化の過程とあいまって，価値的次元[Dv]，行為的次元[Da]，制度的次元[Di]のような三つの次元の

相異も見出される[5]。そしてこれらの契機や次元と関連して，法のクレオールを促す法的アクターとその主体的な法形成活動をどのように法的変成と関係させて位置づけるかという問題も生ずるが，これについては，法的アクターの主体性そのものは法的主体化としてのクレオール α の局面の問題であるものの，その主体的活動の直接の成果は前記のマトリックス内のどこかに関係づけられるし，その関係づけの仕方は研究者各自の関心による個別の着目点に依存するといえるであろう。

　以上のような見方に立って，本書における各分担者の個別の研究が法的変成の局面においていかなる基本的な位置づけを有するかということを考えてみれば，とりあえずは以下のようにいえるかもしれない。

　　　長谷川：法的観念の主体的な翻訳と導入　　　　　Ms/Dv が中心
　　　尾　崎：言語形成と法形成との相同性　　　　　　Mc/Da が中心
　　　松　村：権利，hak，right の意識や感覚　　　　　Mp/Da が中心
　　　齋　藤：法学や王権を介した法的概念の変化　　　Ms/Di が中心
　　　水　野：裁判例を通じた法的概念の変化　　　　　Mc/Di が中心
　　　田　口：学識法曹による法的知識の伝達　　　　　Ms/Di が中心
　　　今　井：法における規定的判断力の意義と機能　　Ms/Da が中心
　　　中　村：EU 法実践における法の拡充　　　　　　Mc/Di が中心
　　　会　沢：裁判における外国法の援用　　　　　　　Mc/Di が中心
　　　桑　原：近世日本における中国的法観念の広がり　Mp/Di が中心
　　　林　田：近代日本における西洋法観念の影響　　　Mp/Di が中心
　　　鈴　木：裁判における法と社会規範の調整　　　　Mc/Di が中心

　いうまでもなく，このような位置づけは，分担者各自の研究の主要な問題場面に関わるものであり，いずれの研究も，それが注視している同じ次元のなかの他の局面への関わりをそれぞれの程度において含んでいる。そしてこのように見た場合に，前記のマトリックスの内でもさらに法のクレオールの核心となる部分は，Mc の契機の部分，すなわち異なる法の結合・再構成の契機とその価値的，行為的，制度的な各次元における法的変成の過程(Mc/Dv；Mc/Da；Mc/Di)であり，ここにこそ動態的な法秩序形成の根本論理が胚

胎しているのではないかとも考えられる。そしてその際には，解釈的活動主体性に即してさらにいくつかの動態的な契機を措定し，それらの総体として示される主体的な法の連接化の論理や機序に焦点を当てて，理論と実証の両面からさらに立体的に探究することが重要となるかもしれない[6]。

　この点と関連して，法のクレオールの中心局面である法的変成について，いかなる主体もしくはアクターが特にそれを担うことになるかを特定する必要はないのかという問題もありうる。この問題については，社会全体に及ぶ法実践を想定した場合，誰でもが法のクレオールの担い手となる可能性があるであろう。その点ではアクターを当初から特定する必要はなく，問題とされている法のクレオールの有り様に応じて，そこで特に重要な役割を果たしているアクターに注視すればよい。こうして見た場合，たとえば，各分担者が特に注視しているアクターは以下のようである。

　　長谷川：知識人
　　尾　崎：一般市民
　　松　村：一般市民
　　齋　藤：法学者
　　水　野：裁判官
　　田　口：法学者
　　今　井：一般市民
　　中　村：裁判官
　　会　沢：裁判官
　　桑　原：町人
　　林　田：文学者
　　鈴　木：裁判官

　もちろん，経験的に見て，考えられるさまざまな法的アクターの範囲や社会階層上の位置づけ，アクター間の対抗や連携の関係などがいかなるものであるかは，さらに問題となりうる。特に，私自身は，法のクレオールにとって重要なアクターは基本的に社会における知的エリート層であり，個々のアクターが適理的(reasonable)かつ合理的(rational)に活動しうると基本的に想

定し，またさまざまなアクターがさまざまな対立や拮抗あるいは協力の関係にあるとしても最終的にはそれらの動きは全体的統合へ向かうと考えているが，このような見方については，当然に，こうしたエリーティズム的な見方だけでよいのか，個々のアクターが実際にそれほど適理的あるいは合理的に活動するといえるのか，さまざまなアクターの間での深刻な利害対立，権力的格差，あるいは造反や衝突といったリアリティをどのように受け止めるかといった問題が生ずるであろう。これらの問題についても，さらに仔細な実証的な検討を要することは明らかである[7]。

　いずれにしても，この序文の冒頭で触れたように，異法融合の動態的な機序についての関心と分析・検討は本書で示される研究において緒に就いたばかりであり，法のクレオールという特徴づけもまだ発見論的な意義を完全に脱するものではない。しかし，このような研究関心が，人間社会全体に関わるグローバリゼーションの大きなうねりのなかでさまざまな社会の法が示しつつある変容の把握と理解について，たんに構造的で制度的な観察や比較にとどまらず，より有機的で動態的な主体的視座を開拓し，そのことによってこの法の展開をあらたに捉える方向を示唆することができるとすれば，我々の研究プロジェクトの目的はひとまず達せられるといってよいであろう。

1) http://www.juris.hokudai.ac.jp/~hasegawa/lcreole/index.html（2012 年 3 月 6 日アクセス）
2) 拙稿「〈法のクレオール〉の概念をめぐる基礎的考察」（北大法学論集 58 巻 3 号，2007 年，244-269 頁），第 2 節。
3) 前掲拙稿，第 3 節を参照。
4) 前掲拙稿，第 4 節。
5) 前掲（注 1），本研究プロジェクト・ホームページを参照。
6) その一端として，本書の拙稿「法のクレオールと法的観念の翻訳」12 頁以下で示しているような解釈的活動主体性の契機，階梯，次元などの区別とその組み合わせも考えられる。この区別はもちろん我々の活動主体性のすべてを尽くすものではないし，またその動態を適切に表現できるとも限らないであろう。しかし，このような見通しを通じてこの活動主体性が働く問題場面をより精細に析出し，そこで働いている法的アクターのダイナミックな活動の論理や機序を明らかにすることが重要である。もっ

とも，これは本書のさらにあとに取り組まれるべき課題である。
7) とりあえずは次のような点が指摘できるであろう。——(1)個々のアクターのすべてが適理的かつ合理的な判断・活動を行うとは限らないが，社会内の一定数の人々や集団はそのような判断・活動を行うことができ，そのときにその判断・活動が他の人々や集団にも道徳的影響力を与えてゆくことが考えられる。(2)一定の判断や活動を共有しうる人々や集団のなかでも何が適理的でありまた合理的であるかについては解釈の争いが起きることがあるが，それもまたその人々や集団のなかの個人や一定数の人々の判断・活動が他の個人や人々に道徳的影響力を与えてゆくことが考えられる。(3)もちろん，(1)や(2)のような現象が生ずる現実的条件や実際の過程は，なお考察が必要なことである。

目　次

はじめに……………………………………………………長谷川晃　i

1. 法のクレオールと法的観念の翻訳……………………長谷川晃　1
　　Ⅰ　はじめに——法のクレオールの視座が照射しようとするもの　1
　　Ⅱ　法のクレオールの概念(1)——クレオール過程とクレオール状況の複合　7
　　Ⅲ　法のクレオールの概念(2)——法のクレオールにおける主体性　16
　　Ⅳ　法のクレオールと法的観念の翻訳　19

2. 日本における法文化の変容と法のクレオール
　　………………………………………………………尾崎一郎　33
　　Ⅰ　「文化」対「制度」？　33
　　Ⅱ　文化の概念　34
　　　(1)　構築物としての文化　34
　　　(2)　行為，制度，イデオロギー(思想)　35
　　　(3)　「『法嫌い』の神話」　37
　　Ⅲ　社会秩序の法化と法文化　38
　　　(1)　受動的で道具的な法の拡大　38
　　　(2)　法と社会のずれ　40
　　Ⅳ　法の普遍性と法文化の変容　41
　　　(1)　法の普遍性と社会からの乖離　42
　　　(2)　自然と作為　43
　　　(3)　法のクレオール(あるいは cultural convergence)の「実行」か，自然の摂理への「回帰」か　45

3. 人々は法律用語をいかに概念化するか
―― 「権利」,「Hak」,「Right」 ……………………………松村良之　51

　　Ⅰ　問　　題　51
　　Ⅱ　「権利」という言葉について　52
　　　(1)　日本語とヨーロッパ語　53
　　　(2)　「hak」　53
　　Ⅲ　日　　本　55
　　　(1)　データソース　55
　　　(2)　質問項目の選択　55
　　　(3)　分　　析　56
　　　(4)　因子の解釈　58
　　Ⅳ　インドネシア　58
　　　(1)　データソース　58
　　　(2)　分　　析　58
　　　(3)　結果と解釈　58
　　Ⅴ　米　　国　60
　　　(1)　調査概要　60
　　　(2)　分　　析　60
　　Ⅵ　インドネシアおよび米国のデータの特徴　62
　　　(1)　インドネシアのデータの特徴　62
　　　(2)　米国のデータの特徴　63
　　Ⅶ　3カ国データを比較して　63
　　　(1)　日本とインドネシア　63
　　　(2)　米国のデータから見る　64
　　Ⅷ　終わりに　65

4. フランス古法時代の一法格言に関する覚書
――取消・原状回復をめぐって ……………………………齋藤哲志　73

　　Ⅰ　放棄条項と取消状　74
　　　(1)　放棄条項　75
　　　(2)　取消状の生成　76
　　Ⅱ　取消状と原状回復　78
　　　(1)　ローマ法の「フランス法」化　78
　　　(2)　原状回復への類比　80

5. 訴訟法書・公証手引書における「職権と当事者」
　　——12・13世紀「法生活の学問化」の一断面……………水野浩二　93
　　Ⅰ　問題の設定　93
　　Ⅱ　「実務的」文献における効用フレーズの叙述　95
　　　(1) 学識法レベルでの認識の始まり　95
　　　(2) 訴状での記載方　96
　　　(3) 効用フレーズの位置づけ　97
　　Ⅲ　効用フレーズ使用の具体相　99
　　　(1) 「一の事実(カウサ)から複数の訴権が導かれる」場合　99
　　　(2) 訴権の欠缺の代用　103

6. 中世後期ドイツの学識法曹と政治・外交活動
　　……………………………………………………………田口正樹　117
　　Ⅰ　20世紀後半におけるローマ法継受研究の展開　117
　　Ⅱ　大学と学識法曹　118
　　　(1) ドイツ外の大学でのドイツ人学生の勉学　118
　　　(2) ドイツにおける大学の設立と法学教育体制　119
　　　(3) 大学後のキャリア　121
　　Ⅲ　政治・外交分野における学識法曹　122
　　　(1) 教皇庁との交渉　122
　　　(2) ドイツにおける政治の法学化　127

7. ヴェーバーの「解釈的理解」と近代・近代法批判
　　——アーレントとガダマーの間?!……………………今井弘道　143
　　Ⅰ　アーレントの「政治的判断力」と「賢慮」　143
　　Ⅱ　「規定的判断力」・「反省的判断力」と「解釈学的循環」　144
　　Ⅲ　ヴェーバーの「政治的判断力」　151
　　Ⅳ　ヴェーバーの歴史的意識と政治的展望　152
　　Ⅴ　ヴェーバーの「心情倫理」と Legalism　154
　　Ⅵ　法律的判断と政治的判断　158
　　Ⅶ　ヴェーバーの「責任倫理」と「客観的可能性」　159
　　Ⅷ　ヴェーバーの pragmatisch な歴史理解・社会理解　165
　　Ⅸ　まとめに代えて　169

8. EUのなかのイギリスにおける
　　憲法の主体的なクレオール……………………………中　村　民　雄　173
　　　Ⅰ　は　じ　め　に　173
　　　Ⅱ　イギリス憲法における EU 法の受容　176
　　　　(1)　国会主権の原則と EU 法の優位性——異質な法の遭遇　176
　　　　(2)　加盟時の立法者の対応と残る問題　177
　　　　(3)　1970-80 年代の裁判官の対応　178
　　　　(4)　立法者の対応　182
　　　　(5)　2000 年代の私人の反発と裁判官の対応　183
　　　　(6)　1960-2000 年代までの学者の対応　188
　　　Ⅲ　む　す　び　190

9. 米国憲法訴訟の"外部"へのまなざし……………会　沢　　　恒　197
　　　Ⅰ　は　じ　め　に　197
　　　Ⅱ　連邦最高裁による実務の展開　198
　　　　(1)　論争の始まり　198
　　　　(2)　遡　　　行　200
　　　　(3)　その後の展開　202
　　　Ⅲ　「アメリカ」の自己イメージとトランスナショナルな典拠の
　　　　　参照　204
　　　Ⅳ　結　209

10. 近世前期の裁判物にみる上方都市の社会構造
　　　——「民事裁判」をめぐって………………………………桑　原　朝　子　215
　　　Ⅰ　序　215
　　　Ⅱ　日中の裁判関連テクストと「民事裁判」　216
　　　Ⅲ　町人のコミュニティーと「民事裁判」　219
　　　Ⅳ　近世前期の町をめぐる意識構造　220
　　　　(1)　『板倉政要』にみる町人のコミュニティー　220
　　　　(2)　『本朝桜陰比事』にみる町人のコミュニティー　225
　　　　(3)　連句の座と町人のコミュニティー　229
　　　Ⅴ　結　233

11. 法のナラティヴと法的推論——志賀直哉『范の犯罪』を素材に
  ……………………………………………………………林田清明 241

  Ⅰ はじめに 241
  Ⅱ ナラティヴとしての法 242
  Ⅲ 法の物語と隠された物語 244
   (1) 志賀直哉『范の犯罪』 244
   (2) 法解釈と物語 248
  Ⅳ 物語を裁く 251
  Ⅴ おわりに 256

12. 中国における個別事例を通じた規範変革運動の展開とその意義——中国法のあらたな段階
  ……………………………鈴木賢 263

  Ⅰ はじめに 263
  Ⅱ 「影響性訴訟」とは何か？ 265
  Ⅲ 影響性訴訟概観（2005〜2009年） 266
   (1) 訴訟の類型 266
   (2) 地域的な分布 267
   (3) 特徴的性格 267
    (i)インターネットによる議論空間形成，影響拡散 267／(ii)弁護士層の積極的介入 268／(iii)各種メディアによる報道 268／(iv)市民の熱心な参加・討論 269／(v)法学者の関与，提案，建議 269／(vi)社会的影響 269
  Ⅳ 若干の具体例 270
   (1) 留置所"かくれんぼ"事件 270
   (2) 命の値段事件 272
   (3) 映画「色・戒」一部カット事件 275
  Ⅴ むすびにかえて 277

あとがき……………………………………………………………長谷川晃 283

索　引 285

執筆者紹介 291

1. 法のクレオールと法的観念の翻訳[†]

長谷川　晃

I　はじめに——法のクレオールの視座が照射しようとするもの

　異なる法の接触とそこで発生する法現象は，従来からよく知られており，その有り様は特に法の継受という観念を通じて探求されてきた[1)]。しかし，この法の継受という概念はしばしば一方的な法の移植や受入を指しており，そこでは元の法が受入側の法に取り込まれる様を確認することが主で，受入側の主体的な組み込みやそこに現れる法変容やあらたな法形成，あるいは元の法への逆作用の可能性などは十分に考えられてこなかった[2)]。異なる文化の出会いがほとんどつねにそうであるように，異なる法の出会いは人々の主体的な法形成活動を通じて，法の転成や変成を生み出す法の相互作用である[3)]。法のクレオールという視座が照射しようとするのは，異なる法や社会の遭遇を皮切りに，人々のさまざまな法的活動を通じて元の法の受容から新たな法の創発へと向かう，法秩序の動態である[4)]。

　法哲学の見地においては，これは法概念論の問題でもある。この問題をめぐっては，私はすでにロナルド・ドゥオーキン（Ronald Dworkin）の関心に即しながら，法における規範の意義や妥当連関あるいは実効性の意義などが一定の法のモデルを中心に解釈的に分節化されるという見方を展開してきた[5)]。しかしながら，このアプローチもなお，裁判を中心とした静態的で一定の社会内に限定された法実践の理解にとどまっている面があり，現代社会における法の複雑性ないしは多元重層性への注視，そしてそれらを産み出す法形成の過程などへの関心が十分とはいえない。静態的なアプローチは，一定の「法のパラダイム」を前提して法の考察を進める傾向がある[6)]。しかし，こ

こで重要となるのは,「法のパラダイム」と一括される法実践の原型そのものの有り様をさらにどのように捉えてゆくかということである。とりわけ,そこでは,いまやいっそう相互依存と複雑化の度合いを強めている種々の法境域の間のさまざまな関係に目を配りながら,当の社会の法実践の動態的な有り様を捉えることが肝要であろう[7]。このとき,法のクレオールの視座は「法のパラダイム」の形成それ自体における内外からの動的要因を明らかにするという意義を有し,それによって当該の「法のパラダイム」がなぜそのような形を取るに至るかという構成的条件を明らかにする。そしてこのとき,法概念論は,たんに所与の法の特徴づけを探るだけのものから,その存在論的な理由やプロセスについてのより深い説明を試みることとなる。

このような見方は,しばしば法文化論と総称されるアプローチに近づく[8]。というのも,法実践を支えその姿形をつくる条件の有り様はある意味では漠としており,それは法文化の問題であると概括されることも多いからである。しかし,法文化という概念はたしかに重要ではあるが,広い含みを持ち,いかなる構成要素がいかなる関係や構造において存在しまた機能しているかは,より精緻な理論的探求を必要とする[9]。法文化についての一つの見方としては,多種多様な規範の論理的な構成によって法文化が形づくられているというものがありえよう。たとえば,倫理的,道徳的,法的あるいは慣習的な準則,原理,基準などが論理的に組み合わさることで法文化がつくられ我々はそれを解釈すると見るのである[10]。これによって,漠とした形で印象論的に語られがちな法文化について,いっそう厳密にその規範論理的内実が明確化されるかもしれない。しかし,さらに重要なことは,すでに示唆したように,このような法文化の構成要素は,それ自体が法に関わる人々の主体的で解釈的な規範創造活動の複雑な相互作用における法形成の動態から産み出されているものだということである。それゆえ,法のクレオールに注視することは,法文化の重要な一端を理論的に把握することにもつながるであろう。

こうした法概念の動態化・解釈化・主体化を軸とする形成論的な観点に立った法実践の把握というあらたな問題関心に立つ法のクレオールの視座のためには,まず,クレオールという概念の意義を明らかにする必要がある。

クレオールとは，周知のように，基本的には異なる言語が出会ったときに生ずる言語の混成現象を指して用いられた。それは一定の社会構造の内においてより優位に立つ言語がより劣位にある言語と遭遇したのちに，後者が前者に食い込むことで前者の言語使用に部分的な変化が生じ，やがて次世代においてこの変化から二つの言語の独自の混成体が成立し通用するようになるという，異なる言語の相互融合の過程である[11]。このような言語の相互融合の過程は普遍的な現象と考えられるものであり，人々や社会あるいは文化の接触という現象にほとんど必然的に随伴しているものと考えられる。もっとも，その一方では，この現象は，特に植民地支配の歴史的経験の内で，宗主国言語がある地域社会のなかで支配的になるのに対して当の社会の土着言語がそれに食い込み，やがて植民地の人々にとっての独自の言語が生まれてくるという，植民地支配とそこからの脱却の可能性を示すポストコロニアルな経験の一側面を示すものでもある[12]。そして，この点では，クレオールは，言語を中心とする社会の文化全体の混淆的な形成の有り様に関わる文化理論的な含みをも有している。

この文化理論的な含みという点に関わる一つの見方は，クレオールの概念が客観的規定としては文化混淆という中立的現象の有り様を示す一方で，主体的側面においては抑圧された人々の自己表明としての意義を有することを強調する[13]。それによれば，この自己表明とは植民地支配の経験の内で与えられた土着の人々のネガティヴなアイデンティティの「脱臼」から変成した複合的アイデンティティの表明であり，植民地主義をもたらした西洋的歴史の主体的な追認とその産物の肯定を通じて得られる自己をそのまま同時に植民地経験からの離脱の方途ともして，支配的な歴史原理そのものを解体させるという「逆説的な主体化」の過程である。そして，このことによって，欧米に発する近現代の世界化の過程のなかで旧植民地の人々は自らが背負わざるをえなかった植民地支配の過去の消化を進め，そこからの離脱を図るのである。この点，ある意味では日本社会にも，明治以来，西欧の世界化に対抗しながら国民の主体化を図ろうとしたことにおいてクレオール的な経験の有り様を見出せそうでもある。しかし，日本のマジョリティがそのような経

験をしてきたというのはかならずしも適切ではない。ここではむしろ，日本社会において在日朝鮮人やアイヌの有している歴史的経験こそが，いっそうクレオール的なものとして捉えられるべきである。

　その一方，また別の見方は，人間が自己の拠点としての単一原理を打破して，自己を取り巻く文化の変容や混淆の過程から世界構築を進めてゆく意識や態度をクレオールと規定し，「大文字」で綴られるような国民の歴史・文学とは異なった，さまざまな歴史的・文化的経験における漂着・断絶・離脱・迂回といった契機が累積することによる物語構築の可能性を追求するものと捉える[14]。この捉え方はもちろん上記の見方と近接してはいるが，重心をいささか異にしている。それは，植民地主義への抵抗という形での逆説的な主体化という政治的側面をいくばくか相対化し，一元的な文化の有り様とは異なる文化混淆の状態において，さまざまな人々の間での関係性の作用とそこに生ずる不断の相互変容を強調するものであり，政治的解放よりもむしろ文化的開放を志向するといえそうである。そして，この面では，たとえばディアスポラのような，経験の不断の変形と差異化を通して自己やそのアイデンティティの再生産を続ける人々の存在が，クレオールの一典型として特に注目される。もっとも，このような文化の開放性と混淆における不断の形成・変容過程に着目する見方も，半面においては，それを担う人々の活動がどこかで既存の国家枠組みに接触せざるをえず，そのことがまた活動の障碍ともなるということの意味をいかに評価するかという問題や，文化の混淆の過程における権力や政治の介入という現実をどのように位置づけるかといった問題を残している。

　さらにまたべつの見方は，ある面ではよりいっそう文化の開放性を重視し，人々によって文化が自在に創造されてゆく過程を重視する[15]。この見方は，クレオールの概念を思想的な方法へと展開する「思想としてのクレオーリズム」を主張し，さまざまなポストコロニアルな文化経験の有り様のなかから，境界なき主体の形成とその浮動的な文化創造のダイナミズムを切り出して評価する。そしてまたこの見方は，このダイナミズムが「大陸」というイメージに象徴される総体的な文化の有り様に対するアンチ-テーゼとして提示す

る「群島」性に注目し，分散的な文化創造がそれ自体として脱近代を志向していることを積極的に評価する。もちろん，このようなクレオール観念において，上記二つの見方がそれぞれに注視する政治性の問題が抜け落ちているというわけではない。そこでは，不断の文化的創造経験がつねに新たな秩序形成への志向を含むものであり，しかもそれは「群島」性において，すなわち草の根的でボトム-アップな秩序形成のポテンシャルを含む点で意義があることが注意されている。ある意味で，そこでは声高な政治的抵抗が目指されているというよりも，むしろ人々の日常的な活動の文法の内に既存の近代国家や権力の秩序を掘り崩し変形させてゆく豊かな動きを看取するものである。

くわえて，現在，特に文化社会学の領域では，クレオール化 (creolization) や混成化 (hybridization) というより一般的な含みをもつ概念の下で，さまざまな形や次元における文化混淆を包括する見方も提起されつつある[16]。この見方は，上で整理した第三のものの延長線上にあるといえ，ポストモダンな文化の相互作用の動態を現代社会の大きな特徴として積極的に肯認し，モダンな国家，法，経済，あるいは社会のあり方の21世紀的な変容を強調してゆくものである。その詳細についての論究はここではできないが，そこでよく指摘される，特に大都市におけるさまざまな人々の移動や交流を通じた，諸々の文化相互の入り組みの現象は，クレオールと呼ばれる文化現象の一つの極を示していることに間違いはないと思われる。

こうして，クレオールという社会現象は，異文化の遭遇の際に生ずるさまざまな力の関係の内で，複雑に重なり合う社会的関係を通じて人々のさまざまな声が掛け合わされながら既存の秩序の変容が起こりあらたな秩序が出現するという，連続的な段階を含んで反復される融合的な過程であり，またそれ自体がさまざまなクレオール的経験から普遍化されうる根元的動態として考えることができる。この見方を踏襲するならば，法のクレオールとは，まずもって，異なる法文化・社会の遭遇の際に生ずるさまざまな力の関係の内で，複雑に重なり合う社会的関係を通じて人々のさまざまな法的活動が掛け合わされながらあらたな法の創発へと向かって繰り返される，法秩序の形成

と変容の根元的で普遍的な動態であるといえる。そして，そこでは特に，法的アクターの活動における主体性の有り様，多面的な法の伝播/拡散プロセスにおける諸要素間の相互連関の有り様，法実践におけるミクロ-メゾ-マクロのスパイラルの有り様，そのような法の動態における価値的志向性の有り様，そして異なる法実践の間の相互作用などといった諸々の次元の交錯がその動態的契機として重要である。

ただし，たんなる言語や文化の混淆を超えた，ポストコロニアルな文化的経験の評価に秘められたクレオールの政治的意義の観点からすれば，植民地経験を通じた法の批判的理解だけでなく一般的な法形成への広がりをも法のクレオールの視座において捉えようとすることには問題があるかもしれない。一面では強くポストコロニアルな政治・文化的コンテクストに規定されているクレオールの概念をある意味で価値的に脱色するかのような再構成と転用はどこまで許されるかという問題がここにはあるといってもよいであろう[17]。私は，このような指摘の重要性を認めながらも，その境界区分的な問題設定自体がクレオール的ではないと考えるし，さらにクレオール的経験はポストコロニアルな問題の文脈だけに規定されない根元的で普遍的な経験の一契機ではないかとも推測する。つまり，クレオールには，異なる文化の遭遇における力の関係の内で人々のさまざまな関係や声が掛け合わされてゆくプロセスにおいて秩序形成や秩序変動が進むというボトムアップの契機が普遍的なものとして含まれているのであり，またそのようにしてさまざまなクレオール的経験から普遍化されうる広い意味での秩序形成過程の有り様を一般的に捉えることも，クレオール的視点に立つ人間や社会の解釈活動の一側面としてけっして不可能なことではないであろう。

ここで重要なのは，そのようないわばクレオール概念の改釈によって既存の事柄に比して何が明らかになるのかということである。特に法のクレオールが説かれる場合には，すでに述べたように，ある異なる法を受容する側の主体的な取り込み作業やそこに現れる当の法の変容やあらたな形成，さらには元の法に対する逆作用の可能性などがいかに明確化されるかが重要である。そして，これらのこととの関連で，先にも述べたように，異なる法文化・社

会の遭遇から法的活動を経てあらたな法の創発へと向かう法秩序の形成と変容における、法的アクターの活動の主体性とはいかなる様態のものか、多面的な法の継受のプロセスにおける諸要素の間にはいかなる相互連関があるか、そして、そのような法の動態が生み出す法の変成にはいかなる価値的志向性が見出せるかといった問題についてあらたな法理論的寄与ができるかどうかということが、重要になるであろう。かくして、以下で展開を試みるのは、この新たな法理論的寄与のためのクレオール論的な分析枠組みの提示である。

II 法のクレオールの概念(1)
—— クレオール過程とクレオール状況の複合

クレオールの根元的な態様は、一般的には、クレオール過程とクレオール状況との複合として理解されうる。

まずクレオール過程については、基本的に、主体化、変成、そして文化混合という三つの局面が区別される[18]。これらの局面は、まず異文化の遭遇と交錯から生ずる問題の場において現れる。そして、主体化の局面は、クレオールにおいて自己が遭遇した文化との一定の緊張関係のなかで自己のアイデンティティが主体的に再構築される局面であり、変成の局面は、そのようにしてアイデンティティを再構築するさまざまな活動主体が当該の社会内において種々の集散を展開しながら不断に相互の関係性を構築してゆく局面であり、さらに、文化混合の局面は、主体化や変成の過程を通じて総体としての文化が混淆の様相を呈するようになる局面である。これら三つの局面はクレオールの主体的過程、間主体的過程、超主体的過程と呼ぶこともできる。特に最後の超主体的過程は、主体化や変成という主体関連過程の堆積から創発し、それらをまた制約もする客観的な文化混淆の状態でもある。ちなみに、これらの過程は便宜上、それぞれ、クレオール α（主体化）、クレオール β（変成）、クレオール γ（文化混合）とも呼ぶことができる。

もっとも、これら三つの局面には、その主軸となる作用が働いている。それはこのクレオール過程の根元的な動因として働いている我々の活動主体性

(agency)における創造的な判断作用である[19]。私は，それを哲学的解釈学や解釈的法理論からの示唆に従いながら価値構成的で主体的な解釈的営為として把握し，価値や規範，そして制度のなかで特定の実践的見地にコミットしながら解釈的に説明や正当化を行う内的視点に立ち，さらにそれに対応するメタ・レヴェルの反省的視点をも伴った価値や規範の再構成の試みと見る[20]。そして，これは，クレオール過程を進める知的動因として機能する第四の局面として，クレオール ψ（解釈的活動主体性）と呼ばれる。

　解釈という人間の知的営為は，次のように理解される。すなわち，我々はさまざまな価値や規範，そして制度のなかに生きており，それらは日々我々の実践的な活動を通じて生み出され社会秩序を不断に形成しつつあるが，法実践は，その直中にあって公共的に通用すべき価値や規範，制度を内側から捉え，種々のレヴェルの説明と正当化の試みを通じてそれらの意味を不断に再構成し，我々自身が適正な秩序の下でよく生きることへと投げ返す試みである。このような解釈の営為にあってはまず対象への視角を規定する解釈的関与によって理解のための構えが採られ，次に解釈的把握という対象の読み解きと意味付与との間の相互作用において理解が進み，さらにこれら第一次レヴェルでの解釈的営為に対してメタ・レヴェルでの解釈的反省が加わることで，広範かつ重層的な循環構造の下に意味の分節化が深まってゆくのである。解釈的活動主体性とここで呼ぶものは，このような解釈を軸として行われる我々の判断と行為の総体の不断の過程である。そして，この主体性においては関与（異なる法体系の主体的了解），把握（異なる法体系を別の新たな法体系に組み換える主体的再構成），反省（新たな法体系を社会に浸透させる主体的混成）という三つの契機が区別されることになる[21]。（図1-1）

　その一方で，クレオール状況については，上記四つの局面を含むクレオール過程が，一定の権力的特質を有する二つの異なる社会の接触において生ずる問題の場において，いかなる様相の下に現れるかが重要となる。それは，その内でクレオール過程が生起するような社会的環境の有り様であるといってもよい。そして，そこでは異なる社会の接触の仕方の特徴に応じて，次のような三つの状況が区別される。すなわち，(x)二つの社会の間に支配-抵

1. 法のクレオールと法的観念の翻訳   9

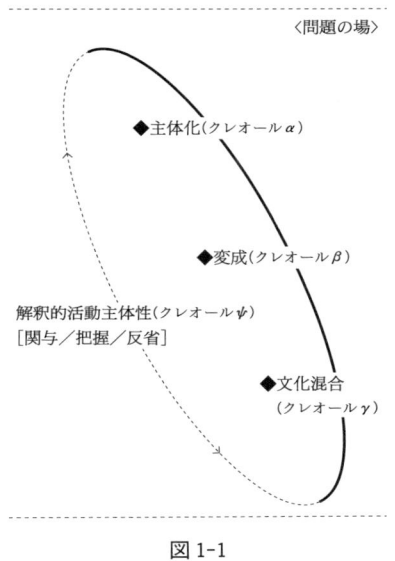

図 1-1

抗的な関係が成立しているときには問題の場が抑圧的なものとなり，その際には，主体化は逆説的なものとして，変成は反抗的なものとして，文化混合は相対化的なものとして，そして解釈的活動主体性は抑圧反発的なものとして現れ，(y)二つの社会の間に侵略-対抗的な関係が成立しているときには問題の場が圧迫的なものとなり，その際には，主体化は対向的なものとして，変成は受返的なものとして，文化混合は混成化的なものとして，そして解釈的活動主体性は圧迫拮抗的なものとして現れ，さらに(z)二つの社会の間に拡大-接受的な関係が成立しているときには問題の場が流入的なものとなり，その際には，主体化は順応的なものとして，変成は受用的なものとして，文化混合は伸張化的なものとして，そして解釈的活動主体性は流入応接的なものとして現れるのである[22]。（図 1-2）

なお，これら三つのクレオール状況に関して，状況(x)はいうまでもなくポストコロニアルな社会状況において典型的に見出される問題場面であり，状況(y)は，たとえば日本が近代化の過程において欧米列強との関係で立た

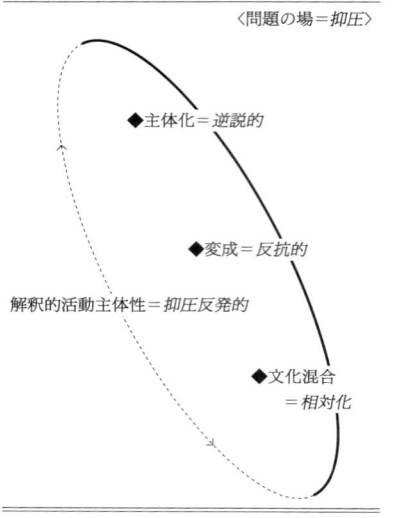
(x) 支配-抵抗関係におけるクレオール

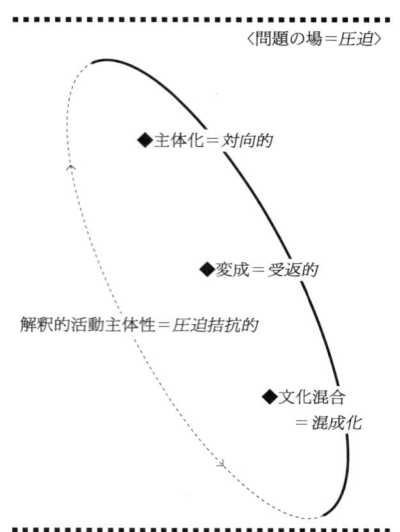
(y) 侵略-対抗関係におけるクレオール

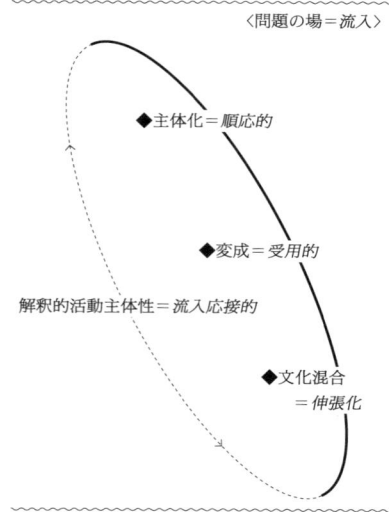
(z) 拡大-接受関係におけるクレオール

図 1-2

された問題場面であり，そして状況(z)は，たとえば西欧においてローマ帝国とローマ法の拡大がフランスやドイツなどにもたらした影響に見出せるような問題場面であると推測される[23]。

以上のような一般的整理を踏まえたうえで，本章の考察の焦点である法のクレオールに関していえば，まず，法のクレオールは，以上に述べたようなクレオール現象の内の法秩序の動態に関わる一ヴァリエーションであることはいうまでもない。すでに触れたように，法のクレオールとは，異なる法文化・社会の遭遇の際に生ずるさまざまな力の関係の内で，複雑に重なり合う社会的関係を通じて人々のさまざまな法的活動が掛け合わされながら新たな法の創発へと向かって継続される，法秩序の形成と変容の普遍的動態である。そして，そこでは特に，すでに区別されたクレオール過程の三つの局面や三つのクレオール状況との関わりにおいて，異なる法の間に生ずる相互の遭遇・変成・創発の過程の内で働いているのはいかなる様態の法的主体性なのか，その過程はいかなる相互連関を有する伝播/拡散プロセスなのか，そしてその過程にはいかなる法変容への志向性があるのかといった問題に答えることが重要である[24]。

しかし，さらに強調すべきことは，このような法のクレオールのもっとも重要な次元は，クレオール β，すなわち変成の次元にあるだろうということである。というのも，法秩序はさまざまな人々の間で不断に形づくられ変容しながら，人々の社会的な相互関係を一般的かつ権力的に規律する，独自の意義を有する社会秩序であるからである。換言すれば，クレオール α やクレオール γ という主体化や文化混合の局面は，法秩序においては，アクターとなる個々人の法的寄与もしくは法体系のマクロな構造的特質に関わるものとして，法秩序のダイナミックな形成・変動そのものとはいちおう区別される。主体化や文化混合の次元は，変成の次元にとってはミクロな要素もしくはマクロな産物であり，これらとは位相を異にするクレオール β の次元，すなわち変成と三つのクレオール状況を介した法形成の動的な有り様に注目することによって，我々は法秩序そのものの形成と変動のプロセスを注視することになる[25]。そして，そのうえで，上記の三つの問題状況に応じ

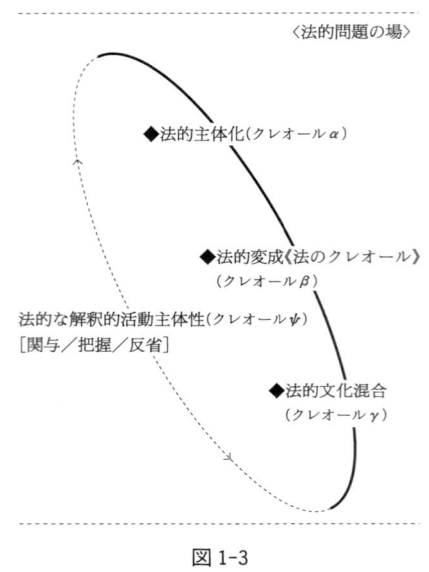

図 1-3

た法のクレオールのあり方を見定めることが重要となる。(図 1-3)

　そこで，法のクレオールの核となる部分は，一般的には，法に関する解釈的な活動主体による規範構成の営為を基軸としながら，法における主体化と客観的な文化混合とを橋渡しするような法の変成(＝クレオール β)の有り様において規定される。そして，この変成過程においては，すでに触れた解釈的活動主体性の文脈的な表現として，さらに三つの動態的な階梯が看取される。すなわち，異なる法の間の意義転換[Ms]，異なる法の間の相互連結[Mc]，そして異なる法の間の浸透混成[Mp]という階梯である。さらに，これらの三つの契機のそれぞれには，法の具体化の過程とあいまって，価値的次元[Dv]，行為的次元[Da]，制度的次元[Di]のような三つの次元の相異も見出される[26]。したがって，法のクレオールは，法的な変成過程(＝クレオール β)として，これらの動態的な契機や階梯と次元とのコンビネーションからなるマトリックス，すなわち，

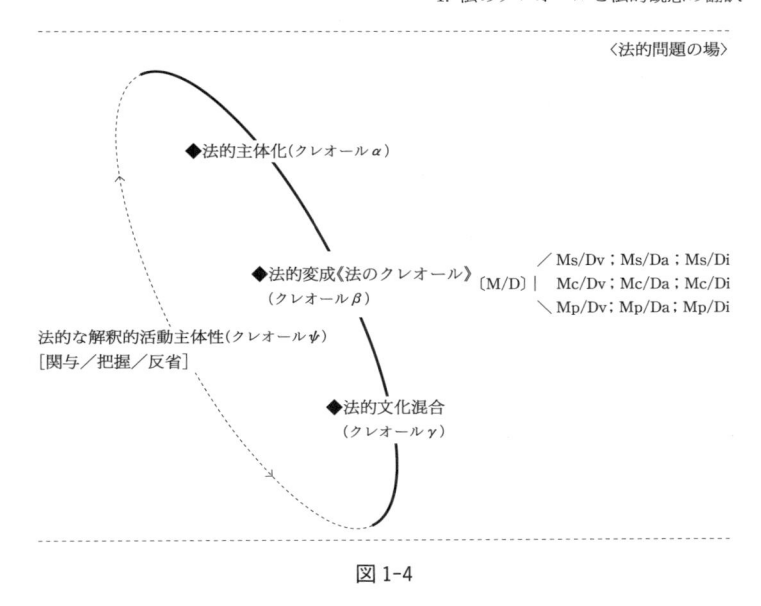

1. 法のクレオールと法的観念の翻訳   13

```
                              〈法的問題の場〉

         ◆法的主体化(クレオールα)

                                    ／Ms/Dv；Ms/Da；Ms/Di
         ◆法的変成《法のクレオール》  〔M/D〕｜ Mc/Dv；Mc/Da；Mc/Di
              (クレオールβ)          ＼Mp/Dv；Mp/Da；Mp/Di

法的な解釈的活動主体性(クレオールψ)
［関与／把握／反省］
                      ◆法的文化混合
                        (クレオールγ)
```

図 1-4

Ms/Dv；Ms/Da；Ms/Di
Mc/Dv；Mc/Da；Mc/Di
Mp/Dv；Mp/Da；Mp/Di

によってその構制が表現されることになる。そして，この法のクレオールの構制を上記の一般的枠組みに位置づけるならば，それは図1-4のように描写される。

　さらに，以上のように一般的に考えたうえで，上述の三つのクレオール状況を勘案しながら，法のクレオールの三つの典型的な問題場面を区別することができる(図1-5)。そしていうまでもなく，これら三つの法のクレオールの状況については，一般的なクレオール状況の有り様に即して，状況(x)は植民地支配の下での法体制において典型的に見出される問題場面であり，状況(y)は，たとえば日本が近代の法典編纂の過程において欧米列強との関係で立たされた問題場面であり，そして状況(z)は，たとえば西欧において

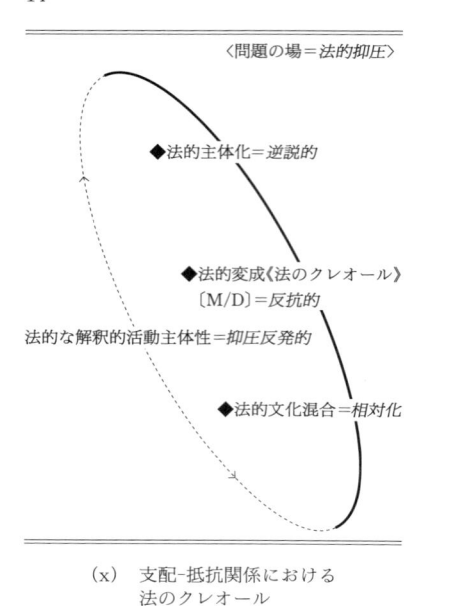

(x) 〈問題の場＝法的抑圧〉
◆法的主体化＝逆説的
◆法的変成《法のクレオール》〔M/D〕＝反抗的
法的な解釈的活動主体性＝抑圧反発的
◆法的文化混合＝相対化

(x) 支配-抵抗関係における法のクレオール

(y) 〈問題の場＝法的圧迫〉
◆法的主体化＝対向的
◆法的変成《法のクレオール》〔M/D〕＝受返的
法的な解釈的活動主体性＝圧迫拮抗的
◆法的文化混合＝混成化

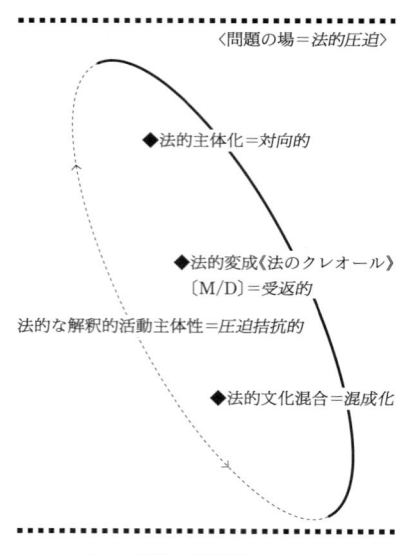

(y) 侵略-対抗関係における法のクレオール

(z) 〈問題の場＝法的流入〉
◆法的主体化＝順応的
◆法的変成《法のクレオール》〔M/D〕＝受用的
法的な解釈的活動主体性＝流入応接的
◆法的文化混合＝伸張化

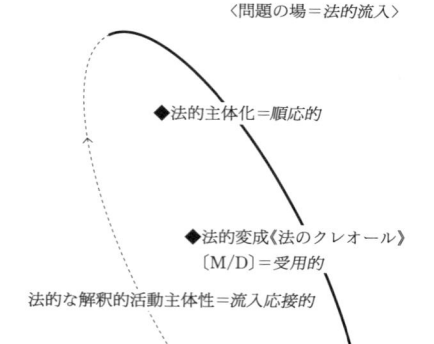

(z) 拡大-接受関係における法のクレオール

図 1-5

ローマ法の拡大がフランスやドイツなどにもたらした法の継受に見出せるような問題場面と捉えることができる[27]。

　もちろん，クレオールの基本的な問題は，西洋の支配が他の社会・文化に及んだ時点で生じた法を含む諸規範の相互作用に存するのであり，それ以外の社会に続いて起こった相互作用は，この基本的問題場面のあとの歴史的過程ではないかということが考えられる。たとえば西欧と日本との間，そして日本とアジアの国々との間のような関係である。たしかに，この点では，西欧内部での(ローマ的な)普遍性の拡大過程としての法の相互作用，西欧の支配が他の文化・社会に及んだ場面で生じた法の相互作用(たとえば日本)，そして西欧との接触を経たある社会がさらに他の社会の支配に及んだ場面での法の相互作用(日本と朝鮮・台湾との関係)という，異なる歴史的段階における法の相互作用のあり方は，それぞれの程度においてクレオール的であるとしても，異なるものとして区別する必要があるだろう[28]。もっとも，このような区別は，すでに行った三つのクレオール状況の区別について，歴史的な展開順序として(z)→(x)→(y)という変化もあると見ることもできる。

　いずれにしても，これらのような複数の規範作用の次元や歴史的段階を通貫してクレオール過程が看取されるということは，異質な規範が遭遇・拮抗・対立する最中で，それに直面した当事者たちがその主体的な努力を通じてそれらの異なる規範を認知し，接合し，あらたな規範を産み出そうとする過程がいわば入れ子的に存在しているということを指している。そして，そのように諸現象を通貫し，それらの諸現象において入れ子的に現れる人々の活動主体性は，それ自体が，人間の普遍的な活動形式でもあるのではなかろうか[29]。また，それぞれの法のクレオールにおける法的変成のマトリックスの態様の把握に関しては，研究関心に応じて第一次的な探求の焦点は異なることになるとしても，それらの探求を相互に繋ぎ合わせた総体によって法のクレオールの全体像が示されることになるであろう[30]。

III　法のクレオールの概念(2)——法のクレオールにおける主体性

　ここでもう一つ考えておかなければならないことは，先記のマトリックスにおいて表現される法のクレオールの実際の担い手ないしはアクターとそれらの間の相互関係や相互影響の有り様という問題である。そして，それはまた，クレオールの全体を支えている人々の解釈的活動主体性の有り様とも関連しており，後者がさまざまな姿形をとって現れるということでもある。すでに述べたように，この主体性においては関与，把握，反省という三つの契機と，法的変成における異なる法の間の意義転換，異なる法の間の相互連結，異なる法の間の浸透混成という三つの階梯や，価値的次元，行為的次元，制度的次元という三つの次元などの協働が存在し，その有り様を基本的に規定していると考えられるが，これらの協働には重心や程度の差が生じ，それが解釈的活動主体性のさまざまな有り様を表現してゆく。

　この活動主体性はさまざまなアクターにおいて担われるが，法のクレオールにおいては法的な活動に関わるアクターがそれを担う。この法的アクターにはさまざまなタイプの人々が考えられる必要がある。そこでは，立法者，行政官吏，裁判官，法実務家，法学者などはいうまでもなく，さらに市民運動家や学生，そして一般市民も含まれるであろう。もちろん，これらの人々のすべてが同様に法のクレオールの担い手となるわけではない。とりわけ，学生や一般市民の場合には，レレヴァントな形で法に関わる人々は法律家や法学者に比して限られるであろう。しかし，ここで重要なことは，社会のなかの一員の誰もが基本的には法のクレオールの担い手としてのポテンシャルを有しているということである。しかも，これらの人々は，公式・非公式の組織的つながりの他に，種々の個人的なつながりも抱えるから，そこに形成されるヒューマン・ネットワークは多元的に交錯することになって，とりわけそこには代表的なキー・パースンの存在とその人を介したクラスター的なつながりが成立してくるであろう[31]。もちろんこのようなクラスター的つながりが社会のなかに散在するようになるときには，それらのクラスターの

なかでも法のクレオールにとってよりレレヴァントなものとそうでないものとが分かれることになる。しかし，ここで基本的に重要なのは，社会の個々のメンバーの場合と同様に，社会に存在するさまざまなクラスターのいずれもが法のクレオールにとって重要な役割を果たすポテンシャルを有しているということである。

　この点との関わりで付言すべきことは，法のクレオールの担い手となるさまざまな人々の間に生じてくる思考上の相互関係の有り様である。すべての人々の思考内容そのものはそれが個々に解釈的であることに応じてけっして同一ではありえない。しかし，そこには思考内容上の核が存在してそれらが人々に一定の程度において共有されることになるであろう。たとえば，多くの人の政治的主張が権利の概念の下で包括されえ，その概念のさまざまな解釈として権利保障の要求が展開されるというような場合，この権利の概念の基本的構成要素，たとえば個々人の政治的自由の保障などはこれらの人々の思考の核の一つとなるであろう[32]。

　ここに生ずる思考上の関係は分散的収斂とでも呼ぶべきものである。それは，社会のそこかしこに生ずるさまざまな人々の間の思考上の種々の連結関係が，全体として一定の方向性を有したある種のベクトル的な統合を生み出すような状態を指す。さまざまなクラスターをなして関係している人々の間で，あるクラスターに共有されうる思考内容やその方向性がどのように規定されるかは，そのクラスターにおけるソシオグラム的な人間の力学に依存する面もあるが，当該の関係において思考の批判や修正の条件が整っている場合には，人々の思考内容やその方向性は当の思考自体に関わる適理性(reasonableness)によって規定されもする[33]。その一方で，人々の錯綜したつながりが社会のそこかしこに，しかも思考内容上の微妙な相異や明白な対立関係などを伴って現れると考えられる以上は，その思考が全体として合一化されることは不可能である。むしろそこでは，あるクラスター内であれ，あるいは種々のクラスター間であれ，さまざまな個別の思考や思考上の収斂体がそれぞれに通約的である程度に応じて一定の方向性が現れると考えるべきであろう。これが思考のベクトル的な統合ということの意味である。こうして，

さまざまな人々の集まりのなかで現れてくる思考がけっして合一化されないにもかかわらず全体として一定の方向へ進展するという複合的な事態の内にあることを示すために，分散的収斂という概念には大きな発見論的意義があると思われる[34]。

さて，以上のようにしてクレオール過程を進め，深めるような人々の解釈的活動主体性それ自体は，何に起源を有しているのであろうか。ここでいう解釈的活動主体性とは人間の根元的な思考・判断・実行能力を指しており，そこでは特に，法や政治などさまざまな領域での判断実践を支える社会の価値がいかなる内容のものであるかを不断に明確化し，再構成して，さらに当の社会の価値をさらに豊かに形成してゆくという動態的な価値解釈が行われ，その営みを通じて人々は社会のなかで価値的な実践を不断に蓄積しつつ生きることになる。このような人間的営為の根底には，一般に，カール・ポパー(Karl Popper)のいう，問題の発生とその漸次的解決という，人間の問題解決的な探求活動があるといえる[35]。くわえて，それが特に法のクレオールのような規範的な文化衝突状況の下で働く場合には，そこで生じている問題の実践的性格によって探求と価値解釈の必要性はいっそう強まるし，さらに個別歴史的文脈においては政治的転換，経済的発展，文化的革新などの文脈的緊急性の諸要因によっていっそう強化されるだろう[36]。

その一方で，このような解釈的活動主体性においては，クレオール過程における価値や文化の受け手の側の働きが注目されている。しかし，ここで問題となっている相互作用の過程では受け手と同時に価値や文化の送り手の存在やその働きかけもまた重要なファクターであろうし，しかもそこには，この二つの主体の間に理解や判断のずれが生ずることにも注意する必要がある[37]。その場合，送り手と受け手双方の存在ということ以上に重要なのは，あるいはそれらの間の理解や判断の関係(そこにはずれも含まれる)かもしれない。ここで考えられる問題としては，送り手の側の知識や実践が受け手の側に対して有しうる価値的優位性の問題，送り手の知識や実践の翻訳を介した受け手の側による取り込みの問題，送り手側の知識や実践の受け手の側での浸透可能性の問題などがありえ，いずれについても相対性や不完全性が免れ

ないと予想される[38]。しかし，ここで重要なのは，そのような相対性や不完全性よりも，むしろ受け手の側が送り手の側の意図や予測，あるいは想像を超えるようなあらたな知識や実践の可能性を開拓する可能性を考えることであろう。もちろん，そのようなあらたな知識や実践の開拓は，ただちに価値的優位性の獲得につながるものでもないし，また送り手側と受け手の側の緊張・対立関係がすべて克服されるようなものでもない。その過程は，まさに当事者たちがその主体的な努力を通じて，異なる秩序を認知し，接合し，あらたな秩序を産み出そうとする不断の過程の一断面である[39]。

最後に補足しておくべきことは，法のクレオールのさまざまな動態的条件の下で創出される，クレオール γ での文化混合的な法全体のマクロ変動の有り様である。そこである程度予想される過程は，一般的にいえば，法全体が混沌とした状態から一定の確立と展開へと向かい，そしてその体系化と安定化が一応成立したあとに今度はまた変質を見せ始め混沌とした状態に陥り，さらにそのあとにまたあらたな収斂傾向が生まれ始めるといった循環的なものであるように思われる[40]。もちろん，特定の歴史的状況における一つの社会の法のあり方がこの循環過程のどの段階に属するかという判断は，それ自体が解釈的なものであり，論争的になるであろう。

IV 法のクレオールと法的観念の翻訳

法のクレオールの核心部分にある法的な解釈的活動主体性においては，その基本的契機として把握，関与，反省の三つが考えられ，それに随伴する主体的動因が先に述べた階梯や次元を通じて効果的に働いてこそ法的変成のダイナミズムが出現する。この主体的動因の具体的な有り様について一つの鍵となるのは，法的観念に関わる異文化間翻訳における主体的条件の分析である[41]。そしてその一典型例として考えられるのは，19世紀後半の日本に起こった，rightsの観念を西欧から日本社会に導入するための知識人の翻訳作業であろう。他のさまざまな法的，政治的，あるいは経済的観念と同様に，そこでは未知の西欧語に対応するまったく新しい日本語が創出されることと

なり，それを介して新たな法制度が形成されていったのである。以下では，このような見地から，法のクレオールの理論的にもまた歴史的にも重要な一つの例示として，rights をめぐる翻訳の主体的条件について若干の考察を行う。ただし，この問題に関しては別稿でくわしく論じたところでもあるので，以下ではその要諦をあらためてまとめることにしたい[42]。

　まず，解釈という営為の軸となる人間の判断力の一般的特性は，対象の理解に先立つ前了解(受容性と私は呼ぶ)，対立しうる評価的考察を統合するための自己形成的な省察(明察性と私は呼ぶ)，そして観念の実践的実現に向けた解釈的な螺旋(実践性と私は呼ぶ)である。そして，これらの特性は，解釈における関与，把握，反省の三つの契機にも対応しており，知的営為の多様な側面に遍在すると思われる。このような見方からすれば，翻訳には次の三つの基本条件が含まれるであろう。すなわち，知識と経験の予備的蓄積，対象となるテクストの読解，そして翻訳の実践的指向性である。

　知識と経験の予備的蓄積は翻訳開始の前提条件であり，特に，外国の観念の背景事情を理解することが必要である。この点で，19世紀後半の日本の知識人たちが多くの外国語を習得し，西欧社会の知識や滞在経験をも有していたことは重要である。これらの蓄積に基づき，彼らは彼我の大きな相異を認識しつつ，西欧の観念や価値を解釈し翻訳して日本社会に適合させ，新しい社会秩序を構築しようと試みた[43]。この状況において rights の観念を翻訳する際には，まず西欧と日本の間での rights 観念に関する相同性認知 (isomorphic recognition) が必要である。翻訳は，内容の差異を残しつつも一定の構造的類似性を見出して二つの異なる枠組みの下の観念を概念的に近接化する試みである。そうであるならば，翻訳が効果的に可能になるのは，異なる観念の間に，実質的意味の差異にもかかわらず一定の概念的関係がありうるときであって，それは外来の観念の意味を理解する際に国内の類似物の構造的理解に依拠することに発し，異なる観念に共通の概念骨格の把握を通じて成立すると思われる。この点で，rights の「権利」への翻訳は，特に国際的文脈における rights の観念と政治的・社会的な意義に関する日本的な認識との間に相同性認知があり，その際 rights は，この認知に則して強者と

弱者との立場の同等という権力的様相とあいまって正当な要求が実現されるという意味において理解されたと考えられる[44]。

　翻訳の出発点は適切な相同性認知であるが，翻訳を進めるには，さらに，問題となっている観念にあらたな言語において十分な意味を与え，独自の観念を確立しなければならない。rightsの場合，日本の知識人たちは漢字を用い「権利」というあらたな日本語によって観念を創出した。私はこの過程を概念転回(conceptual conversion)と呼び，先の相同性認知とこの概念転回からなる過程の全体を相同的転回(isomorphic conversion)と呼ぶ。

　概念転回には二つの局面が存在する。一つは対象となる観念の適切な意味を与えることであり，もう一つはその意味を表すのに十分な語を充てることである。このとき，概念転回は相同性認知やあらたな語の使用に牽引され，対象の観念の意味がそれに則して与えられる。実際，日本の知識人は，国際的文脈におけるrightsに関する中国語文献に依拠しながら，一定の政治的な権勢と経済的な便益を人に与えるべき観念としてrightsを理解した。この理解に則して，「権」と「利」という漢字の組み合わせが選ばれたのである[45]。この概念転回については，外来観念の翻訳において翻訳者があらたな意味付与や観念構築のために多様な仮説を利用できること，さらに有意な仮説の選択が当該観念に関する翻訳者の政治道徳観に依存することも重要である。この点で，相同性認知は翻訳の形式的条件であるが，概念転回はその実質的条件である。特に，語の選択は後者の条件を左右し，結果として，翻訳者の政治道徳観とあいまって翻訳上の意味のねじれないしは歪みを引き起こす。

　さらに，すでに示唆したように，相同的転回においては翻訳者の視点で当該観念の実現可能性について一定の見通しが伴っている。私はこれを観念的期待(ideational expectation)と呼ぶ。日本の知識人たちが西欧の観念を日本に導入しようとしたとき，彼らは西洋列強に互して新しい政治や法の制度を構築すべく強く動機づけられていた。その際，この近代化の行方が新しい観念や語句の選択にかかっていた以上，翻訳が有する日本社会のための潜在的方向性について彼らが一定の期待を有するはずである。もっとも，観念期待の

有り様は，無関心的，退行的，進歩的などさまざまな形で作用しえ，各翻訳者の展望や評価に依存する[46]。特にrights観念の翻訳の場合には，「分」といった古い日本の語句でその意味を捉えることも試みられたが，それは国家的緊急時の問題状況においては陳腐であり，西洋化を伴う国家の地位の確立のためにはより進歩的な意味が必要とされた。「権利」という新語は，日本社会の一定の力と便益の発展の必要性を含意しえたがゆえにより適切と考えられたと思われる。

　ちなみに，知識人たちが置かれた翻訳の問題状況の特徴はその活動の様相を理解するのに重要である。この様相は翻訳活動の磁場を特徴づけ，翻訳者の精神的志向性に影響を与えるが，それはまた翻訳における意味屈折の一条件でもある。この点，rights観念の翻訳作業は，当然のことながら近代日本が直面したクレオール状況(y)において行われているのであり，その内で現れる法的変成のマトリックスにおける価値的な変換，連結，浸透のモメントの一つのあり方を示している。つまり，先に触れた予備的蓄積と相同性認知とは法的変成のマトリックスにおける Ms/Dv に，概念転回は Mc/Dv に，そして観念的期待は Mp/Dv にそれぞれ相当し，これらは相互にあいまってrightsの観念をめぐる法のクレオールの有り様を示す。とりわけ，近代日本の権利観念の確立が力の所在に係る権力的含意の強調に傾くことは，上記のクレオール状況(y)の様相の下で，rightsの観念の一定の受容を行いながらその意味の内質を文脈適合的に変化させるという，受返的な営為の産物として性格づけられよう。またこれとは別に，権利観念以外にもそれと関連する法的観念の翻訳が進められたことに注意する必要がある。翻訳者の活動主体性を通じたこの意味的な近接化は，外国法の国内法への組み込みにおける重要な規範的結節点である。そして，翻訳された法的観念はあらたな法秩序においてなんらかの意味的な連携関係を有するはずであり，その全体を関連づける一定のグラマーが問題化されることになろう[47]。くわえて，権利の観念に代表されるさまざまな規範的観念の翻訳作業が総体として事後にどのように展開し統合されて法制度の全体を形づくってゆくことになるかは，一連の翻訳の過程を構成する契機や階梯，あるいは次元の他にも，法的思考の

ヒューリスティックスとでもいうべき，伝統的な推論様式や問題解決法などの諸条件を取り込みながら規定されてゆくことになるであろう[48]。

また，翻訳は日本の法制度の近代化において重要な要素ではあるが，かならずしも外国法の取り込み過程全体の方向性を決定したわけではない。そこでは，当時の日本における社会状況に関わるより詳細な社会学的，歴史的条件も重要である[49]。そしてこの点に関しては，知識人を中心とした異文化・社会の法の導入作業に引き続いて起こるはずの，当該社会へのあらたな知識や実践の浸透過程，さらには文化的混成化の方向性についても考える必要がある。たとえばその方向性には普遍化，平準化，固有化といった複数のパタンがあるかもしれず，法のクレオールがどのパタンに行き着くのかという問題もあろう[50]。先に示したクレオールの三つの状況(x)，(y)，(z)との関わりでは，状況(z)が平準化に近い。もちろん，ここでの平準化とは，少なくとも歴史的に支配的もしくは優位に立った文化・思想・制度が他の社会にも及んでゆくということであり，その点ではクレオール的であって，単純なものではない。その一方で，固有化に近いのは状況(x)である。ここでは，一定の文化・思想・制度的な抑圧をばねとしながら，それとはまったく異なるあらたな文化や制度などが作り上げられる。そして，これら平準化と固有化との中間形態を示すのが状況(y)であり，そこでは平準化と固有化の混淆状態が現れるということが考えられる[51]。ただし，以上のような理解はあくまで社会的浸透過程のパタンに関するものであって，その過程の動態自体に関するものではない。後者の動態は，上記のパタンを結果として産み出すような変容過程それ自体の有り様において捉えられなければならない。

もちろん，以上のような異なる法的観念の翻訳の意義の分析はまだけっして十分とはいえない。特に法のクレオールにおける解釈的活動主体性との関係で問題となるのは，翻訳という作業による語句の意味のねじれやその効果に関わる論理的態様の問題についてより詳細に考察することであり，そこでは先に示唆されたグラマーやヒューリスティックスの問題の検討が重要な意義をもつと思われる。また，このような翻訳の分析は，翻訳語を使用した行為次元の諸問題や制度次元の諸問題の分析や実証によってさらに補完される

べきものであることもいうまでもない。これらの問題についてはさらなる多角的探求が必要であるが，それはもはや別稿を必要とする。今，一つだけいえることは，それらのなかのどれか特定の探求が決定的な意義を有するということではなく，それらの総体が法のクレオールの把握につながってゆくということである。

† 本章の第Ⅰ，Ⅱ節は，拙稿，「〈法のクレオール〉の概念をめぐる基礎的考察」(北大法学論集58巻3号，2007年，244-269頁)の第2節の一部および第4節の全部を元に若干の加筆修正を加えたものである。当該部分の転載について北大法学論集編集委員会の快諾をいただいたことに，記して感謝したい。

1) 代表的な例として，ローマ法の継受や日本における西洋法の継受の問題があることはいうまでもない。Cf. Michele Graziadei, "Comparative Law as the Study of Transplants and Receptions" (in: Mathias Reimann, *et. al.*, eds., *The Oxford Handbook of Comparative Law*, Oxford University Press, 2006, Ch. 13), Part III.

2) ウィリアム・トワイニングの指摘が重要である。Cf. William Twining, "Diffusion of Law: A Global Perspective" (in: *The Journal of Comparative Law*, Vol. 1, Issue 2, 2006, pp. 237-260), esp. p. 238f., p. 247f.; *do*., *General Jurisprudence* (Cambridge University Press, 2009), Ch. 3, esp. p. 67ff.; Ch. 9, esp. p. 277ff. また，異なった角度から，かならずしも十分に展開されているとはいえないものの同様の問題関心を示すものとして，Keith Culver, *et. al*, *Legality's Borders: An Essay in General Jurisprudence* (Oxford University Press, 2010), p. 148ff. なお，関連して，前掲拙稿，「〈法のクレオール〉の概念をめぐる基礎的考察」，第3節を参照。

3) 異文化の遭遇と交錯についての現代の文化社会学からの議論として，Cf. Ulf Hannerz, *Cultural Complexity: Studies in the Sociological Organization of Meaning* (Columbia University Press, 1992), Chs. 1, 2, 7; *do*., *Transnational Connections: Culture, People, Places* (Routledge, 1996), esp. Part 1; Jan Nederveen Pieterse, *Globalization and Culture: Global Melange* (Rowman & Littlefield, 2004), esp. Ch. 3; Marwan Kraidy, *Hybridity, or the Cultural Logic of Globalization* (Temple University Press, 2005), Chs. 1, 2; Peter Burke, *Cultural Hybridity* (Polity, 2009) また，このような過程と文化の歴史との関連を示すものとして，Cf. Peter Burke, *What is Cultural History?* (2nd ed.) (Polity, 2008), esp. p. 118ff., p. 134f.

4) 最近の研究では，特に東アジアにおける法の相互交流についてこれに類する視点も増えてきた。しかし，その機序に立ち入って考察することはいまだ緒に就いていないように見える。たとえば，参照，アジア法学会編，『アジア法研究の新たな地平』(成文堂，2006年)；水林彪編著，『東アジア法研究の現状と将来──伝統的法文化と近

代法の継受』(国際書院, 2009年)。関連して, 滝沢正, 『比較法』(三省堂, 2009年), 第3編；五十嵐清, 『比較法ハンドブック』(勁草書房, 2010年)。しかし, 一般理論に関し重要な示唆を含むものとして, H・パトリック・グレンやエシン・エリュチュの一連の研究は見逃せない。H. Patrick Glenn, *Legal Traditions of the World* (4th ed.) (Oxford University Press, 2010), esp. Chs. 1, 2, 10; *do.*, *On Common Laws* (Oxford University Press, 2005), esp. Chs. 2, 3; *do.*, "Com-paring" (in: Esin Örücü, *et. al.*, eds., *Comparative Law: A Handbook*, Hart Publishing, 2007. Ch. 4), esp. p. 96ff.; Esin Örücü, "Mixed and Mixing Systems: A Conceptual Search" (in: *do.*, *et. al.*, eds., *Studies in Legal Systems: Mixed and Mixing*, Kluwer Law International, 1996, pp. 335-352), esp. p. 341ff.; *do.*, "Law as Transposition" (in: *International and Comparative Law Quarterly*, Vol. 51, April, 2002, pp. 205-223), esp. p. 212ff.; *do.*, "A General View of 'Legal Families' and of 'Mixing Systems'" (in: *do.*, *et. al.*, eds., *Comparative Law: A Handbook*, Ch. 8), esp. p. 171ff.; *do.*, "What is a Mixed Legal System: Exclusion or Expansion?" (in: *Electronic Journal of Comparative Law*, Vol. 12-1, 2008, at http://www.ejcl.org)(2011年11月16日アクセス), esp. p. 5ff.

5) 拙稿, 「法的空間の多元重層性」(民商法雑誌133巻3号, 2005年, 447-468頁)；同, 「規範衝突の解釈学」(法学69巻6号, 2006年, 979-1010頁)；同, 「〈法と経済学〉をめぐる法観念の相剋」(宇佐美誠編, 『法と経済のあいだ』, 勁草書房, 2010年, 21-43頁)；同, 「ドゥオーキンのリーガリティ論」(宇佐美誠・濱真一郎編, 『ドゥオーキン——法哲学と政治哲学』, 勁草書房, 2011年, 第3章)など。

6) Ronald Dworkin, *Law's Empire* (Harvard University Press, 1986), Ch. 3.

7) Cf. William Twining, *Globalization and Legal Theory* (Butterworths, 2000), Ch. 3, Sec. 4.

8) たとえば, 参照, 竹下賢・角田猛之編, 『マルチ・リーガル・カルチャー』(晃洋書房, 1999年)；角田猛之, 『法文化の探求』(法律文化社, 2001年)；西山賢一, 『文化生態学の冒険——ヒト社会の進化と適応のネットワーク』(批評社, 1994年)。なお, 日本の法文化学を提唱する角田の理論的成果の一つとして, 角田猛之, 『戦後日本の〈法文化の探求〉』(関西大学出版部, 2010年), 特に第1部が一定の前進を示している。

9) 六本佳平, 『日本法文化の形成』(放送大学教育振興会, 2004年), 特に第1章；Margaret Archer, *Realist Social Theory* (Cambridge University Press, 1995), esp. Part II.

10) その原型は, 拙稿, 「アジアに社会における普遍法の形成」(同『公正の法哲学』, 信山社, 2001年, 第3部第2章)および *do.*, "The Structuration of Law and Its Working in the Japanese Legal System" (in: Jacque Vanderlinden *et. al.*, eds., *La Structure des Système Juridique*, Bruylant, 2003, pp. 319-349)などにある。なお, Cf. Archer, *op. cit.*, Ch. 6, p. 179ff.

11) 参照, ロベール・ショダンソン(糟谷啓介・田中克彦他訳), 『クレオール語』(白水社, 2000年); 田中克彦, 『クレオール語と日本語』(岩波書店, 1999年); 林正寛, 「ピジンとクレオール」(柴田三千雄他編, 『世界史への問い3 移動と交流』, 岩波書店, 1990年, 19-53頁); 同, 「伝達と規範意識」(溝口雄三他編, 『アジアから考える1 交錯するアジア』, 東京大学出版会, 1993年, 127-157頁)。
12) 参照, パトリック・シャモワゾー他(西谷修訳), 『クレオールとは何か』(平凡社, 1995年); 大杉高司, 『無為のクレオール』(岩波書店, 1999年); 複数文化研究会編, 『〈複数文化〉のために——ポストコロニアリズムとクレオール性の現在』(人文書院, 1998年); 遠藤泰生・木村秀雄, 『クレオールのかたち——カリブ地域文化研究』(東京大学出版会, 2002年); 今福龍太, 『クレオール主義』(増補版, ちくま学芸文庫, 2003年); 本橋哲也, 『ポストコロニアリズム』(岩波書店, 2005年)。なお, 特にクレオールの観点を含む異文化の遭遇と交錯に関するポストコロニアルな批判的主張として示唆に富むのは, エドゥアール・グリッサン(恒川邦夫訳), 『全-世界論』(みすず書房, 2000年); ホミ・K・バーバ(本橋哲也・外岡尚美訳), 『文化の場所——ポストコロニアリズムの位相』(法政大学出版局, 2005年), 特に序章, 第1, 11章である。
13) シャモワゾー, 前掲書, 西谷修による解説。
14) 遠藤, 前掲書, 序。
15) 今福, 前掲書。
16) Cf. Hannerz, *Cultural Complexity*, Ch. 7; do., *Transnational Connections*, Ch. 6; Pieterse, *op. cit.*, Ch. 4; Kraidy, *op. cit.*, Ch. 3; Burke, *Cultural Hybridity*, Ch. 2.
17) 参照, 太田好信, 『トランスポジションの思想——文化人類学の再想像』(世界思想社, 1998年), 第5章。また, 西谷修が指摘するところによれば, 言語の次元における規範性の下で原基的なクレオールの場面が見られることが重要である。特に, 植民地などにおいて支配的な言語の下でその言語を部分的に屈折させるピジンが生まれ, そのピジンを引き継ぐ次の世代がピジンの下であらたにクレオール言語を生成させて支配的な言語に対抗するという逆説的な主体化の過程が重要であり, この点では, 法に関わるクレオール的現象は言語のクレオールという原基的な次元よりもどこかあとの次元で起こる何か別の現象である。なるほど, まず, 通常の言語習得過程では, 幼年期の第一次言語の習得の後に青年期において第二次言語が習得され, それとともにおそらく法的な第三次言語が習得されるという過程が現れるであろう。それゆえ, その法的な第三次言語の習得や活用の場面において法におけるクレオールのような問題が現れるときには, すでに一定の言語環境が成り立ったうえでのことであるので, この点ではたしかに法のクレオールは言語のクレオールそのものとは直接の関係を持たないかもしれない。なお, 言語的次元と法的次元との異同に関連して, 林, 前掲論文「伝達と規範意識」, 138頁以下が興味深い。
18) この区別は, 現代社会学におけるミクロ-メゾ-マクロという次元の区別を下敷きに

している。Cf. John Parker, *Structuration* (Open University Press, 2000), Chs. 4-6; Archer, *op. cit.*, Chs. 5, 8；ジェフリー・C・アレグザンダー他(石井幸夫他訳)，『ミクロ-マクロ・リンクの社会理論』(新泉社，1998年)，第3-7章；盛山和夫，『社会学とは何か』(ミネルヴァ書房，2011年)，第5章。もっとも，ここでいう「メゾ」がいかなる特徴を有する次元かということはまだ十分に明らかではない。

19) この活動主体性の概念については，さまざまな分野において共通に看取されている。Cf. Archer, *op. cit.*, Part II; Gary Watson, *Agency and Answerability* (Oxford University Press, 2004), Part 1; Susan Wolf, *Freedom within Reason* (Oxford University Press, 1990), Ch. 4; Michael Ignatieff, *The Rights Revolution* (Anansi, 2000), Ch. 1；バーバ，前掲書，第9章。もちろん，その意義をどこまで積極的に評価するかは視角や立場によって異なる。

20) この主体性が解釈的であることについて，一般的には，Cf. Charles Taylor, *Human Agency and Language* (Cambridge University Press, 1985), Chs. 1, 2. 法的な文脈では，Cf. Dworkin, *op. cit.*, Ch. 2；拙著，『解釈と法思考——リーガル・マインドの哲学のために』(日本評論社，1996年)，第4-6章。

21) Cf. Dworkin, *op. cit.*, p. 65ff.

22) 状況(y)における変成の受返性とは侵略的な社会・文化を受け容れつつも半面において自己の社会・文化の独自性をも維持すること，解釈的活動主体性における圧迫拮抗性とは外圧に対し自らの独立を保持しつつ対応することを指す。

23) 歴史的事例は一般的な推測にとどまり，それが実際にどう成り立ちうるかは個別研究による検証に委ねられるが，本書のなかのいくつかの論文がその例となる。

24) 西谷修の示唆(注17)に従うならば，法のクレオールは法的言語のレヴェルで，支配的言説が力を持つのに対してその変形が与えられ，それを引き継ぐ世代がそこからあらたな法的言説を組み立てるという過程として考えられる。ここには言語のクレオールとの平行性が看取できよう。もっとも，たとえば日本語の成立過程において中国語の変形とそこからのあらたな言語構築が長期にわたって行われたと見ることができるならば(参照，鈴木修次，『日本漢語と中国——漢字文化圏の近代化』(中央公論新社，1981年)；亀井孝他編，『日本語の歴史6　新しい国語への歩み』，(平凡社，2007年)，第1, 2章)，法のクレオールはそのような言語のクレオールをさらに高次の次元で再帰的に行うことによって現れるといえるかもしれない。そして，そこでは言語の組み替えが法の組み替えと同時進行的であるということも考えられる(たとえば，本章第Ⅳ節で述べる法的観念の翻訳の問題など)。いずれにせよ，言語のクレオールそのものにおいて一定の規範性が現れるとしても，法においてはそのような言語的規範性とは異なるより高次の実質的な規範性が伴う。この点では，法のクレオールにおけるあらたな規範性の創出は法の次元に独自のものである。

25) これは社会秩序におけるメゾ・レヴェルの重要性という問題と関連すると同時に，

法の自律性や意味世界の自立性の問題とも関わりを有する。Cf. Archer, *op. cit.*, Ch. 5. 参照, 盛山, 前掲書, 第1, 4章。

26) 価値的次元は法のクレオールの内でさまざまな法的価値が論理的に接合される次元[Dv], 行為的次元は法のクレオールが社会的にさまざまな個人の行為や集団の行動において具現される次元[Da], そして制度的次元は法のクレオールとそれに連なる法形成が各社会における法思想＝制度の歴史的変動の内で一定の法制度構想として出現する次元[Di]である。この三つの次元の本来の区別に関しては, 前掲拙稿, "The Structuration of Law and Its Working in the Japanese Legal System", p. 323ff.

27) Cf. Örücü, "Mixed and Mixing Systems: A Conceptual Search", p. 341ff.

28) たとえば, 参照, ベルント・カノフスキ(田口正樹訳), 「法のクレオールとしてのブーフの注釈?」(北大法学論集60巻3号, 2009年, 31-59頁), 特に45頁以下；王泰升(黄詩淳訳), 「日本支配期における台湾人の法意識の変換」(北大法学論集59巻2号, 365-396頁), 特に369頁以下。

29) この点では, 堀田秀吾が示唆するような, 言語活動における人間の普遍的能力とそのような能力に内属している種々のパラメーターの文脈的変化によって, クレオールを含むさまざまな言語活動が行われるという見方は, いささか観点を異にするものである(参照, 堀田秀吾, 『法コンテキストの言語理論』, ひつじ書房, 2010年, 第4章)。堀田の見方は, 一定の先天的な普遍的能力の存在を前提しながらその文脈的バリエーションを考えるといういわば展開型の普遍論であるが, 本章において解釈的活動主体性が普遍的であるという場合には, なんらかの主体的能力の普遍性やその文脈的具体化が問題になっているわけではなく, あくまで種々の現象の背後につねに同じような主体性が働いているといういわば収束型の普遍論しか含んでおらず, 解釈的活動主体性があらゆる人間活動やあらゆる社会的問題文脈を産出する原基的な能力であると主張するものではない。また, このような限定された普遍論的な見方は, クレオール的な諸現象が言語や文化, あるいは法の相互作用や融合として成功裏に進んでいるという見方にただちにつながるわけでもない。そこには相互作用における失敗の可能性も当然ありうる。しかし, ここで問題としているような法のクレオールは試行錯誤的な過程であり, それは基本的には一定の成長のポテンシャルを有していると見ることは不可能ではない。というのも, そこには, 紆余曲折を経てであれ, 規範伝統としての法の堆積が看取できると考えられるからである。

30) 本書全体での試みがその一端を示している。

31) 参照, エベレット・ロジャーズ(三藤利雄訳), 『イノベーションの普及』(翔泳社, 2007年), 特に第6, 7章；マーク・ブキャナン(阪本芳久訳), 『複雑な世界, 単純な法則——ネットワーク科学の最前線』(草思社, 2005年), 特に第1-3章；安田雪, 『ネットワーク分析——何が行為を決定するか』(新曜社, 1997年), 特に第Ⅰ, Ⅱ章；Esin Örücü, "Turkey: Change under Pressure" (in: *do., et. al.*, eds., *Studies in*

Legal Systems: Mixed and Mixing, 1996, pp. 89-111).
32) 後出，本章第Ⅳ節での権利の翻訳の例を参照。
33) いうまでもなく，この種の規範的概念はその解釈が争われる。Cf. Ronald Dworkin, *Justice in Robes* (Harvard University Press, 2007), Ch. 6.
34) このような分散的収斂が現実にいかに起こるかということについては，もちろん一定の条件が必要であるが，その詳細な検討に立ち入ることはできない。一例としては，小坂井敏晶，『異文化受容のパラドックス』(朝日新聞社，1996 年)が挙げられる。
35) Cf. Karl Popper, *Objective Knowledge* (Oxford University Press, 1974), Ch. 4; *do.*, *All Life is Problem Solving* (Routledge, 1999), Ch. 5.
36) 実践的問題が文脈的緊急性を有するときには，問題解決の要求の度合いは最高度に達するといえよう。たとえば，いかによく生きるべきかという実践的問題は，生死を決する問題場面においてはもっとも緊迫した判断を迫られよう。
37) 山室信一の指摘による。
38) 後出，本章第Ⅳ節の法的観念の翻訳もその一例である。
39) この送り手-受け手の関係の問題と関連するのは，松尾弘が提唱している開発法学における法整備支援のための公正な法理論の試みである。松尾の議論は基本的に法の支配の重要性を前提として，異なる文化を有するさまざまな社会においてそれぞれに適した形の法制度の構築を支援するという志向に出たものである(参照，松尾弘，『良い統治と法の支配』，日本評論社，2009 年，特に第Ⅲ部)。この法の支配を根底とするよき統治の構築ということは，それ自体，現代のグローバリゼーションの内で生じている法の広がりとの関係できわめて重要であることはいうまでもないが，本章における異なる法の相互作用の動態の理解という問題関心とは，視座をやや異にしている。前者はある面で実践的な議論であり，そこでは一定の理想の移入・浸透の評価的条件が主たる問題となっているのに対して，後者では，異なる文化や思想・制度などが接触を起こし，相互変容を遂げるという場合の認知的条件が主たる問題となっている。
もちろん，ここには一定の平行性もあり，たとえば，法整備支援の国際的協力ネットワークを統御できるような公正な法理論の開拓という実践的作業は，異なる文化・思想・制度の翻訳を介した導入過程における知識人の解釈仮説形成のあり方の理解という認知的作業と相同的である。しかし，にもかかわらず，ここでの大きな相異は，後者の視座は，前者で基軸となっている法の支配という理念それ自体もまたクレオール的な過程のなかで形成され，その実効性や適切性を問われうるものとして捉えられることにある。
40) このような過程の総体は，もちろんたんに抽象的な法の動態構造の問題にとどまるはずのものではない。樫村志郎は，法のクレオールと社会の人々のさまざまな生との関わりや，法実践の集合的構成を指摘したが，それはたしかに見逃せない問題である。異質な規範が遭遇・拮抗・対立する最中で，それに直面した当事者たちがその主体的

な努力を通じて，それらの異なる規範を認知し，接合し，新たな規範を産み出そうとする過程の内で，特に社会における個々の人々や集団において法がどのように経験されることになり，またどのようにそれらの人々や集団の個々の活動に影響を与えまた変容させてゆくかということについての諸個人の視座からの考察もきわめて重要である。この点では，法のクレオールは価値面や制度面にとどまらず，社会の人々の個別具体的な活動面においても考察される必要があり，そこではクレオール α として区別された法的主体化の局面の検討が重要になることは明らかである。この点で，たとえば，樫村が代表となってまとめられた法動態学/水平的法秩序の研究（樫村志郎編，『規範と交渉』および『規整と自律』，いずれも法律文化社，2007年）などと法のクレオールの接合可能性を探ることもできよう。

41) クレオールと文化の歴史，および翻訳との関連性（日本の例を含む）について，Cf. Burke, *What is Cultural History?*, p. 121ff.; do., *Cultural Hybridity*, Ch. 3, 4. さらに，ポストコロニアルな観点からの東アジアの近代化過程における法的観念の翻訳に関わる批判的検討に関して，Lydia H. Liu, *Translingual Practice* (Stanford University Press, 1995), Ch. 1, esp. p. 27ff., p. 80ff.; do., *The Clash of Empires* (Harvard University Press, 2004), Ch. 4, esp. p. 124ff. 同様の問題に関する日本の側からの分析として，鈴木修次，『日本漢語と中国』（中公新書，1981年）。また，比較法の観点からの近代日本の法継受の概観と特徴について，参照，鈴木，前掲書，Ⅰ章6節；木下毅，「日本法と外国法──法継受論(1)・(2)」（北大法学論集46巻2号，204-174頁，46巻4号，394-360頁，1995年），特に(2)；滝沢正，『比較法』，第2編第4章第3節，特に156頁以下；坂野潤治・大野健一，『明治維新1858-1881』（講談社，2010年），170頁以下（「翻訳的適応」という問題を扱う）。さらに権利観念の翻訳への注目に関して，青木人志，『〈大岡裁き〉の法意識』（光文社，2005年），106頁以下，115頁以下，189頁以下を参照。

42) 以下の議論の詳細については，拙稿，"Incorporating Foreign Legal Ideas through Translation" (in: Andrew Halpin, et. al., *Theorizing the Global Legal Order*, Hart Publishing, 2009, pp. 85-106), esp. p. 89ff.; do., "Between Rights and 'Kenri'" (in: Eleanor Kashin Retaine, ed., *Legal Engineering and Comparative Law*, Vol. 2, Schultess, 2009, pp. 83-107), esp. p. 88ff. なお，異文化間の翻訳に関する一般理論上の論点について，Cf. Anthony Pym, *Exploring Translation Theories* (Routledge, 2010), Ch. 8; Ronald Dworkin, *Justice for Hedgehogs* (Harvard University Press, 2011), p. 170ff. また，異法間の翻訳に関わる一般的問題状況について，Cf. Deborah Cao, *Translating Law* (Multilingual Matters Limited, 2007), p. 23ff. 以下の本論における分析に関しては，ピエール・ヴィドマー（Pierre Widmer），陳妙芬，アンドリュー・ハルピン（Andrew Halpin），アナリース・ライルズ（Annelise Riles），於興中，H・パトリック・グレン，そして山室信一の各氏との議論から大き

な示唆を得たことに感謝する。
43) たとえば，参照，松沢弘陽，『近代日本の形成と西洋経験』（岩波書店，1993年）；山室信一，『思想課題としてのアジア——基軸・連鎖・投企』（岩波書店，2001年），特に第2部。
44) こうした意味での「権利」が浸透してrights観念のねじれが起これば，そこでは権利の利己的な理解，すなわち権利は社会的強者あるいは弱者いずれの側にとっても力であり，この力を獲得する方法が権利観念の中核となるという理解を生じ，正義の感覚は相対的に低まる。
45) これに関して，福沢諭吉の翻訳である「通義」を想起すると，この「通」と「義」の組み合わせは「権利」とはまったく異なる，人々に共通の正当な理由という意味を生じさせる。福沢の試みは，神の下での個人の独立と平等という西欧の観念にならって日本国民の独立と平等の重要性を支持し，当時の日本の封建的で権威主義的な社会構造や意識を変革しようとしたものである。福沢による別の翻訳，「権義」あるいは「権理」の場合にも，「権」は力を示すが，「義」や「理」は対象となる事柄の一定の正当性や適理性を示している。ある意味で，「権義」あるいは「権理」は「通義」と「権利」の間に位置し，「権利」よりもrightsの原義に近いように思われる。あるいは，「権義」あるいは「権理」は「権利」に対する福沢の妥協であったかもしれない。参照，鈴木，前掲書，45頁以下；柳父章，『翻訳語成立事情』（岩波書店，1982年），第8章；内山明子，「福沢諭吉の西洋思想の翻訳と受容——『ポストコロニアル』を視座に」（佐藤＝ロスベアグ・ナナ編，『トランスレーション・スタディーズ』，みすず書房，2011年，47-68頁）。
46) 周知のように，「誤訳と雖もこれを妨げず」という場合もある。
47) この点で，トーマス・クーンは科学革命の問題文脈において，さまざまな翻訳が体系化される「辞書」の重要性を指摘していることが非常に興味深い。トーマス・クーン（佐々木力訳），『構造以来の道』（みすず書房，2007年），特に第1，2章。
48) この点で，イムレ・ラカトシュが科学の発展の理解に関して，否定的発見法と肯定的発見法の重要性を指摘していることが示唆に富む。イムレ・ラカトシュ（村上陽一郎他訳），『方法の擁護』（新曜社，1986年），第1章。法の前提条件の一部はリーガリティ（則法性）の観念で与えられる（参照，前掲拙稿，「ドゥオーキンのリーガリティ論」，67頁以下）。しかし，翻訳された法的観念（それは新たな法の部品的な語彙となる）を纏め上げるには，形式的にはリーガリティの観念が働くとしても，より実質的な条件が必要であり，それが何かということが重要となる。この点で，H・パトリック・グレンのいう法伝統は重要な関連をもつと思われる。Cf. Glenn, *Legal Traditions of the World*, p. 347ff.
49) たとえば，亀井，前掲書；丸山真男・加藤周一，『翻訳と日本の近代』（岩波書店，1998年）；飛田良文，『明治生まれの日本語』（淡交社，2002年）などを参照。

50) 山室信一の指摘による。なお，この問題について，参照，山室，前掲書，第1部第2章，第2部第7章。

51) ここでいうグラマーの問題は，たとえば法実践の層構造（法原理，制定法，法運用）と社会の問題領域（政治領域，経済領域，文化領域）の区分とを組み合わせた，法と社会との相互作用のトリマトリックスの形で捉えることもできよう。参照，前掲拙稿，「アジアに社会における普遍法の形成」，283頁。また，ヒューリスティックスの問題は，翻訳者が用いうる翻訳方略の問題（たとえば字義どおりの翻訳や意味の中和など）でもあろう。Cf. Hasegawa, "Incorporating Foreign Legal Ideas through Translation", p. 102f.; Cao, *op. cit.*, Ch. 3.

2. 日本における法文化の変容と法のクレオール

尾崎 一郎

I 「文化」対「制度」？[1]

　よく知られているように，日本は西洋先進諸国に比べて民事訴訟率が低い社会であり続けている。その理由をめぐって，長年議論が行われてきた。
　1967年に出版された『日本人の法意識』(岩波書店)において，川島武宜は，日本人の意識と近代国家法制度(ないし司法制度)との間に大きな隔たりがあることを指摘した。同書や関連する他の文献[2]における，こうした指摘を，日本人には法を嫌う意識ないし文化がありそれが低訴訟率の決定的な理由だと主張するものと理解し，それを批判する議論がやがて出てくることになった。たとえば，ジョン・ヘイリー(John Haley)らは，文化や文化の表れとしての固定的意識よりも，弁護士の不足，訴訟にかかるコストの大きさ，裁判手続の帰結の予測可能性の高さなど，制度的な因子が作用して，低い訴訟率になっていると主張した[3]。低訴訟率という従属変数を決定的に規定する独立変数は文化なのか制度なのかを争う，文化説対制度説という議論枠組みが生まれたのである。この枠組みは現在に至るまで学界における議論を支配している。もともと制度説は米国の学者が中心になって出したものであるが[4]，近時は日本人の学者にも支持者が増えており，そもそも文化のように経験的に検証可能性のない概念を持ち出すことを批判する論者もいる[5]。あるいは，「文化要因説」と「制度要因説」の「折衷説」を唱える学者もいる[6]。
　たしかに，文化を，「日本人」なるものに備わった，本質的で不変で生得的で決定的な何かとして捉えるなら，そのようなものを持ち出して低訴訟率を「説明」することは，実際には何の説明にもなっていないし，そもそもそ

のような本質的で不変な民族的性質(民族的「性格」と呼ぶ論者もいた)があるということ自体疑わしいであろう。川島自身,『日本人の法意識』では,やがて日本人も近代国家法制度にふさわしい法意識を備えるようになるだろうと,変化を予言しているのである。その意味では,制度という人為的・政治的に作り出された可変的な因子によって低訴訟率を説明する方が科学的だし,実践的に有用であることは,疑いようがない。

しかし,他の論者は別として,少なくとも川島武宜の議論を,「文化説対制度説」の構図において捉えることには問題がある。そもそも,訴訟率の規定因子として「文化」と「制度」とを対置するという,長年学界の議論を支配してきた図式自体,妥当性が疑わしいといわざるをえない。文化の概念についてあらためて考察したうえで,川島の議論の含意と射程を捉え直す必要がある。

II 文化の概念

(1) 構築物としての文化

文化を,ある民族集団に生得的に備わった固定的で本質的な性質と捉えることは間違いである。とりわけ,社会の流動化,多元化,個人化の進んだ近代社会において,そのようなものを想定することは不可能といってよい。しかし,だからといって,いま現在の制度の構造や機能を眺めるだけでは,社会を理解したことにはならない。なぜなら,我々は誰しも意味の世界に生きているからである[7]。社会の構成員は,共通の一貫した意味の枠組みによって媒介されることで,有意味で秩序だった相互行為ないしコミュニケーションを遂行できる。すなわち,社会が成立するためには,そのような意味の基本枠組みが不可欠である。そうした枠組みは,歴史の展開のなかで構築され再生産されているものであり,自他の行為,さらには世界の森羅万象に「意味」を与え「理解」可能にするのである。

文化とは,この,我々の社会的生活を可能にする,共通の一貫した意味の枠組みのもっとも基本的なものに他ならない。これがないと,我々は,日常

生活におけるいかなる行為も出来事も解釈し評価すること——それは，社会秩序をもたらす規範的相互行為の基本的要素である——ができなくなるので，無秩序や混沌に苛まれることになってしまうのである。

　文化は，たしかに不変の本質などではない。しかし，一定の安定性を有してもいる。なぜなら，意味の枠組みのあまりに速い変化は，我々の生活，我々の相互行為を事実上不可能にするからである。文化は，教育を通じて世代から世代へと，相互行為を通じて個人から個人へと，受け継がれていく。歴史のある時点で，我々は「我々の文化」をあたかも不変の実体であるかのように捉え語ってしまいがちであるが，むしろ，歴史の展開のなかで，すなわち時間的次元において，文化を捉えることが必要である。文化は意味の基本枠組みとして作動すると同時に，再生産され続ける。そのメカニズムとダイナミズムを理解しておく必要がある。社会が急速な変革期にあるならば，いっそうそうした理解の必要性は高くなる。

(2)　行為，制度，イデオロギー(思想)

　基本的な意味の枠組みとしての文化は，それ自体は手に触れたり目に見えたりするものではない。それは，行為，制度，イデオロギー(思想)という3つの異なる次元において，具現し，再生産されているのである。

　相互行為の過程において，行為者は自他の行為に一定の意味(たとえば価値合理性や目的合理性のような)を認め理解する。それらの意味は，行為者が参照する意味の枠組みによって与えられるが，その結果なされる相互行為を通じて，あらためて当該意味の枠組みが再生産される。文化的枠組みがなければ，我々は他者の行為を理解し評価することができなくなる。

　行為は，制度的状況に沿って遂行される。制度が存在しなければいかなる行為もなしえない。制度がどのように設計され，つくられ，利用されているかに，文化が現れている。たとえばマックス・ヴェーバーが指摘したように[8] 政府の官吏の登用において筆記試験を重視し，また人文学についての教養を重んじるという「制度」は，中国，日本，韓国に共通の文化的特徴といってよい。

イデオロギーないし思想は，ある意味で文化の内実をもっとも直接に表すものかもしれない。種々の文書，書籍，口頭コミュニケーション，芸術作品，教育などを通じて，言語化され，表象され，伝達される。ただし，やはり，書かれたり語られたりした言葉は，かならずしも文化それ自体でないことには気をつけなければならない。場合によっては，文化を対象化し暗黙の前提から異化するために，文化の単純な反映とは異なる何かを，言語的に語り思想化するということもある。そこでは，一種の自己解釈，自己批判にこそ文化が反映し，またそれらが文化を構築している。後述するように，「日本人は法が嫌いである」というような言説もまた，その一例である。その場合，そうした言説が，社会のどのような身分や役割の人によってどのような文脈で発せられたかに注意を払う必要がある。むろん前近代的な社会における性差別的な言辞のように，それ自体が当該社会の文化の直接的で無自覚な反映であることもある。

　これら三つの次元は相互に整合し，かつ循環的に規定し合う関係にある。たとえば，一定の行為は一定の制度の枠組みに沿って行われる。そうした行為がなされるから制度は安定的に存立する。こうした行為と制度の関係は，一定のイデオロギーによって正当化され，説明される。逆にそのイデオロギーは，当該行為や制度の態様により，追認され再生産される。こうした三つの次元を取り結ぶ循環的な関係を通じて，全体として，有意味で理解可能な社会生活の基本枠組みとしての文化が構築され，作動しているのである。

　逆に我々は，行為，制度，イデオロギーのそれぞれ（それらは観察可能なものである）を見て，それこそが文化そのものだと誤認してしまうことがよくある。しかし，行為，制度，イデオロギーは文化そのものではない。文化は，それら三つの次元の循環的関係を見ながら，我々が観念的，思弁的，反省的に推測し構築する何かである[9]。それを我々は便宜的に「文化」と呼んでいるわけである。孟子のテクストに表象された思想そのものが中国文化なのではない。当該テクストがどのように書かれ，読まれ，教育され，再生産され，制度化されているか，その全体を眺め渡して初めて，中国文化を語ることができる。こう考えれば，訴訟率の決定的な規定因子として文化と制度を対置す

るという，これまでの論争の枠組みが誤謬であることは明らかであろう。そのような誤った枠組みで論争しても，生産的な議論にはならないのも道理である。

(3) 「『法嫌い』の神話」

　それでは，『日本人の法意識』のなかで川島が論じようとしたのはどのようなことだったのだろうか。彼は，近代的国家法制度と人々の意識の間のずれを指摘するに当たって，紛争に直面した人々の振る舞い，契約交渉において選好される手段，民事紛争の解決手段の制度的特徴，それらの行為や制度あるいは言説に現れている日本人の権利・法律・所有権・契約についての意識，等々について，多面的に語った。つまり，日本社会における，法に関わる行為，制度，思想の特徴を語ったのである[10]。そこでの彼の主張の要点は，日本人に，生まれつき固有で不変の法回避的な意識ないし文化があるということでは，なかった。彼の議論は，不変で生得的な属性を指摘することではなく，1960年代当時の日本社会の行為，制度，イデオロギー(思想)に対する鋭い批判へと向けられていたのである[11]。川島は，戦後日本の近代化を先導する啓蒙的知識人として，当時の日本社会に残存する前近代的(「封建的」)，非・法的社会関係――それは，個人の自由と平等を奪うものである――を，近代国家法を規準としながら，批判するという文脈において，上のような議論を展開したのである。現在，そうした戦後の近代主義的啓蒙のプロジェクトについてはさまざまな批判(揶揄も含めて)が加えられている。しかし，だからといって『日本人の法意識』にもはや学ぶものはないと考えるとしたら，非常に愚かなことである。同書に現れた川島の鋭い批判精神は，戦前から60年代にまで貫流していた「文化」に対する反省的視線を提供しただけではなく，後述するように，同書の出版の直後から始まった日本社会の転換で起こるであろうことへの予感に満ちてもいるのである。真の意味での「文化」についての，反省的，自覚的な洞察だったからこそ，そのような大きな射程を持ちえた。「文化説」対「制度説」のような理解の仕方では，その射程を捉えることができない。

III 社会秩序の法化と法文化

(1) 受動的で道具的な法の拡大

　クリスチャン・ヴォルシュレーガー(Christian Wollschläger)が指摘したように[12]，日本における民事訴訟率の通時的変化を眺めてみると，1975年前後を境に，大きな変化が生じたことがわかる。すなわち，それまでは人口1万人当たり15件前後で安定的に推移していたのに対し，70年代半ば以降は，80年代半ばから90年代半ばにかけてのバブル景気前後の大きな振幅を除くと，一貫して上昇し続けているのである。

　この変化は，一つには，日本の社会が，重工業主体の高度経済成長の社会から，第三次産業主体の低成長(安定成長)社会に変化したことと関係している。私が行った分析によれば[13]，70年代半ば以降の民事訴訟率の上昇の大部分は，少額の金銭訴訟の増大によって説明がつく。とりわけ，簡易裁判所で，クレジットカードや消費者金融の会社が顧客の消費者から債権を回収するために提訴したケースが相当数を占める。そうしたケースのほとんどが，業者側の勝訴によって終わっている。70年代は，クレジットカードや消費者金融が急速に普及した時代であった。それらの業者は，いわゆる「リピート・プレーヤー(repeat players)」として，効率的な債権の回収のために道具的に司法制度を用いることに熟達していった。彼らの行動を規定しているのは経済合理性であり，裁判手続の結果の予測可能性が高いことが，いっそう道具的な法使用を促進した[14]。

　70年代半ばを境に生じた変化のもう一つの側面は，隣人訴訟や医療過誤訴訟やセクシュアル・ハラスメント訴訟や知的財産権訴訟など，新しい種類の訴訟の登場に象徴されている。市民による行政に対する訴訟(行政訴訟)の普及もまた新しい現象として生じた。すなわち，日常生活における地縁や血縁といった既存の紐帯の重要性が薄れ，社会の個人化と流動化が進行した結果，裁判手続に頼らなければ解決できないような問題が増えてきたのである。伝統的なガバナンスの構造はその有効性も威力も失われつつある。経済エ

図2-1　1960年以降の民事訴訟率＊

＊：人口1万人あたりの，地裁および簡裁における，通常訴訟，人事訴訟，手形・小切手訴訟，少額訴訟の第1審新受件数
出典：日本統計年鑑，司法統計年報より筆者作成

リートも一般市民も，行政による上からの統治に対する信用を失いつつあるようにも見える。自分たちの問題を解決するのに，司法制度を用いて自ら対処せざるをえなくなっているのである。経済のグローバル化もこの傾向に拍車をかけているであろう。人々は，望むと望まざるとにかかわらず，自律的な個人として自己決定と自己責任を引き受けざるをえない。その結果，司法制度は，これまで以上に大きな役割を果たすことが求められるようになっているのである。

　要するに70年代半ば以降，日本では司法制度がいっそう大きな役割を果たすようになってきており(機能的プレゼンスの増大)，それは，同時期に進行した，個人化，商品化，消費主義，グローバル化といったものの反映なのである。90年代に始まった一連の司法制度改革は，そうした社会変動への応答を迫られた経済権力が，かつての司法制度回避から司法制度活用へと方針を180度転換したことが，大きな動因となった。裁判所や弁護士への期待と需要は増すばかりである。

(2) 法と社会のずれ

　川島武宜の議論に戻ろう。1967年に書かれた『日本人の法意識』は，70年代半ばに始まった日本社会の変化，そしてそれを追認するかのようにして登場した思想を，先取りして批判する側面をたしかに有していた。

　そのことは，90年代に，川島理論への新たなアンチ-テーゼとして提示された，ある種の議論を参照することで，明らかになる。すなわち，少数だが有力な学者達[15]は，川島の近代国家法を範型とする啓蒙主義を批判するとともに，法の制度理念による自由の抑圧への抵抗や，法の局所的解釈によるミクロな法秩序の実践や，法の道具主義的利用による市民の「主体性」の確保について，語ることになった。そこでは，また，裁判手続とそれ以外の手続の制度的境界線を柔軟に捉え，紛争当事者が状況に応じて自由自在に制度を使い分けることが望ましいとも主張された。さらには，裁判の場は，裁判官による裁断ではなく，当事者の主体的な交渉を「整序」する議論のフォーラムにとどまるべきであるともいわれた。このような，「法への抵抗」（法に対する懐疑主義）や「ローカルな法秩序」や「道具（の一つ）としての法」といった議論は，アメリカの批判法学やポストモダニズム法学の影響を受けているものであり一見ラディカルであるが，何よりも先に述べたような日本の社会の変化がその背景にある。それは，まさに経済合理性と法道具主義とに与する議論であり，現状追認的色彩が濃い[16]。

　他方，川島が，60年代当時の日本社会を，近代国家法を範型としながら鋭く批判したとき，彼が規準としていたのは，たんに都合よく道具として法を使えばよいというような，いわば外面的な行為レベルで法の受容を捉えるような単純な思考ではなかった。彼は，カントとヴェーバーの理論に立脚しながら，人間が，普遍的な規範としての法を内面的自発性において受容する条件についての深い考察をすでに行っていた[17]。そのうえで，日本の法「文化」の変容の可能性について，行為（とその背景にある意識），制度，思想の各次元について，批判的に省察していたわけである。『日本人の法意識』とはそのような本であった。70年代以降，たしかに日本の社会は，表向き，法を回避する社会から法を使う社会に変化したようである。しかし，それを

川島の法文化論・法意識論の誤りの証拠と考えるならば，間違っている。なぜなら，第一に，先述したように，川島は固定的で不変な法文化・法意識の存在を指摘していたわけではないからであり，第二に，川島が見据えていた文化とは，道具的に法を用いるという外形的な変化によって払拭されてしまうような表層的なものではないからである。日本社会は，〈法を嫌う文化であるにもかかわらず70年代以降法を使うようになった〉(から，川島の法文化論・法意識は間違えていた)のではなく，〈川島が60年代の日本社会について指摘した法と人々の意識との乖離に象徴的に現れている法と社会の根本的な懸隔という文化的枠組みがあるからこそ，いまなお法は道具的に用いられるにとどまっている〉，と解釈できるのである。川島の議論の射程は，70年代以降の日本の法と社会への批判へと及んでいるといえるだろう。

　変化する社会にあってその文化を語るというのは，けっして不変，生得の何かを決定論的，自己満足的，自己正当化的に語ることではない。それは，歴史の展開のなかで自社会が示している有り様を，行為，制度，思想の各次元にわたって，根源的に自省し，批判し，将来を見通していく作業なのである。

Ⅳ　法の普遍性と法文化の変容

　しかし，問題はじつはこの先にある。川島の議論に見て取れるそのような実践的意図や社会的背景は別として，既存の法文化(行為・制度・思想)に対する批判と変化を志向するその議論には，より根源的な意味で，未整理な問題が含まれていた。それは，法のクレオールを探求するという本書のプロジェクトにも関わる問題であり，たんに日本の文化が西洋の法とずれているといった次元の問題でないことはたしかである。そもそも法と社会のずれとは何なのか。そして，法文化が変容するとはどのようなことなのだろうか？[18]

(1) 法の普遍性と社会からの乖離

　教義学的な体系性をどこまで追究するかどうかに差があるにしても，いわゆる大陸法，コモン・ローを問わず，「法」は，普遍的な秩序を想定することで成立している。しかし，それはまったくの観念的なイデアやア・プリオリで超越的な規準としてではなく，裁定というきわめて具体的で個別的な事態の反復を通じて，たえず反省的に吟味される。その過程ではつねに先行する判断との矛盾やずれが問題となり，それをいかに整序し，整合させるかが，法的論証における不可欠な部分をなす。個別と普遍の往還がそこには存在する[19]。

　想定された普遍的な秩序の全体を，ア・プリオリに，あるいは直接的に把握することは「神」や「ハーキュリーズ」ではない人間にはおそらく許されていない。社会の成員としての共同の営為の所産として，そのような秩序が確認され再生されると考えざるをえない。しかも，それは先述したように，つねにその綻びを契機としている。くわえて，普遍的な秩序の全体が存在するということ，それが一定のインテグリティを有していることも，けっして自明ではない（少なくとも tangible でない）。「神」や「自然の摂理」「世界の発展法則」などは根拠としていかにも薄弱化している（ただし後述するように自然の摂理については，現代において新しい動きがあり，それはまさに本稿の関心と直結している）。結局，そのような秩序の存在自体，共同の営為においてコミュニケーション遂行的に構築されている「想定」でしかない（しかも，それは特定の人々の利益によってバイアスがかけられている），という，懐疑論は十分に説得的であるように思われる。

　要するに，①綻びや矛盾を通じて秩序を論証すること，すなわち，ルーマンもいうように，法が普遍的なものとして提示する規範は予期を裏切る事実に対して抗事実的に貫徹されるがゆえに規範であること，また，②論証において想定される普遍的な全体秩序自体が自明性を有していないこと，から，法的なコミュニケーションは，二重の意味でつねに自覚的で「不自然」なものたらざるをえないし，おそらくいくつもの「フィクション」によってかろうじて支えられているのでもあろう。

このような特性が，最広義における法一般に当てはまるかどうか(こういう特性を備えていないものを法と呼ぶべきかどうか)は難問であるが，ここでは措く。少なくとも，近代化の過程において日本が受容したいわゆる西洋法はそうしたものであり，西洋法をあらためて「法」と呼ぶ選択を日本社会はしたと，さしあたり理解することにしたい。すなわち，近代の日本社会においては，「法」を，対象化しあえて選び取っているという意味での人為性も，さらに加味されることになる(三重の人為性)。それは，たとえば特定の法律行為の効果をめぐる判断の量的差異を受け入れるといったレベルではなく，当該行為を把握する枠組みそのもの(さらにはそれを「法律行為」として捉えるといったこと自体)を，あらたに受容することを，選び取っているという意味で，根源的な飛躍ともいえる。そもそも社会に存在しなかった概念を多数受け入れ，翻訳し，再構成して，自らの社会の法秩序を人為的に作り直すわけであるから，本来西洋社会でもそうであるという以上に，法は社会の「事実」から乖離し，むしろ断絶さえしていることを，運命づけられていたといえるかもしれない。川島武宜が直面していた問題とはじつはこのようなものだったと考えられる。日本社会の民主化とか近代化といった当時の実践的課題のアクチュアリティに隠れるようにして，より根源的な問題が潜んでいたということであろう。

(2)　自然と作為

　しかし，そうであるとするなら，この断絶はいかにして克服されるといえるのだろうか。そもそも克服など可能なのか。当時，西洋から継受した「法」と現実の社会の秩序を成立させている文化や意識との乖離が意識されていたことはいうまでもないが，同時にその乖離はいずれ克服されるはずのものとしても考えられていた。その根拠が明示されることはなかったように思われるが，乖離の解消が望ましい事態であるという規範的判断が(「封建遺制」の克服という当時の社会的課題とあいまって)あったことは間違いないであろう。国家実定法に体現された近代的な秩序原理を模範とした啓蒙と意識改革(という作為)が，そこでは志向されていた。と同時に，それは望ましいというだけでなく，いずれ克服される運命にある，いわば必然として，想定され

ていたようでもある。普遍的な近代法の秩序原理を内包した市民社会は，すべての社会がいずれ到達するはずの姿であり，そのような発展法則によって，やがて法と社会（文化）の乖離は消滅するはずである，と。

したがって，ここでは，やがてそうなるはずのものの実現に自覚的，意識的に取り組むということが含意されていたことになる。作為による自然の創出（促進）ということだろう。しかし，それはそれほど単純でも容易なことでもないことは明らかである[20]。

先述したように，第一に，法はそれ自体二重の意味で人為的な構築物であり，自然や事実と鋭く対峙することでその普遍性が担保されているからであり，なるべくしてなるものをなすというのとは異なり，ならぬものをなす，もしくは，なるはずのものをなさぬ，という抗事実性の方が本来の質に近いと思われるからである。少なくとも，法（に体現された秩序原理）がいずれなるべきものとして自然に受容され実現されるという発想は，法自身からは出てこないといわざるをえない。

また，第二に，（法）文化は，仮にいずれ変容する運命にあるのだとしても，短い時間的スパンにおいては，行動，制度，思想の相互の循環によって，いまある姿が再生産され続けるというのが「自然」な姿であって，その循環を断ち切り，新しい循環を構築するという作為は，きわめて「不自然」に映るであろう[21]。むしろ自然に沿った作為としては，社会で広く受け入れられている既存の思想なり行動を追認，踏襲するほうが，社会にとっても受け入れやすいはずである。たとえば，「イデオロギーとしての孝」を，まさにイデオロギーとして，さらには行動指針，あるいは裁判における判断基準として，用いるといったやり方である。

そして，第三に，そもそも法文化がある方向に変容することが歴史的法則であるという想定は，いまや根拠が希薄な，真偽を判定しがたい（疑わしい）信念にすぎないと考えざるをえないだろう。もちろん，そのような変容が望ましいという規範的判断に立脚して，そのような法則が存在すると思いなし，その思いなしから，既存の，なかなか変わろうとしない文化を批判するということは，筋道としてはありえる。しかし，それはまさに思いなしという作

為そのものであって法則の存在を僭称するのは欺瞞であるという暴露に対して抵抗することは困難であろう。

　すなわち，ここでは，「法」という普遍秩序に関わる「文化」の変容をめぐって，人為・作為と自然とが複雑に交錯している。法，文化それぞれをめぐって，意図的に維持ないし改変しようとしてそうする部分と，そのような作為を超えて維持，再生産される部分，さらには変容していく部分，とが交錯し，その進み行きはにわかには判断しがたい。

(3) 法のクレオール(あるいは cultural convergence)の「実行」か，自然の摂理への「回帰」か

　グローバル化する法秩序において，日本の法(ないし法文化)の変容を問題にするという視点をさらに超えて，普遍的な秩序としての「法のクレオール」を追究するときにも，同様の問題に直面することになる。異なる法文化が出会うことから創発するあらたなる法とは，人為的に構築されるものなのか，自然に発現するものなのか，あらたな法が立脚する秩序は，異文化と出会う前にそれぞれの法がもともと想定していた普遍的秩序の延長ないし拡張なのか，あるいは異なる次元のものなのか，あらたなる法が普遍的であることはいかなる意味においてか，異文化の出会いの繰り返しによる普遍的な法秩序の生成は必然なのか，結局は跛行する歴史的偶然にとどまるのか，などの問題である[22]。

　法なるものの核心にある「占有」概念をめぐる精密な歴史的考察を経て，木庭顕は，自然法論を排し，「法は政治的決定に依存しないが，しかし如何なる意味でも自然的所与ではない。反対に，「自然的」かどうかは別として，社会の中に一般的に広く見られる原理を周到に克服する装置である。この意味で人工の産物であり，主体的能動的営為の所産である。文化に属し，それも，高度な蓄積の上に初めて築きうる。」と結論する[23]。本章における法の理解は，この結論からも示唆を受けている[24]。法のクレオールが起こる前提としての異文化との接触のプロセスにおいては，相手と異なる自らの文化という自認がさしあたり促進されるから，ましてや主体的能動性における自

己規定(変革であれ，維持であれ)の側面が強くなるであろう。であるならば，仮にグローバルな法秩序がクレオール的なものとして生成するとして，それは，事実の問題として，人為的で反省的な改変等のプロセスをそれぞれの法文化が経てきたうえでのことになるであろう。

　他方で，現在，進化倫理学や進化心理学，進化ゲーム理論といった隣接社会科学において，進化適応の結果，人間の心ないし社会が獲得するに至っている(ヒトならではの)社会性(利他性・互酬性や平等主義など)の存在が，指摘されるようになってきている[25]。研究者による細かい差異はあるが，これら研究に共通しているのは，かつて倫理的ないし法的「規範」として説明され，そうであるがゆえに抗事実的な想定であるともされてきた利他性や平等主義などが(「事実」はむしろ利己性，自己利益の最大化)，「事実」としての基盤を有しており，それは進化論的理論枠組みで説明できるという視点である。かつての「世界の発展法則」とか「自然な秩序」とは異なる水準において，しかし，あくまで「事実」あるいは「自然的所与」の地平で，それら社会性が成立することが解明されつつある。現代の実証的社会科学が指摘する「自然の摂理」である。

　さらに，本書の法のクレオール研究プロジェクトに触発されてのことであるが，チョムスキーの生成文法論の薫陶を受けた法言語学者により，事物の認知パターンとしての言語における普遍文法ないし普遍的規則(「人類に普遍な認知構造に基づいた普遍的原理の次元」として人間に生得的に備わっている)の存在[26]とパラレルなものとして，法に関して，「法化社会の普遍的原理，すなわち，法あるいは法体系が完全な(full-fledged)な形として機能するための原理，たとえば，「種の保存」と「生の保持」といった生物に不偏の原理に基づいたものから，おそらく法哲学・法社会学で長らく議論されてきたような人間および人間社会に特有の形態での権利義務関係，所有，善悪の区別，支配・従属，そして集団的・社会的生活に必要な普遍的原則に基づいた規則などの次元があると考えられる」と主張されている[27]。

　もし，こうした新しい理論群が正しいのであれば，法のクレオールは，人類が社会を形成するうえで進化適応的に獲得してきた普遍的社会性の言語化

という形で自然にいずれは生成するはずのもの，と考えることも，あながち荒唐無稽な話ではないということになろう[28]。人間の言語や心に生得的に組み込まれることになったものによって，法が想定する普遍的な秩序が基礎づけられうるのだとすれば，本来人為的で主体的な営為であるはずの法は，やがて自然の摂理としての普遍性へと発展的に解消されてしまうのだろうか？　法のクレオールが生成するというのはそのためのステップなのだろうか？　仮にこのような自然法則の存在を拒絶し，あくまでも「主体的能動的営為」としての法による普遍性ということにこだわるならば，残されるのは結局クレオール化が望ましいという規範的判断による自覚的で作為的な「実行」なのだろうか？

結局，問題は法における普遍性とは何か，それは法内在的なフィクションか，あるいは法外在的な法則性か，という基本問題に立ち戻ってしまうことになった。仮に科学的に立証されうるような「生得的」という意味で普遍的な規範の核をヒトが共有しているとして，それを，「主体的能動的営為」の所産として「文化」に属するともいわれる「法」の普遍性に短絡してよいのかどうか。異なる法ないし法文化が出会うことで生まれるクレオールは，法内在的普遍性の発露なのか，あるいは，法外在的な法則性によって支えられた何か，なのか。

そもそも，法律学自体が，いわゆる法解釈方法論争以来の法律学方法論争の基本構図であり続けている法教義学と社会学的・経済学的知の対立，とりわけ，近時隆盛を誇る「法と経済学」に代表されるネオ社会学的法律学群が想定するかのような，後者の知による前者の書き換えの目論見(と，それによってもたらされている法律学の一部領域におけるアイデンティティ-クライシス)，の問題に悩まされ続けてきた[29]。そのことにも関係する問題として，「法のクレオール」はあらためてその実像ないし虚像が凝視されなければならないようである。

1) 本章のⅠ-Ⅲの部分は，李愉青編，『転型中国法律与社会』(仮題，近刊)に「法・文化・近代化」として寄稿した中国語論文(郭薇訳)の日本語版に加筆したものである。

2) たとえば，Takeyoshi Kawashima, "Dispute Resolution in Contemporary Japan" (in: A. T. von Mehren eds., *Law in Japan*, Harvard University Press, 1963, pp. 41-72)；野田良之,「日本人の性格とその法観念」(みすず140号，1971年，2-30頁)。

3) John Haley, "The Myth of the Reluctant Litigant" (in: *Journal of Japanese Studies*, Vol. 4, 1978, pp. 359-390); Mark Ramseyer & Minoru Nakazato, "The Rational Litigant: Settlement Amounts and Verdict Rates in Japan" (in: *Journal of Legal Studies*, Vol. 18, 1989, pp. 263-290) など。

4) 川島的法文化・法意識論に対する，日本の有力な学者による批判の代表的な例として，大木雅夫,『日本人の法観念』(東京大学出版会，1983年)。

5) 馬場健一,「訴訟回避論再考──「文化的説明」へのレクイエム」(和田仁孝他編,『法社会学の可能性』，法律文化社，2004年，123-146頁)。

6) 五十嵐清「西欧法学者が見た日本法──「日本人は裁判嫌い」は神話か？」(滝沢正編,『比較法学の課題と展望』，信山社，2002年，159-178頁)。この論文は，文化説対制度説の論争を概観するのに有用である。

7) 「人間は意味的に構成された世界に生きているのであり，人間にとってのその意義は，人間の生理機構によって一義的に規定されるのではない。」(N・ルーマン,『法社会学』，岩波書店，1977年)，37頁。

8) M・ウェーバー,『儒教と道教』(創文社，1971年)，187-240頁。

9) 18世紀以降の近代社会において反省的自己記述として案出された文化概念について，ニクラス・ルーマン,『社会の社会2』(法政大学出版局，2009年)，1178-1179頁参照。

10) たとえば，争いを好まず人間関係を重視して白黒決着つけずまるく収めようとすること，契約書に明確に記すよりもあいまいにしておいて協議で解決しようとすること，事実上の支配と区別されないあいまいな所有観念しか持たないこと，訴訟より調停を好むこと，そうした意識が現れている各種の言説，などが指摘されている。

11) 六本佳平は，川島の問題意識を継承し，ヴェーバーやH・L・A・ハート (H. L. A. Hart)の理論に依拠しながら，日本社会における「ルール志向」の希薄さについて語っている。六本佳平,『日本の法システム』(放送大学教育振興会，2000年)，380-390頁参照。これもまた，行為，制度，イデオロギー(思想)全体，つまりは文化についての言明である。

12) Christian Wollschläger, "Historical Trends of Civil Litigation in Japan, Arizona, Sweden, and Germany: Japanese Legal Culture in the Light of Judicial Statistics" (in: Harald Baum eds., *Japan: Economic Success and Legal System*, Walter de Gruyter, 1997, pp. 89-142).

13) Ichiro Ozaki, "Civil Litigation in Postwar Japan" (in: Dai-Kwon Choi & Kahei Rokumoto eds., *Judicial System Transformation in the Globalizing World*, Seoul University Press, 2007, pp. 105-136).

14) なお，2005 年以降の急増につき，札幌弁護士会のある弁護士から，いわゆるサラ金業者に対する過払金返還請求事件の増加が寄与していると考えられるとの教示を得た。彼によると，当初訴訟外の和解での返還に応じていた業者が支払い困難になった結果訴訟提起による回収が増えているとのことであり，2010 年 11 月に札幌地裁で開催された法曹三者の協議会においても，裁判所から，簡裁における過払金返還請求事件が近年急激に増加していること，地裁民事第一審通常訴訟において過払金返還請求事件が占める割合は 5 割弱であること，との説明がなされたとのことである。なお，本注についての責任は筆者にある。
15) 代表的な議論として，和田仁孝，『法社会学の解体と再生——ポストモダンを超えて』(弘文堂，1996 年)；阿部昌樹『ローカルな法秩序——法と交錯する共同性』(勁草書房，2002 年)。
16) これら批判法学ないしポストモダニズム的議論とは別に，現在，法的推論における，機能的道具主義，功利主義，帰結主義，社会工学的発想などが，広範な支持を得つつあることは周知のとおりである。関連して後掲注 29 参照。
17) 川島武宜，『近代社会と法』(岩波書店，1959 年)，特に 115 頁。
18) 現代社会における法の位置づけについての筆者の簡単な見通しについては，拙稿，「法を選ぶ／法に関わる」(法律時報 1033 号，2011 年，100-105 頁)参照。
19) 本段落の記述は，原島重義，『法的判断とは何か　民法の基礎理論』(創文社，2002 年)とニクラス・ルーマン，『社会の法 1・2』(法政大学出版局，2003 年)から示唆を得ている。
20) 以下の問題は，革命という歴史的「必然」をめぐるかつての論争を想起させるが，筆者には，それらの論争について論じる資格がないし，そもそも歴史の展開に必然を見出す立場ではない。
21) 文化の慣性については，尾崎一郎，「法のクレオールを阻むもの」(北大法学論集 58 巻 3 号，2007 年，370-373 頁)参照。
22) 参照，長谷川晃，「はじめに」(本書所収)，ii-iii 頁。たとえば，Laurence Friedman, "Borders: On the Emerging Sociology of Transnational Law" (in: *Stanford Journal of International Law*, No. 32, 1996)は，グローバル化(とりわけビジネスの)の帰結としての transnational common law の出現(並びに human rights の普及)を楽観視する。他方，Gunther Teubner, "Constitutionalising Polycontexturality" (in: *Social and Legal Studies*, No. 19, 2011)は，globalization と transnational constitutionalism の関係について異なる見方をしており，transnational constitutionalism の実現には懐疑的である。また，James L. Nolan Jr., *Legal Accents, Legal Borrowing: The International Problem-Solving Court Movement*, (Princeton University Press, 2009)は，米国で考案された Problem-Solving Court の制度が同じコモン・ロー文化圏の諸国(オーストラリア，カナダ，イングランド，スコットランド，

アイルランド)に移植/輸入され運用される際でさえ，文化的差異がさまざまな形で作用していることを，実証的に明らかにしている。
23) 木庭顕，『法存立の歴史的基盤』(東京大学出版会，2009 年)，1294 頁。
24) ただし，同書で木庭は，法の概念と規範の概念を短絡することを峻拒しており(1293 頁)，本章の粗雑な議論は，木庭歴史学の成果の一部だけを恣意的に援用しているにすぎない。
25) たとえば，内藤淳，『自然主義の人権論——人間の本性に基づく規範』(勁草書房，2007 年)；同，『進化倫理学入門——「利己的」なのが結局，正しい』(光文社，2009 年)；石黒広昭・亀田達也編，『文化と実践——心の本質的社会性を問う』(新曜社，2010 年)；Mark H. B. Radford, *et al.*, eds., *Cultural and Ecological Foundations of the Mind: Mutual Construction of the Mind and Society* (Hokkaido University Press, 2007)；町野和夫，「倫理的規範形成のゲーム論的分析」(経済学研究 53 巻 3 号，2003 年)；同，「平等主義の進化的起源と規範形成のゲーム・モデル」(経済学研究 58 巻 4 号，2009 年)など。
26) その存在は，まさにクレオール言語についての分析により支持される(堀田秀吾，『法コンテキストの言語理論』，ひつじ書房，2010 年，197-200 頁参照)。
27) 堀田，前掲書，200-206 頁。堀田は「この次元は，どう定義するかにもよるが，自然法的な概念とも部分的には重複するだろう。」とする(202 頁)。他方，言語に，「個別言語の原理の次元」が存在し「普遍文法で仮定されるパラメータの値の差異によってその言語の特色・個別性が表れる」のと同じように，法システムにおいては，「文化・社会に依存した規則の次元があると考えられる。」として，それを「個別文化的規則」の次元と呼ぶ(同)。
28) ただし，先に挙げた理論群のうち，山岸俊男による精緻な実証研究で明らかになっている人間の心の社会性とは，基本的にある規模(2010 年 7 月 31 日に北海道大学大学院法学研究科で行われた研究会における山岸の報告によれば最大 1500 人程度)までの集団内(in-group)でメンバー間に成立する間接互酬性ないし一般的交換性であって，集団の境界を超えたまさにグローバルな関係において一般的な他者との間にそのような互酬性が普遍的に成り立つかどうか，どのようにして実現するか，は別の問題であるし，山岸理論はそもそもそうした強い普遍性を主張しているわけではない。cf. Toshio Yamagishi, "The Social Exchange Heuristic: A Psychological Mechanism That Makes a System of Generalized Exchange Self-Sustaining" (in: Mark Radford, *et al.*, eds., *op. cit.*, pp. 11-37). 関連して尾崎一郎，「コメント 「本質的社会性」から「法」へと至る条件」(新世代法政策学研究 10 号，2011 年，145-150 頁)参照。
29) これに関して，法「外」的な知を法システム内部のコミュニケーションに直接接続することの意図と限界とリスクについて考察した，拙稿，「トートロジーとしての法(学)？——法のインテグリティと多元分散型統御」(新世代法政策学研究 3 号，2009 年)参照。

3. 人々は法律用語をいかに概念化するか
——「権利」，「Hak」，「Right」

松 村 良 之

I 問　題

　クレオールについての問題関心とクレオールという言葉の含意は，言語学で議論されてきた原義から広がり，かつ進化し，異文化との遭遇・衝突・混淆，溶解のダイナミズムを，たんなる文化変容 acculturation とか拡散 diffusion を超えて，ある観点から指す立場となっている。

　しかし，本章では，法と言語の類似性に着目し，クレオールの原義に戻って，法体系におけるあらたな言葉の意味づけと概念化について考察する[1]。法と言語の類似性について，堀田[2]は以下のように述べる。「法も言語も(i)社会の枠組みに不可欠な規則に基づいて成立するシステムであり，人と人を紡ぐ手段としての体系である，(ii)いずれも有限の手段で，無限の世界を記述する，(iii)重要なのは，認知という観点からの法と言語の平行性であり，いずれも人間の知的社会的営みによって創出される現象であり，従って，成員の価値観や認知・認識を反映している[3]。」そのような法と言語の類似性を前提として，法も言語も集団生活のなかで，他者との相互作用のなかで獲得されるのだから(それは人間の生得的な高い認知能力を前提としている)，法は言語と同じく，人々の間で意味を共有することが不可欠であり，ある種の言語ゲーム的な言語行為が重要な意味をもつように思われる[4]。

　つまり，多くの法律上の用語は，法の継受に伴うまったく新しい言葉であったり，言葉自体はそれ以前から存在するが，継受した西洋法によって新しい意味づけがなされる。そのような新しい言葉に，人々がどのような意味づけを与え，どのように概念化しているかを考察することはクレオールの観

点からも有意義な作業であろう[5)6)7)8)]。

　本章では、以上のような問題関心に立って、そのような法律用語の典型例として、人々が言葉としてはよく知っている「権利」を取り上げた。そして、日本、インドネシア、米国における「権利」「hak」「right」という言葉に対する人々の反応を調べた。

　「権利」という言葉を取り上げた理由は、「権利」が、法制度上決定的に重要な概念でありながら、文化的な変容を受けているのではないかということ、すなわち、「権利」という言葉を受容した側では、法的主体(専門家)のレベルでも、一般人のレベルでもその意味の変容が起きているかもしれないと考えられ、それゆえ、本研究に適切な題材と考えられたからである。

　もちろん、比較文化研究、法意識・権利意識研究としては、言葉に対する反応とか概念化のプロセスを調べるだけでは十分ではない[9)]。実際、人々は、日常生活で売買その他の法律行為を行うに際し、「権利」という抽象的概念を獲得していなくても、自分は代金や商品を受け取ることができる立場にある、と考えているであろう。しかし、本章では、「権利」という言葉の意味づけと概念化を問題とするのであるから、「権利」という言葉への反応を知るという研究方法にこそ意味があることになる[10)]。

　したがって、本章は、比較法における、言葉や文字の重要性を強調する立場[11)]と共通の問題関心に立つ[12)]。グロスフェルト[13)]は、近年の言語理論には言及していないものの、第5章「言葉」の冒頭で、ウォーフ(Benjamin Lee Whorf)[14)]に言及しつつ、「言語によって思考や概念化の仕方が影響を受ける」というウォーフの立場(いわゆるサピア＝ウォーフ仮説)を紹介している[15)]。このような言語観は現在の認知言語学の立場に連なるであろう。

II 「権利」という言葉について

　本章では、日本、インドネシア、アメリカにおける「権利」という言葉への反応の比較を行うが、以下、日本語とヨーロッパ語における、「権利」という言葉について簡単にスケッチしておこう[16)]。さらに、インドネシア語

における「hak」ということばについても，日本ではほとんど知られていないので説明を加えよう。

(1)　日本語とヨーロッパ語

「権利」(right，Recht，iusなど)という言葉は，日本語でもヨーロッパ語系の言語でも意味と概念が微妙にゆれている言葉である[17)18)]。日本語の「権利」という言葉は，Henry Wheastonの『万国公法』の中国語訳(宣教師 W. Martin 訳)に起源をもつとされる[19)]。そして，その言葉を日本で初めて用いたのは，津田真一郎であり，これは上記『万国公法』によったものであることが知られている[20)]。しかし，明治の初期においては，権利と表記される他，権理と表記されることもあり，それが，利益主義と道理主義の微妙な語感から発生していることは，後代の学者が認めているところである[21)22)23)]。

また，権利に相当する言葉はヨーロッパ語系の言語でも，意味に微妙な歴史的変遷のある言葉であった。ここでは，ラテン語の ius が，古代中世を通じて，正しさ，ふさわしさの意味で用いられてきたのが，14 世紀頃から今日のような主観的な意味に用いられるようになったこと，そして 19 世紀には right などの語は，自己の利益を主張しうる法的な能力，という意味に解されていたことを指摘するにとどめよう[24)]。

(2)　「hak」

本章では，米国，日本に加えて，インドネシアを取り上げた(インドネシアでは権利を「hak」という)。その理由は，第一に，日本では「権利」は近代になってからの造語であるが，インドネシアでは，西欧法導入以前から使われていた言葉であるという点，第二に，日本では，明治期に法典編纂によって，それ以前の固有法がヨーロッパ起源の法に置き換わったが，インドネシアでは固有法(adat)と宗主国オランダ法の二元体制であった，という点であり，そういう意味で，「hak」という言葉に対する人々の概念化の内容を明らかにし，日本の場合と比較することは意味があると考えられたからである[25)26)]。

インドネシア[27]は宗主国であるオランダ法を取り入れたが，契約，土地所有，相続などについては固有法(adat法，法的性格をもつ慣習。オランダは全国を19の地域に分け，先住民に適用すべき法とした)が適用され，継受法と固有法の二元体制であった。島田[28]にしたがって今述べたことを敷衍すると，オランダは，植民地住民を「人種集団」に分類し，それぞれに異なった法体系を適用した。したがって，契約，土地所有，相続などにおいて異なった規則に服し，また，異なった裁判所制度の下にあった。ヨーロッパ人は，オランダ本国法に原則として準拠する植民地法の適用を受けた。他方，先住民は各種族のadat法(イスラム法を含む)に服するとされた。adat法の適用に際し，オランダは植民地の社会調査の成果を根拠に，植民地を19のadat法地域に区分けした。すなわち，オランダは定義上無数に存在する各地のadat法のうち19のみを承認し，法として適用したのである。そして現在に至るまで，ヨーロッパ法と諸アダット法の併存，およびそれらの属人的適用は存続している。

インドネシアでは権利は「hak」と呼ばれ，たとえば，土地の権利は「hak ulayat」といわれる[29]。インドネシア語の辞典としては，谷口編；末永；末永他編，Echols and Shadilyなど[30]があるが，それらを参照すればわかるように，注目すべきことは，「hak」が，権利という意味とともに，真実とか正しさという意味ももつことである。そしてそれらの辞典にもあるように，「hak」はアラビア語起源の言葉であるが，アラビア語との関連を小林(1993)によりつつ説明しよう[31]。この地域のイスラム化は，イスラムの国際商業ネットワークにのったスーフィー教団の活動と関係があり，12，13世紀頃から活発になったといわれる[32]。この地域へのアラビア語の流入は，オリジナルなアラビア語から直接借用されるルートの他に，ペルシャ語のなかに取り入れられたアラビア語が間接的に流入した可能性もあるとされる[33]。

そして，ジャワ語にも，インドネシア語の母体となったマレー語にも多くのアラビア語が取り入れられたのであり，インドネシア語のアラビア語借用語は2750語以上に上り，インドネシア語に占める割合は1割近くになると

される[34]。多くの学問用語，宗教用語などとともに，法関連の用語も，インドネシア語(マレー語)，ジャワ語のいずれにおいてもアラビア語起源の言葉なのである[35]。たとえば，hak に加えて，hukum(法)[36]，adat(慣習)などもアラビア語起源の言葉である。hukum adat(アダット法)という概念は，オランダ語 adatrecht からの訳語であり，オランダ人がインドネシアの慣習をそのように構成したものである。

　以上のような問題関心から，日本，インドネシア，米国[37]において，権利，hak，right という言葉についての人々の反応を比較した。
　一般的にいって，文化の比較を行う場合には，2 点の比較では，相対的な比較にすぎず解釈も容易ではない。3 点を比較して初めて，各文化のマッピングが可能になると考えられる[38]。このような意味で 3 点比較は一般的に比較文化研究に重要であろう。そして，本章の場合，それに加えて重要なことは，西欧(ここでは，ほぼ等価なサンプルとして米国)と，西欧法を受容した国でありながら，権利に相当する言葉が成立した状況がまったく異なる 2 つの国家である日本とインドネシアの 3 国を比較することが有意義であると考えられるからである。

III　日　　本

(1)　データソース

　データソースは，松村らが行った，日本全国の成人をサンプルとする法意識についての質問票調査である(注 25 参照)。実査は 2005 年 2，3 月に行われた。調査は自記式留め置き法として行われたが調査票の一部分として，「権利」という言葉に対する反応(「権利」という言葉を含む文章への「同感」の程度を 6 件尺度で答えてもらう)についての質問項目が置かれている[39]。

(2)　質問項目の選択

　調査票に採用された「権利」という言葉を含む文章は以下のようにして選

(i)筆者の演習の履修学生に「権利」という言葉を含む短文を作らせる，などの方法により，「権利」という言葉を含む約50の文章を集めた。

(ii)上記文章への同感度を尋ねる設問(「強くそう思う」から「全くそうは思わない」までの6件尺度に回答させる)が掲載された調査票に学生被験者((i)で述べた学生とは異なる学生である)に回答してもらい，回収して分析という作業を，安定した構造が得られるまで設問を入れ替え，文言を修正しながら繰り返した。最終的に，13問の設問を残した。

(iv)この13問を前述の全国法意識調査のなかに組み入れた。

(v)設問の文章は，表3-2(パターン行列)に掲出されているとおりである。

(3) 分　　析

(i)表3-2左欄に掲出されている12問(回答者には「強くそう思う」から「全くそう思わない」までの6件尺度に回答してもらう。なお，1問は分析から除外)[40]に対する回答の背後にある抽象的な構造を把握するために，因子分析(相互に相関のある多数の変数を少数の変数に縮約する統計学的方法の一つ)を実行した。

(ii)固有値の大きさとその減少の仕方から(表3-1参照)，3因子が適切である

表3-1　説明された分散の合計(日本)

成　分	初期の固有値		
	合　　計	分散の%	累 積 %
1	2.302	19.2	19.2
2	1.764	14.7	33.9
3	1.109	9.2	43.1
4	.936	7.8	50.9
5	.921	7.7	58.6
6	.821	6.8	65.4
7	.789	6.6	72.0
8	.753	6.2	78.3
9	.706	5.9	84.1
10	.672	5.6	89.8
11	.621	5.2	94.9
12	.608	5.0	100.0

因子抽出法：主因子法(共通性＝1)

表3-2　パターン行列(日本)

	成分 1	成分 2	成分 3
(21) 権利の主張は正義にかなったことだ	.625	.085	−.166
(19) 選挙権は権利の中でもひじょうに重要なものだ	.593	−.211	.189
(23) 思想信条の自由が政府の政策によって侵されそうになったら，自分も抗議行動に参加する	.564	.003	−.184
(18) 私は自分の権利は自分で守る	.529	.135	.157
(15) 権利を行使することは自分のためだけではなく，後に続く他人のためにもなる	.528	.124	.165
(12) 商品を買って不良品だと思ったら，自分なら黙っていずに消費者の権利を主張する	.475	−.021	.007
(20) 権利を主張する人とはずうずうしい人というのと同じ意味だ	−.243	.676	−.024
(17) 財産のある人は権利に敏感だろう	.292	.617	−.089
(13) 恵まれない人びとにこそたくさんの権利が与えられるべきだ	.263	.596	.021
(22) 私は権利ということばをよく理解できない	−.396	.518	.133
(11) 権利を主張して，まわりの人とギスギスするべきではない	−.082	−.104	.825
(14) 大事なのは権利より仲良く話し合うことだ	.113	.105	.718

因子抽出法：主因子法(共通性＝1)
回転法：Kaiser の正規化を伴うプロマックス法

表3-3　成分相関行列(日本)

成分	1	2	3
1	1.000	−.002	.099
2	−.002	1.000	.232
3	.099	.232	1.000

因子抽出法：主因子法(共通性＝1)
回転法：Kaiser の正規化を伴うプロマックス法

と判断された[41]。

　(iii)因子軸の回転を行った結果，パターン行列は表3-2のとおりである。なお，成分として掲出されている数値は，その軸(因子)との結びつきの強さを示していると考えればよい。プロマックス回転(斜交回転の代表的方法)であるので，成分相関行列も表3-3に示した。

(4) 因子の解釈

表を見ると，因子を以下のように名づけることができるように思われる[42)43)]。

第1因子　権利の崇高性因子
第2因子　権利の自己利益的で否定的な側面(ただし，13「恵まれない人びと……」の位置づけはよくわからない)。
第3因子　権利よりも対人関係の重視という因子。権利にとっての外乱的な因子である。

Ⅳ　インドネシア

(1) データソース

サンプル数は50，サンプルはPalembang City在住の大学生という便宜的なサンプルである[44)]。上述の質問票をインドネシア語に訳して用いた。ただし，比較文化研究で刺激の等価性を担保するために行われる逆翻訳back translationの手続は取られていない。上述したように，訳が明らかに不適切なもの1問を分析の対象から除外した。実査はブルネイ大学のアズハール教授に委託し，2006年9月に行われた。

(2) 分　　析

(i)インドネシアのデータについて，日本のデータと同じ手法で因子分析を実行した。
(ii)固有値の値および減少の仕方から，4因子解が適当であると判断された。
(iii)その後，日本のデータの場合と同じく，プロマックス回転を行った。なお，固有値，パターン行列，成分相関行列(因子間の相関を示す)については，表3-4，3-5，3-6に示してある。

(3) 結果と解釈

それぞれの因子は一応以下のように名づけることができるであろう。

3. 人々は法律用語をいかに概念化するか　59

表3-4　説明された分散の合計(インドネシア)

成　分	初期の固有値		
	合　計	分散の%	累　積　%
1	2.683	22.4	22.4
2	1.745	14.5	36.9
3	1.577	13.1	50.0
4	1.302	10.9	60.9
5	.976	8.1	69.0
6	.947	7.9	76.9
7	.794	6.6	83.5
8	.611	5.1	88.6
9	.482	4.0	92.7
10	.423	3.5	96.1
11	.281	2.3	98.5
12	.177	1.5	100.0

因子抽出法：主因子法(共通性＝1)

表3-5　パターン行列(インドネシア)

	成　分			
	1	2	3	4
(19)　選挙権は権利の中でもひじょうに重要なものだ	.910	−.042	−.046	.189
(23)　思想信条の自由が政府の政策によって侵されそうになったら，自分も抗議行動に参加する	.768	−.226	−.094	.016
(18)　私は自分の権利は自分で守る	.616	−.126	.363	−.008
(15)　権利を行使することは自分のためだけではなく，後に続く他人のためにもなる	.613	.241	.052	−.076
(12)　商品を買ってきて不良品だと思ったら，自分なら黙っていずに消費者の権利を主張する	−.134	.759	.102	−.139
(13)　恵まれない人びとにこそたくさんの権利が与えられるべきだ	−.185	.654	.260	.274
(14)　大事なのは権利より仲良く話し合うことだ	.251	.540	−.238	−.335
(22)　私は権利ということばをよく理解できない	.043	.466	−.399	.393
(17)　財産のある人は権利に敏感だろう	−.059	−.004	.802	.118
(21)　権利の主張は正義にかなったことだ	.108	.248	.750	−.120
(11)　権利を主張して，まわりの人とギスギスするべきではない	.243	.081	.151	.770
(20)　権利を主張する人とはずうずうしい人というのと同じ意味だ	−.072	−.158	−.115	.753

因子抽出法：主因子法(共通性＝1)
回転法：Kaiserの正規化を伴うプロマックス法

表 3-6 成分相関行列（インドネシア）

成分	1	2	3	4
1	1.000	.239	.179	−.008
2	.239	1.000	−.058	.030
3	.179	−.058	1.000	−.093
4	−.008	.030	−.093	1.000

因子抽出法：主因子法（共通性＝1）
回転法：Kaiser の正規化を伴うプロマックス法

第1因子　権利の崇高性
第2因子　権利の暖かさ
第3因子　権利主張の積極性
第4因子　権利主張の否定的な面

V　米　国

(1)　調 査 概 要

　サンプルはミシガン大学心理学部の学生という便宜的なサンプルである。サンプル数は90で，日本で用いた質問票を英訳して使用した。ただし，インドネシア語の場合と同じく逆翻訳 back translation は行われてはいない。実査は，2008年の2月であり，当時ミシガン大学に滞在中の同志社大学の木下麻奈子教授の心理学的な実験（シナリオ実験）の際に，本質問票についても被験者に答えてもらうという方法をとった。

(2)　分　　析

　インドネシアのデータと同じく，サンプルの代表性という点から限界のある調査であるが，米国のデータについても同様の手続で因子分析を行った。結果を見ると，1以上の固有値が4つ抽出された。固有値の減少の仕方を加味すると2因子解もありうるが，ここでは4因子解を採用した（表3-7, 3-8, 3-9参照）。そして，次のように因子を名づけた。
　第1因子　個人主義（それが権利主張を基礎づける）とは別の，対人関係重視の

表3-7 説明された分散の合計（米国）

成 分	初期の固有値		
	合　計	分散の%	累 積 %
1	2.371	19.759	19.759
2	2.009	16.738	36.497
3	1.373	11.441	47.939
4	1.112	9.271	57.209
5	.950	7.920	65.129
6	.841	7.010	72.139
7	.758	6.318	78.457
8	.661	5.506	83.963
9	.584	4.867	88.829
10	.536	4.467	93.296
11	.438	3.652	96.948
12	.366	3.052	100.000

因子抽出法：主因子法（共通性＝1）

表3-8 パターン行列（米国）

	成　分			
	1	2	3	4
(11) 権利を主張して，まわりの人とギスギスするべきではない	.839	.013	−.081	.072
(14) 大事なのは権利より仲良く話し合うことだ	.681	−.331	−.077	−.022
(13) 恵まれない人びとにこそたくさんの権利が与えられるべきだ	.584	.456	−.009	−.019
(18) 私は自分の権利は自分で守る	.209	.694	−.112	.023
(12) 商品を買って不良品だと思ったら，自分なら黙っていずに消費者の権利を主張する	−.270	.609	.098	.307
(21) 権利の主張は正義にかなったことだ	−.152	.588	.181	−.010
(17) 財産のある人は権利に敏感だろう	.053	.087	.777	.187
(23) 思想信条の自由が政府の政策によって侵されそうになったら，自分も抗議行動に参加する	−.279	−.072	.754	−.175
(19) 選挙権は権利の中でもひじょうに重要なものだ	.216	.220	.448	−.431
(15) 権利を行使することは自分のためだけではなく，後に続く他人のためにもなる	.119	−.086	.160	−.801
(20) 権利を主張する人とはずうずうしい人というのと同じ意味だ	.238	.243	.081	.630
(22) 私は権利ということばをよく理解できない	.214	−.448	.335	.472

因子抽出法：主因子法（共通性＝1）
回転法：Kaiserの正規化を伴うプロマックス法

表 3-9　成分相関行列(米国)

成　分	1	2	3	4
1	1.000	.008	.140	.121
2	.008	1.000	.246	−.273
3	.140	.246	1.000	.008
4	.121	−.273	.008	1.000

因子抽出法：主因子法(共通性＝1)
回転法：Kaiser の正規化を伴うプロマックス法

因子
第2因子　権利の崇高性に関わる因子
第3因子　権利侵害への敏感性と名づけることができる因子
第4因子　権利の自己利益的側面[45]

VI　インドネシアおよび米国のデータの特徴

(1)　インドネシアのデータの特徴

　インドネシアのデータは，大学生という便宜的なサンプルであり，ただちに日本のデータと比較することは危険を伴うが，その点を留保したうえで，両データを比較してみると以下の点が際立っている。日本のデータとの大きな相違は，日本のデータでは，14(大事なのは権利より仲良く話し合うことだ)が，11(権利を主張して，まわりの人とギスギスすべきではない)とともに，1つの因子を構成し[46]，権利の行使とは独立の，対人関係重視の因子と解釈された。これに対し，インドネシアのデータでは，そのような対人関係重視の因子軸は独自には抽出されず，日本のデータで「対人関係重視」の中心とされた，14(大事なのは権利より仲良く話し合うことだ)は，第2因子に含まれ，13(恵まれない人びとにこそたくさんの権利が与えられるべきだ)，12(商品を買って不良品だと思ったら，自分なら黙っていずに消費者の権利を主張する)などと同じ因子を構成しているのである。なお，第2因子に，22(私は権利という言葉をよく理解できない)が含まれているが，因子負荷量はそれほど大きくなく，また第3因子の負荷量(成分の値)も大きく，第2，第3両因子にまたがる質問項目であるから，ここ

では考慮しなくてよいだろう。そうすれば，第2因子で重要なことは，権利行使と，弱者への配慮と，対人関係の重視(話し合い)が統合されて1つの因子として抽出されていることだと思われる。

(2) 米国のデータの特徴

米国のデータを見て特徴的なことは，第1因子が「権利を主張して，まわりの人とギスギスするべきではない」「大事なのは権利より仲良く話し合うことだ」「恵まれない人びとにこそたくさんの権利が与えられるべきだ」という3設問からなることである。

このような因子のパターンは，「権利を主張して，まわりの人とギスギスするべきではない」「大事なのは権利より仲良く話し合うことだ」の2問が1つの因子を構成する日本のデータの場合と類似している。「恵まれない人びとにこそたくさんの権利が与えられるべきだ」が第1因子に入っているのは，米国の場合，この文章は，個人主義(「権利」を基礎づける)とはまったく別の観点に立つからであろう。

VII 3カ国データを比較して

(1) 日本とインドネシア

日本においては，学者(川島武宜が代表的である)は，対人関係重視とか共同体重視を権利概念とは異質な対立原理として見てきた。ここでの日本のデータは，一般の人々も同じように見ている，すなわち「権利」と対人関係重視は異質なものであると人々が捉えていることを示している。それは，権利という言葉が，明治期に作られた学問的，法律的造語であり，日常世界の認知とは遠いところにある言葉であることの反映であろう。

これに対し，インドネシアでは，権利の主張，弱者への配慮，対人関係の重視が矛盾なく統合されて捉えられている。今まで述べてきたことからすると，次のような解釈がもっとも適切であろう。「hak」という言葉は，歴史的にはイスラム起源の言葉であるが，12，13世紀のイスラム教とともに

入ってきた概念であり，元々は日常用語ではなかったとしても，その後インドネシアで広く用いられている言葉であった。それは，adat の下でも用いられていた言葉である。質問票では権利(hak)の一般的な性質，権利のさまざまな側面について尋ねているが，adat 上，hak として重要なものは土地についての権利である。土地として重要なのは，村落の耕作地であり，それは，近代所有権法にあるような完全で抽象的な権利ではなく，耕作権，利用権的なもので，村落共同体の共同性の下での権利であった[47)48)49)]。そこでは，adat 上の(土地の)権利を保護することは，土地の私的売買を制限するなど土地の利用権が保証されることであり，村落共同体の共同性と結びついている。すなわち，インドネシアでは，hak が共同性とか共同体と親和的であるが，それはこのような社会構造と歴史によるのである。だとすれば，「hak」という言葉が，「仲良く話し合う」とか「弱者配慮」と結びつくことはすぐれて自然なことであろう。hak は，そのような人間関係，共同体とともにあった言葉なのだから，その意味づけも日本とは大きく異なるのである[50)51)]。

(2) 米国のデータから見る

　(1)の説明を前提として，米国のデータを加えて見ると，米国と日本では，権利(主張)を個人主義イデオロギー，近代法イデオロギーと結びつけて理解しており，「権利」という言葉は認知の枠組みにおいては日本とアメリカは基本的に一致している。ただし，一般的な日本の法文化とアメリカの法文化の差を踏まえれば，このように認知の枠組みとしての「権利」は一致していても，それが表現される方向は正反対であるということだろう[52)]。つまり，アメリカでは，権利行使に好意的であり，日本では共同体的な配慮，人間関係の重視が重要であるということである。

　これに対し，インドネシアでは認知の枠組みとしての「権利」自体が日本，アメリカと異なっていて，認知の枠組みとしての「権利」という言葉に，権利行使と，弱者への配慮と，人間関係の重視(話し合い)が統合されているのである。

Ⅷ 終 わ り に

　日本，インドネシア，米国において，「権利」「hak」「right」という言葉にどのような意味づけが与えられているか，どのような概念化がなされているか，すなわちどのような外界世界の認知と結びついているかをある程度明らかにすることができた。また，ここで述べたような違いが見られることは，言葉，概念が認知の道具であり，認知と深く結びついている，という，認知言語学の一般的な前提とも整合的であった。

　本書全体のプロジェクトの一般的な課題である，法の拡散 diffusion という観点から見ると，その法的主体 actor については議論することはできなかったが，一般の人々が法の言葉をどのようにして概念化するかは，法の拡散 diffusion と法的主体 actor の役割について考察する際にも，有益な知見を提供するであろう[53]。

1) 言語学としてのピジン，クレオール語については，ロレト・トッド（田中幸子訳），『ピジン・クレオール入門』（大修館書店，1986 年）が手際のよい入門書である。なお，同書では，しばしば生成文法論に起源をもつ，人間の言語についての生得的能力に言及している。
2) 堀田秀吾，『法コンテキストの言語理論』（ひつじ書房，2010 年），193 頁。
3) それゆえ，文化間におけるさまざまな差異は，対象文化の認知パターンの差に還元できる。このような立場は，後に述べるように，認知言語学の基本的立場と共通している。
4) 大堀寿夫，『認知言語学』（東京大学出版会，2002 年），244 頁は，クレオールの発生が，言語ゲームの実行が高度化され，その結果として複雑性を獲得したケースである可能性を述べている。
5) 本章の言語観としては，言語は外界世界の意味づけの記号体系であり，人間の認知機構一般と深く結びついていることを前提とする認知言語学の立場に近いといえよう。言語学のなかでの認知言語学の成り立ちと位置づけについては，辻幸夫，「認知言語学の輪郭」（同編，『認知言語学への招待』，大修館書店，2003 年，4-14 頁）に手際よくまとめられている。
6) 「法のクレオール」という本書全体のプロジェクトにおいては，社会集団の間の相互

作用，それによる社会集団の変容に一次的な関心がある。すなわち，法の伝播，拡散という枠組みで，その積極的担い手(actor あるいは agent。以下，法的主体と呼ぶ)に関心が向けられる(たとえば，中世学識法における学識者)。それに対して，本章は，社会の一般の成員がいかに法的概念を獲得するかということが問題とされる。しかし本章の場合も，法的主体 actor と一般人の相互作用が前提とされており，本書全体の問題関心と深く関連しているのである。

7) 本書全体の基本的な枠組みである注6，より一般化していえば，「法の相互作用」(なお，本書，長谷川晃，「法のクレオールと法的観念の翻訳」，第Ⅰ節参照)を前提とすれば，ドイツ語の Rezeption(継受)あるいは英語の Transplant(移植)というような言葉は適当ではないかもしれないが，とりあえずここでは比較法の古典的用語である「継受」という言葉を用いておこう。なお，継受，移植という用語については，五十嵐清，『比較法ハンドブック』(勁草書房，2010年)，126-127頁参照。

8) さらに付け加えれば，クレオールの発生は，すでに多言語環境があるというなかで集団の力学のなかで発生するものであるから，集団的現象(社会集団・集合体の変容)であり，言語としてのクレオールと，法のクレオールとはその点では同じであろう。つまり，法のクレオールにおいてはさまざまな規範があるなかでどれが獲得されるか，言語としてのクレオールにおいては，さまざまな言語があるなかでどれが獲得されるかの問題である。そのような方向の一つとして，言語を生物進化との関連で数理的に捉え，クレオールが出現する条件を明らかにする試みがある。橋本敬，「言語動力学方程式」(鈴木良次編，『言語科学の百科事典』，丸善，2007年，532-533頁)；中村誠他，「言語動力学におけるクレオールの創発」(認知科学 Vol. 11, 282-298頁)参照。

9) ここでは法意識を社会心理学的の用語でいう，法と法制度に対する態度 attitude であると理解している。川島武宜の法意識論もそのような理解に立っていた(松村良之，「日本人と紛争解決における手続的公正——法意識論とのかかわりを通じて」(宮沢節生・神長百合子編集代表，『石村善助先生古稀記念論文集——法社会学コロキウム』，日本評論社，1996年，247頁))。

10) 言葉に意味を与える行為(それは概念と認知が密接に結びついていることを意味する)を重視する立場は，私が最初に述べた，言語について認知一般と結びつけて理解する立場(認知言語学の立場)とも整合的である。それはまた，言葉がたんにコミュニケーションの道具である(つまり，「言葉は意味を入れる容器であり，話し手は容器の中に意味を入れて聞き手に送り，聞き手は容器を空けて意味を取り出す」という比喩で表される立場。認知言語学では，これを導管のメタファーと呼んで否定する。なお，導管のメタファーについては，認知言語学の入門書でよく触れられる。たとえば，野村益寛，「認知言語学の史的・理論的背景」(辻幸夫編，『認知言語学への招待』，大修館書店，2003年)，41-43頁参照)という立場を超えて，言葉の意味と外界世界の概念化を密接に結びつけて理解しようというのである。

3. 人々は法律用語をいかに概念化するか　67

11) たとえば，ベルンハルト・グロスフェルト(山内惟介・浅利朋香訳)，『比較法文化論』(中央大学出版部，2004年)，59-69頁。なお，原著は1996年。
12) なお，五十嵐，前掲書，258-259頁も参照。
13) グロスフェルト，前掲書，59-60頁。
14) B・L・ウォーフ (J・B・キャロル編，池上嘉彦訳)，『言語・思考・現実――ウォーフ言語論選集』(弘文堂，1978年：原著1956年)。
15) グロスフェルト，前掲書，59頁は，ドイツの古典的な言語学者ウィルヘルム・フォン・フンボルト(W. von Humboldt)に言及している。そして，ウォーフ，前掲書の池上嘉彦による訳者解説(220頁)では，フンボルトらの考え方が「サピア＝ウォーフ」仮説によく似た考え方であることが述べられている。
16) 以下の叙述は，基本的には野田良之，「権利という言葉について」(学習院大学法学部研究年報14号，1979年，1-30頁)を参考にし，部分的にはそこで引用されている中田薫，『法制史論集　第3巻下』(岩波書店，1943年)；穂積重遠，『法学通論』(第2版，日本評論社，1941年。なお，本章では，1947年版を参照している)を参考にした。なお，柳父章『翻訳語成立事情』(岩波新書，1982年)，151-172頁；Ko Hasegawa, Between Rights and 'Kenri', (E. Cashin-Retaine et. al., eds. *Legal Engineering and Comparative Low*, Vol. 2, Schulthess, 2009, pp. 87-103)も参照のこと。
17) 「権利」と「法」(しばしば同じ言葉が用いられる)の関係が，人々の意識のなかでどうなっているのかは一つの問題であるが，本章ではその点を議論することができなかった。しかし，本章で問題とするのは，権利という言葉が受容されたとき，それはどのように概念把握されたかであり，「権利」と「法」の関係を扱わないことが，研究の方法論上の問題を生ぜしめるわけではない。
18) なお，「権利」という言葉への，日本人知識人の翻訳という営為については，長谷川，前掲論文，第IV節参照。本章では，「権利」という言葉に訳されたあとの，その言葉への人々の反応を扱っている。
19) 野田，前掲論文，4頁。
20) なお，野田，前掲論文，30頁が言及する中田，前掲書，1161-1164頁も参照。中田の当該部分は，「法制史漫筆」中の，39. 権利と題する部分であるが，そこでは，権利という言葉自体は，中国に古くからあった言葉であること，前述の『万国公法』を漢訳した際(1864年)に，ライト，ドロアの意味で，権利が用いられていること，西洋の法学を日本に輸入した津田真一郎が，万国公法にならって「権利」という言葉を用いていること(『泰西国法論』1868)が述べられている。
21) 野田，前掲論文，6-10頁。なお，穂積，前掲書，73-74頁も参照。
22) 中田，前掲書，1161-1164頁では，明治の初年には，権利の代わりに権理の語を用いた法令や法律書があることが述べられている。なお，彼は，権利と権理を，イエーリングの利益説とカント，ヘーゲルの意思説に結びつけることは明確に否定している。

23) なお，権利という言葉のより深いインプリケーションについては，野田，前掲論文，21-30頁参照。

24) 野田，前掲論文，14-17頁参照。

25) 研究の実行可能性という観点からは，松村らの先行研究として，「権利」という言葉の日本人の概念化について，一般成人サンプルを対象とする質問票調査を行っていること（文部科学省科学研究費特定領域研究（B）「法化社会における紛争処理と民事司法」（領域代表村山眞維明治大学法学部教授）の一部として行われたA 01班「現代日本人の法意識」の研究）と，インドネシアを母国とするAzhar（現在ブルネイ大学教授）に調査の実査を依頼することが可能であったことがある。またここでは，せまい意味の西欧ではないが，言語的そして他の点から見てもほぼ等価なサンプルとして米国を選んでいる。それも米国で調査が可能であったという便宜的理由による。

26) インドネシアの法制度の概観については，島田弦，「インドネシア法」（北村一郎編，『アクセスガイド 外国法』，東京大学出版会，2004年）；同，「インドネシアにおける植民地支配と『近代経験』——インドネシア国家原理とアダット法研究」（社会体制と法第6号，2005年，50-67頁）；安田信之，『東南アジア法』（日本評論社，2000年）；作本直行，「インドネシア法の多元性と法制度改革——多様性の中の統一に向けて」（早稲田大学比較法研究所編，『比較法研究の新段階——法の継受と移植の理論』，早稲田大学比較法研究所，2003年，194-290頁）参照。

27) 本章では便宜的に，現在のインドネシアの領域の独立以前の呼称もインドネシアと呼ぶ。

28) 島田，前掲論文，「インドネシア法」，383頁。

29) 詳しくは，Azhar and Y. Matsumura, "A Study of 'Kenry' in Japanese and 'Hak' in Indonesian" (in: *HUMANIORA: JOURNAL BUDAYA, SASTRA, DAN BAHASA, FAKULTAS ILMU BUDAYA UNIVERSITAS GADJAR MADA* 22(1), 2010) p. 26参照。なお，（人種）コミュニティの土地に対する共同利用的な権利を，「hak ulayat」というのである。

30) 谷口五郎編，『標準インドネシア・日本語辞典』（谷口研究所，1982年）；末永晃，『インドネシア語辞典』（大学書林，1991年）；末永晃他編，『現代インドネシア語辞典』（大学書林，1977年）；J. Echols and H. Shadily, *An Indonesian-English Dictionary* (2nd ed.) (Cornell University Press, 1963).

31) インドネシア語はマレー語の一方言が元となり，独立後のインドネシアで公用語とされた言語である。ジャワ語はジャワ島の多くの地域で用いられているインドネシアでもっとも有力な言語であり，マレー語とは非常に関係が深い。小林寧子，「イスラーム化の深層——ジャワ語の中のアラビア語借用語」（東南アジア——歴史と文化22号，1993年，95-119頁）のなかでは，論文のタイトルにあるジャワ語とともに，インドネシア語についても言及している。

32) 同上，96-97頁。
33) 同上，97頁。
34) 同上，103頁。
35) 同上，104頁以下の表-2, 3, 4参照。
36) なお，hukumの元々の意味は，規則，慣習(adat)，決定，考慮，規範，手続，罰というような意味である。
37) 日本あるいはインドネシアへの法の継受のプロセスを考慮すれば，調査の対象としてはドイツとかオランダもありえたであろう。ここでは調査の実行可能性という便宜的理由で米国で調査を行った。
38) 木下冨雄，「国際比較調査の悩み」(中央調査報 No. 492, 1998年)，2頁。
39) なお，本調査の詳細については，松村良之他，「現代日本人の法意識研究の理論モデルとリサーチデザイン」(北大法学論集57巻，2006年，1477-1532頁)；同，「現代日本人の法意識の全体像──2005年調査結果の概要」(北大法学論集57巻，2006年，1401-1476頁)参照。
40) なお，インドネシア語に訳された設問項目の1つに不適切なものがあったので，本章ではその1問を分析対象から除外した。
41) 実際のコンピュータプログラミングの実行は，SPSS上の主成分分析によっている。主成分分析と因子分析はモデルとしてはまったく異なるが，主成分分析は数学的には相関行列の固有値と固有ヴェクトルを求めることに帰することし，共通性を1と置いたときの主因子法(主因子法は因子分析の標準的な技法の一つである)に一致する。なお，数学的に同値であることの説明は柳井晴夫他，『因子分析──その理論と方法』(朝倉書店，1990年)，7, 52-53頁参照。
42) 因子の解釈(意味づけ)は，解釈者の主観を交えた作業である。解釈が困難な部分もあるが，ここでは，日本，インドネシア，米国の比較が重要であるから，その限度で因子が特定されていればよいであろう。
43) 表は省略されているが，因子得点(各個体つまりここでは各回答者が持っている，その因子の量)と性別，年齢の相関は上記解釈と整合的であった。
44) 多様な家庭的バックグラウンドの学生が選ばれている。
45) 15(権利を行使することは自分のためだけではなく，後に続く他人のためにもなる)は，マイナスの大きな因子負荷量(成分の値)をもっていることに注意してほしい。
46) 第3因子として抽出されたのであるが，何番目の因子として抽出されるか(つまり，固有値の大きさ)は，傾向の似た設問の数にも依存しているので，大きな問題ではない。
47) Azhar and Matsumura, *op. cit*., p.26 では，hak ulayat は，土地に対する共同体の共同利用の権利，として要約されている。
48) なお，より典型的な村落共同利用の権利として森林採取権，水利権が挙げられる

（金子由芳，「土地改革における法的多元主義の克服」(国際協力論集16巻3号，2009年)84頁)。金子前掲論文では，土地法制に関して，インドネシアにおいて共同体的慣習法的権利がいかにして統一主義的な国家法秩序に組み入れられようとしたかが述べられている。

49) 島田，前掲論文「インドネシアにおける植民地支配と『近代経験』」，57頁は，adat法学を体系化したフォレンホーフェン(Vollenhoven)に拠りつつ次のように述べる。「フォレンホーフェンは，法共同体を『a.他とは区別された代表を有する権威と，b.それが管理する他とは区別された共同体財産(とりわけ，土地)を有しているという事実から，内部事項についての他から区別された法的自立性を引き出す組織された土着社会の構成的団体単位』であると定義した。また，フォレンホーフェンは，処分権とは『構成員のためにその領域内(処分領域)の土地，水，その他の資源を自由に管理し，また外部者を排除する法共同体の基本的権利』であり，『特定の共同体の成員であるということにより，個人または集団に付与された，他から区別され，多少とも個人化された使用者の諸権利全体の共同体的法源』と考えられるものであるとした。」以上の叙述からも，共同体における，権利の共同性が窺われるであろう。

50) オランダのadat法研究の第一人者スポモ(Raden Soepomo)は，「アダット法では，人が自由で自己利益に傾倒する個人ではなく，第一に社会(すなわち共同体)の成員である」ことを強調する(1941年の講演)(島田，前掲論文「インドネシアにおける植民地支配と『近代経験』」，62頁)。

51) 権利行使と，弱者への配慮と，対人関係の重視(話し合い)が一つの因子として析出されていることのもう一つのありうる可能性として，日本語とは異なり，権利を意味するhakが，真実，正しさという意味も持っていることが関係しているかもしれない(多くのインドヨーロッパ語系の言語でも，同じ言葉が権利と正しさの両方を意味するが，そこでは，個人主義の基盤のうえに権利が存在している)。なお，この点について表は不提出。

52) すでに説明したように，米国については一部の地域の大学生というサンプルであり，本論文は因子構造のおおまかな比較を行うにとどめている。単純集計についての信頼できる比較はできないし，すべきでもない(14.「大事なのは権利より仲良く話し合うことだ」については，なるほど日本の方が賛成の度合いがつよいが)。

53)「法的主体」に焦点を当てての研究として，法社会学の観点からの最適な研究課題は，裁判員制度(それは裁判への一般人の参加lay participationという世界的諸潮流の一環である)の受容の問題であると思われる。筆者ら(松村に加えて，東京大学の太田勝造教授，同志社大学の木下麻奈子教授，北海道大学の山田裕子学術研究員)は，この問題について，一般人の法意識調査に加えて法的主体である弁護士の態度調査を行っている(基礎的データについて，松村良之他，「裁判員制度と刑事司法に対する弁護士の意識」(北大法学論集61巻，2010年，498-540頁))。それは，法の拡散diffusion における法的主体の役割についての研究に貢献するであろう。

＊本章は，松村良之，「『権利』と『hak』という言葉について」(北大法学論集 58 巻，2007 年，1337-1350 頁)に米国のデータを加えたうえで，大幅に加筆したものである。

＊＊謝辞：本稿執筆に当たっては，ブルネイ大学のアズハール教授および名古屋大学大学院国際開発研究科の島田弦准教授の多大なご協力とご教示を得ている。また，インドネシアと米国での実査はアズハール，および同志社大学の木下麻奈子教授に依頼して行った。上記 3 名に深い感謝の意を表する。なお，本章のありうべき誤りは，すべて筆者のみに帰属する。

4. フランス古法時代の一法格言に関する覚書
―― 取消・原状回復をめぐって

齋 藤 哲 志

《Voies de nullité n'ont point lieu en France.》

「フランスにおいて無効の主張はなんら実現されない。」

これは，ロワゼル(Loisel, Antoine [1536-1617])の『慣習法提要』(初版1607年)[1]を始めとする16世紀以降の慣習法に関する著作にしばしば登場する法格言である【以下では，これを「法格言 α」とする】。ここでの「無効の主張(Voies de nullité)」は，多くの場合[2]，契約ないし合意の無効を目的とするあらゆる訴権(action)，抗弁(exception)を意味する。したがって，法格言 α を字義どおりに受け取るならば，近世のフランスにおいて，契約当事者は，自らが締結した契約について，無効を理由に事後的にその効力を争いえなかった，ということにならざるをえないように見える。

もちろんそうした単純な理解は排される。法格言 α は，契約の覆滅手段のうち，「無効」にのみ妥当する。契約の効力を奪う手段は，他所に求められる。それは「取消(rescision)」であり，そのために特殊な方式が必要とされていた。すなわち，当事者は，裁判所に赴く前に，王状(lettres royaux)の発給機関であった裁判所附属の尚書局(chancellerie)において「取消状(lettres de rescision)」を取得しなければならない。取消状は，国王が留保裁判(justice retenue)権[3]を行使して委任裁判(justice déléguée)権を有する裁判所に介入する際に発せられる裁判状(lettres de justice)[4]の一種であった。この書状を通じて国王は，裁判官を名宛人として行為の取消を命ずる。つまり，法格言 α は，当事者自らが裁判所において契約の無効を主張することはできず，

契約からの離脱には国王の関与が必要である，という規範を告げるものと解釈される5)。

このように法格言 α の意義は相対化される。しかし，そもそもなぜそのような法格言が生まれたのであろうか。また，なぜ取消状という制度が必要とされ，旧体制下の司法制度とともに革命期に廃止されるまで6) 存在し続けたのであろうか7)。本章は，きわめて不十分ながらも，この問題を，「ローマ法」と「フランス法(droit françois)[ママ]」8) との対抗の相の下に採り上げ，両者の関係性の変容を例解することを試みる。人文主義の登場後，法分野における Nationalisme に相当する後者の観念が法律家たちによって意識され始めるが，この観念の生成それ自体の主題化にとって，従来の法継受論からの脱却を企図し，多様な主体の参画によるあらたな法形成の契機として異法接触にかかる諸現象を捉え返そうとする「法のクレオール」のプロジェクトは，有益な視座を提供しうるであろう。本章はこの試みに照応しうる一事例の提供を期するものである9)。

より具体的には，取消状の制度を媒介に，「取消」にはいかなるイメージが付着せられたのか，さらに，いかなる言説の場を前提として「無効」と対立的に理解されてきたのか，を解明することが目標として措定される。「無効」と「取消」との間に横たわる複雑な関係は現代にまで影を落とす10) が，以下では，主としてデュマ(Dumas, Auguste [1881-1968])の研究11) を参照しながら，法格言 α の意義に関して二つの層が弁別されることを確認し(I)，そのうえで，第二層，すなわち取消状の制度化後の言説について若干の検討を試みる(II)。

I　放棄条項と取消状

既述のとおり，法格言 α における「無効」は，「取消」とのコントラストにおいて理解される12)。これに加えて，ここでの無効が「ローマ法上の」それであることにも注意しなければならない。「ローマ法上の無効事由はフランスにおいては直ちには効力を有さない」ことが法格言 α の意義である。

取消状は，ローマ法に依拠しえない当事者に，契約からの離脱を許容する方途であった。その制度化は，15世紀に遡る。しかしその生成理由は，私法史上の一つの謎を構成していた[13]。研究史上の画期をなしたのは，20世紀前半の法史学の泰斗であったメニヤル(Meynial, Edmond [1861-1942])による「放棄(renonciation)」の慣行に関する研究[14]である。

(1) 放棄条項

12世紀におけるローマ法の再発見とそれについての学問的探求は，フランスにも波及する。当時におけるあらたな法源としてのローマ法は，諸種の契約覆滅手段を契約実務にもたらすこととなった。各種の訴権，抗弁，原状回復(*in integrum restitutio*)などによる従来の実務の撹乱が警戒され，公証人が作成する契約証書には，数多の無効主張を放棄する旨の条項が付されたとされる。この慣行は，フランス南部では13世紀に一般化し，次第に北部慣習法地方へも広まる[15]。放棄条項は，ローマ法への「抵抗の主たる武器」[16]であったとされる。以下，放棄の対象となった諸種の無効主張を列挙しよう[17][18]。

第一に，当事者の能力に関わる無効主張が放棄される。未成年者について，未成年の抗弁(*exceptio minoris etatis*)，未成年であることに基づく原状回復が放棄される。妻については，ウェレイアーヌム元老院決議(*senatus consultum Velleianum*)[19]の抗弁，また，嫁資を保護するための諸手段が放棄された。第二に，後代の観点から見ていわゆる「合意の瑕疵(vice de consentement)」のカテゴリーに含まれる事例について，当該合意を基礎とする行為を取消すための諸手段が放棄される。たとえば，悪意の抗弁(*exceptio doli*)，強迫の抗弁(*exceptio metus causa*)，過剰損害(*laesio enormis*)がその対象とされた。第三に，違法または公序良俗に反する原因(*causa*)に基づく給付の返還訴権(*condictio*)，金銭不払いの抗弁(*exceptio non numeratae pecuniae*)，マケドニアーヌム元老院決議(*senatus consultum Macedonianum*)[20]の抗弁など，債務ないし債務証書の原因関係[21]の瑕疵に関する主張も放棄されたとされる。他にも，保証における検索の抗弁や期限の利益，時効の援用，控訴権までもが対象と

なり，また，ローマ法上のものにとどまらず，教会法や慣習法上の無効事由も例外ではなかったとされる。そして，これらの放棄を包括する一般条項の存在までもが指摘される[22]。さらに公証人は，これらの放棄条項の効力を強化すべく，債務者に宣誓(serment promissoire)を付すよう求めることが通例であったとされる[23]。

以上を前提とするならば，法格言 α は，放棄条項の普及による無効主張の無益化という事実状態を表現したものと解される。あるいは，「フランス中世におけるローマ法の拒絶」[24]の一局面を描写したものということができよう。事実の言明にすぎない以上，法格言 α によって，なんらかの法的効果・具体的帰結が生ずる，あるいは生ずべき，とされていたわけではない。

(2) 取消状の生成

放棄条項それ自体はあくまで当事者間の合意を根拠とする。したがって，放棄とともになされた宣誓からの解放[25]を教会裁判所において承認されただけでは，当事者は放棄条項から解放されない。世俗の裁判所において放棄条項の拘束力が否定されなければならない。とはいえ，判決と同等の効力を有しうる公証人証書の方式の下に合意された条項を無効とし，さらに契約それ自体の効力を奪うことは困難であったとされる。

そこで依拠されたのが，国王であった。取消状は，14世紀以降，最初は過剰損害(lésion)に関して発給されたものと考えられている[26]。15世紀後半には一般化され，多くのローマ法上の無効・取消事由について[27]取消状の発給が認められたとされる。以下のテクストは，15世紀，あるいは遅くとも16世紀に取消状の制度化が見られたことを明らかにする。ブチリエ(Boutillier, Jean [1325/1345-1395？])の『在地法集成(Somme rural)』の刊本に付された注釈において，人文主義法学者として名高いシャロンダス＝ル＝カロン(Charondas Le Caron, Louis [1534-1613])は次のように記している。

「私は，この二つの記事[強迫訴権，詐欺訴権に関する記事：筆者注]を，いずれももはやフランスにおいて用いられていないので，一つにまとめてし

まいたいと考えた。なぜなら，暴力，恐れ，または詐欺を口実に，自らが締結した契約その他の合意または約束に背くこと，また，それらから解放されることを望む者は，原状回復を受けるために，尚書局で取消状を取得しなければならないからである」[28]。

　ブチリエのテクストは，強迫訴権および詐欺訴権の訴権消滅時効に関するものである。そこには取消状についての言及は見られない。しかし，注釈の当時において，強迫・詐欺は，裁判所での手続のみによって実現されるものではなかった。取消状を必要とする。この意味で，取消状の発給申請に期間を観念することができるにしても，「訴権」としてこれを語り続け，その消滅時効を論ずることは実務上無意味である。本文のテクストの成立は遅くとも14世紀末葉であり，シャロンダス＝ル＝カロンによる注釈は17世紀初頭に付されたものである。この間に取消尚書が制度化されたことが明らかとなる[29)30)]。

　取消状を取得した当事者は，放棄条項や宣誓の有無にかかわらず，裁判所において，契約がなかった場合と同じ状態へと復される。当初は尚書局のレベルでも実体審理がなされていたものの，後には取消状の名宛人である裁判所においてのみ行われることとなり[31)]，取消状は，裁判所における取消の訴えの受理のための方式にすぎないものとなった。

　この制度は，かつてはローマ法上のそれとして一括りに放棄条項・宣誓の対象とされ，その適用をみなかった各種事由を，「取消」のカテゴリーにおいて再構成するものと理解されうる。メニヤルの業績を元に取消状の研究史を塗り替えたデュマは，この王状が従来の契約実務を是正するための措置であったことを強調する。そのうえで次のように述べている。

　「公証人による放棄条項の大半は濫用的であり，ローマ法にも良いところがあることを経験が教えた。契約に誠実さを行き渡らせるためには，ローマ法ほど良い手段はなかったのである」[32)]。

取消状は，ローマ法上の無効主張をフランス法に取り込む役割を果たした，いいかえれば，一旦忌避されたローマ法の復権を手助けしたものと理解されている。法格言 α は，事実の観察であることをやめ，契約の効力否定のためには取消状の取得を要する，という法規範として提示されるに至った，と解することができる。

II　取消状と原状回復

　取消状生成の理由が，デュマが想定するようなものであったとすれば，放棄条項が否定されローマ法が効力を取り戻し，事実を伝えなくなった時点で，法格言 α は消え行くものでありえた[33]。しかし新たな省察が施されることで，法格言 α の意義は豊富化されることとなった。

(1)　ローマ法の「フランス法」化

　法格言 α は，取消状がローマ法上のある制度に類比されることを通じて，より積極的な意義を帯びることとなる。その動因は，かつての意義にも見出されたフランス法とローマ法との対抗が，16世紀以降，とりわけ人文主義の影響下に形成された[34]，あらたな観念としての「フランス法」とともにもう一段ねじれたことに求められる。

　取消状の必要性を正当化する際に用いられた論拠に着目しよう。それは，デュマが想定するようなローマ法の復権ではなく，それとは真逆の「ローマ法はフランスにおいて効力を有しない」というものであった。たとえば，16世紀末において，ニヴェルネ地方の弁護士であり，在野の人文主義者として活躍したコキーユ (Coquille, Guy [1523-1603]) は，次のように記している。

　　「未成年，詐欺，恐れ，若しくは暴力を理由とする原状回復，ウェレイアーヌム元老院決議に基づく原状回復，正当な錯誤を理由とする原状回復，債務なしにかつ原因なしに為された約束についての原状回復，または，正当価格の2分の1を越える詐害による原状回復が，王国法上の権

利(droits Royaux)に数えられる。これらの権利についての救済手段は，裁判状に拠るのであれば無論認められるが，恩恵(grace)［ママ］に拠らずとも，理性(raison)に拠ることによって，通常裁判所において，裁判官の裁判権(juridiction)の下で，請求されるはずである。

　しかしながら，私は次のように考える。上に述べたような権利の導入は，ローマ人の市民法(droit civil de Romains)に原状回復というその救済手段が見出されることを根拠としている。しかし，ローマ人の市民法は，フランスにおいては法律(Loy)［ママ］としての効力を有しない。故に，これらの権利に関する主張を許容しかつ有効とするためには，書状を得るべく国王の尚書局に願い出るのでなければならない。なぜなら，フランスにおいては，ローマの法律は真の法律とはみなされておらず，真の法律の源とみなされているにすぎないからである。だからこそ，フランスの首都たるパリにおいて，ローマの市民法に関する公の教育は存在しないのである。……

　以上は，フランスの国王の勅法(Constitutions de nos Rois)によってまたは我々の市民法たる慣習法によって禁止される，契約または条項を，取消させるかまたは無効と宣言させるかするためには要求されない。この場合，たとえば，［夫の］許可を得ずに負担された妻の債務，後見人に対して為された贈与，高利(usures)の設定に関する場合には，裁判官の職権のみで十分である。」[35]

　コキーユが述べるように，「理性」に拠るならば，取消状という迂遠な手続を介することなく，裁判官が裁判権に基づいて取消を命ずることができるはずである。しかしながら，ローマ法はフランスにおける「真の法律」ではない。そうであるがゆえに，ローマ法上の契約覆滅事由については，取消状を必要とする。裏からいえば，取消状は，国王によるローマ法のフランスでの効力承認，すなわち「国王によるローマ法のフランス法化」の論理を体現する。

　これとは逆に，国王の勅法や慣習法については，前者は国王の意思に基づ

くがゆえに，後者はフランスにおける「市民法」であるがゆえに，取消状は必要とされない。ここで，当時において大部分の慣習法が王権のイニシアチヴによって成文化されていたことを想起しよう。成文化の手続は国王の裁可によって終了するものであった[36]。すなわち，勅法にせよ成文慣習法にせよ，国王を制定権者とするがゆえに，それらに基づく無効には王状を取得する必要がなかった，と考えることができよう。

　こうして17世紀には，王状の必要のない「当然無効(nullité de plein droit)」と，王状を要する「取消」との概念対が形成される。当然無効のカテゴリーは，国王が有するある種の立法権を根拠として，法格言 α における「無効の主張」概念の射程から外れることとなった，と解することができる。逆に，取消状も国王の法制定権能の発露である[37]，とみなしうるのであれば，当然無効にせよ取消にせよ，契約の効力を奪う手段は，国王による承認を前提としなければならない，という規範の存在を指摘することもできよう。この理解が妥当であれば，両カテゴリーの差異は，国王の承認が一般的であるか個別的であるか，という点にのみ見出される，と表現することも可能である。

(2) 原状回復への類比

　他方，取消状の制度化の後には，取消状が「原状回復状(letttres de restitution en entier)」とも称されていた[38]ことから明らかなように，取消は，しばしばそれ自体が，かつて放棄条項によって援用を否定されていた「原状回復(in integrum restitutio)」というローマ法上の制度に類比されることとなった。コキーユにおいてそうであったように，ローマ法とフランス法との対抗自体は保存されているものの，取消状と原状回復との類比を考慮するとき，軸の両側に幾許かの変容を見て取ることができる。

　ローマ法における原状回復は，法務官(praetor)によって実現される，諸種の行為の覆滅手段であった[39]。法務官は，形式的には有効である行為が衡平(aequitas)に反する場合，訴訟指揮権者(後には判決権者)として有する裁判権(jurisdictio)に基づくのではなく，政務官の一人として有する命令権(imperium)に基づいて，当事者を当該行為がなかった状態へと回復していた[40]。

この後者の権限こそが、フランスにおいて、国王の名を冠した取消状を正統化するもののと観念される[41]。16世紀中葉、シャロンダス＝ル＝カロンは原状回復に対して次のような説明を与えている。

「フランス法がローマ法から受け継ぎ保持した原因によって、未成年者または成年者に付与される原状回復に関して：[原状回復とは、]年齢を理由として、または、暴力や恐れによって、または、詐欺や悪しき狡猾さによって、または、公共の事柄、収監、重病若しくは他の正当な事由による不在を理由として、つけ込まれた、または、騙された者を救済するためのものである。原状回復は、法の定めに反するものではなく、むしろ、正義および衡平を通じて法のなかからもたらされる。したがって、君主(Prince)またはその顧問会議(conseil)が原状回復を宣言し付与しうること、また、この点において法の厳格さに違背しうることに疑義を抱いてはならない。なぜなら、ローマの政務官(Magistrat Romain)は原状回復を為すことができたのだから」[42]。

論拠としてローマの政務官が呼び出されることで[43]、君主による取消＝原状回復が「正義」「衡平」を実現するための措置として正統化されている。フランス法を称揚する立場から[44]、ローマ法それ自体には法源たる位置づけをただちには与えないにもかかわらず、ローマの政治制度を積極的な形象として参照していることが注目される。

時代を下ると、17世紀において、ドマ(Domat, Jean [1625-1696])は、取消状の実務を説明するに際して、原状回復に関するローマ法文を引用する[45]。また、ドマと同時代において、フルーリー(Fleury, Claude [1640-1723])は、原状回復を次のように定義する。

「[原状回復とは、]一種の秘跡(miracle)によって、正当であると思われた行為を破壊し、かつて有していた諸権利を当時者に取り戻させる、主権者の恩恵(grâce du souverain)[である]」[46]。

そのうえで，表見的であれ有効な行為(actes apparents)を破壊できるのは「君主の特別の救い(le secours extraordinaire du Prince)」のみであり，ここから，「フランスにおいて無効の主張はなんら実現されない」という法格言が導かれるとする。取消状は「無益(inutiles)な代物と思われるかもしれない」，としながらも，一方で先に引用したコキーユに依拠し，他方で，取消・原状回復は，「世俗・市民法の領域における秘跡(un miracle dans la vie civile)」であるとして，この慣行(usage)は支持されなければならないとする[47]。

フルーリーの記述に関して，「ローマ法上の無効事由はただちには主張しえず，取消状を必要とする」という従来の法格言 α の意義とのズレに敏感でなければならない。コキーユを引用する点でローマ法とフランス法との対抗関係を意識するものの，その筆致は制度の記述の枠をはみ出ている。議論の主眼は主権者たる国王の表象にある。シャロンダス゠ル゠カロンのように政務官の引照によって国王の $imperium$ を示唆するにとどめるのではなく，端的に原状回復を「秘跡」「恩恵」とみなすことで，国王の表象を極端なまでに積極化している。神聖化しているともいえるほどである。法格言 α はもはや，事実の描写でもなく，当然無効と取消との概念対の指示でもない。国王の権力の至高性の表現である。

＊　＊　＊

以上の法格言 α の意味の変容は，いかにして生じえたのであろうか。現時点では論拠を積み上げることを断念し，解釈の方向性を探ることで結びに代えよう。

第一の手がかりは，上に扱った著者たちが，「フランス法」を称揚し，またしばしば，王権を擁護する立場にあったことに求められよう。実際，法格言 α が援用されるのは，そうした論者のテクストにおける場合がほとんどである。ローマ法文を援用するにとどめるドマや，取消状の必要という規範の存在に触れるのみでなんら説明を付さない18世紀のポチエ(Pothier, Robert-Joseph [1699-1772])[48]と対比するならば，「フランス法」を意識するコ

キーユ[49]，シャロンダス＝ル＝カロン，フルーリー[50]が取消状の説明に必要以上の字数を割くことは，王権に対する彼らの態度と無関係ではないであろう。さらに，当時の王権と裁判所との関係を意識するならば，取消状が国王による裁判所への命令であることも，重大な意義を有しうる。「フランス法」を意識する論者達が，法源論を展開する際，しばしば王令・慣習法を最上位とし，その下にローマ法を位置づけ，パルルマンの判例法を最下位に置くことも，取消状それ自体が王権と司法部との対立を示唆しうることからすれば，興味深い事実となる[51]。*jurisdictio* と *imperium* とを同時に有したローマの法務官との比較の相の下に，近世フランスにおける両権限の帰属に関する学説史の検討が求められよう。

第二に着目されるべきは，取消尚書についての脚色が，彼らが実定性を否定するローマ法上の制度を介して行われているというパラドクスである。ローマ法は共通法（*jus commune*）たる地位を失い，フランスにおける法源の階層から一旦放逐され，直接適用しうる実定法ではなくなっていた[52]。逆にそうであるからこそ，それは自由な検討の対象となり，取消状が切り結ぶ史的形象として原状回復が呼び出されることも説明されうるかもしれない。仮に「フランス法」が「ローマ法」との関係で「クレオール」的なものとして形成されたと記述しうるとしても，まずは「ローマ法」と「フランス法」とが「異なる」という意識の成立それ自体についての史的検討から議論を開始することが求められよう[53]。

1) *Institutes coutumières d'Antoine Loisel*, nouv. éd., par Dupin et Édouard Laboulaye, avec les notes d'Eusèbe de Laurière, Durand, Videcoq, Paris, 1846, t. 2, n°706, p. 115. 本書には「en France」の語は見られないが，同時代の文献ではしばしば付加される。par ex. Imbert, Jean, *Institutions Forenses, ou pratique iudiciaire,* translatée de Latin en François, Enguilbert de Marnef, Poitiers, 1562, p. 355. «...voyes de nullité n'ont point de lieu en la France coutumiere, ...»
2) 他にこの法格言が妥当する行為として「判決（jugement）」を挙げることができる。上訴制度の起源に関わる点で重要であるが本章では扱いえない。V. Zearo, Silvère, Annulation, cassation, révision: l'anéantissement du jugement dans la procédure civile française (in: M. Boudot et P.-M. Vecchi (éd.), *La théorie des nullités*,

Faculté de droit et des sciences sociales de Poitiers, L.G.D.J., 2008, pp. 155 et s.)
3) 留保裁判と委任裁判との区別について，参照，野田良之，『フランス法概論(上巻)』(合本新訂，有斐閣，1970年)，401頁以下。
4) 裁判状(野田・前掲書では「公正状」)一般について，とりわけ恩恵状(lettres de grâce)との差異に関する論争について，V. Tessier, Georges, Lettres de justice (in: *Bibliothèque de l'école des chartes*, t. 101, 1941, pp. 102 et s.) 裁判状の数的増大を王権の絶対主義化の表徴と見るテーゼへの反論が試みられる。実際の裁判状(ただし，14世紀におけるそれ)の内容についても，同論文を参照。
5) なお，フランス法において，(現在に至るまで)原則として，契約の無効(nullité, annulation)は，契約当事者自身によっては実現されないことに注意を要する。後述する古法時代における当然無効の類型についても，取消状は不要であるが，訴えは必要とされる。この点については，後掲(注10)拙稿において採り上げられる。同じく契約覆滅手段である解除について，参照，拙稿，「フランスにおける契約の解除(1)(2・完)」(法学協会雑誌123巻7号，1305頁以下，8号，1585頁以下，2006年)。
6) Décret des 7-11 septembre 1790, art. 20-21 による。V. Duvergier, J. B., *Collection complète des Lois, Décrets, Ordonnances, Règlements, Avis du Conseil d'État*, 2e éd., A. Guyot et Scribe, 1834, t. I, pp. 359-361 [租税，公役務および商行為の分野に関する行政裁判所ならびに司法裁判所における訴訟の形式，ならびに，既設の法院，裁判所および裁判機関の廃止に関するデクレ]。

20条　最高法院および上座裁判所に附設された尚書局は，そこで付与される国王の書状(lettres de Roi)の慣行とともに，本デクレ15条および17条によって定められるそれぞれの時点において，廃止されるものとする。

21条　前条の規定により，当該時点以降，王状(lettres royaux)が必要とされていたあらゆる事案において，直接に[王状の必要なく：筆者注]実体審理に関する管轄権を有する判事の面前に訴権を提起すれば十分である。[＊第2項略]
7) 以下では時系列に沿って概観するが，フランスにおける研究は，取消状の制度化後の局面に関する研究[par ex. Mortet, *infra* note 13]が先行した。それ以前(15世紀以前)の状況，すなわち取消状の生成の局面については，20世紀前半にEsmeinやMeynialによって先鞭をつけられ，それを踏まえたDumasの一連の論考によって格段の進展が見られることとなった。さらに，各地の公証人証書の実証研究によって，Dumasのテーゼが検証されるという研究状況にある。

簡潔な見取り図を提供する近時の論考(ただし多くをDumasの研究に拠っている)として，Augustin, Jean-Marie, L'adage: «Voies de nullité n'ont point de lieu» (in: M. Boudot et P.-M. Vecchi(éd.), *La théorie des nullités, supra* note 2, pp. 53 et s.) がある。以下では，Dumasの論考とともに，多くの部分でこの論考を参考としている。近年では概説書レベルにも記述が見られる。V. par ex. Castaldo, André, *Histoire du droit civil*, 1re éd., Dalloz, 2002, n°s 575-578, pp. 837-843; Deroussin, David, *Histoire du droit des obligations*, Economica, 2007, pp. 537-540; Bart, Jean, *Histoire du droit privé, de la chute de l'Empire romain au XIXe siècle*, 2e éd., Montchrestien, 2009, pp. 363-366. さらに，部分的にせよこの問題を扱うテーゼとして，V. Cumyn, Michelle, *La validité du contrat suivant le droit strict ou l'équité: étude historique et comparée des nullités contractuelles*, thèse Paris I, préface de J. Ghestin, L.G.D.J., 2002, spéc., n°s 127 et s., pp. 93 et s.

8) 当時の綴りのまま表記する。近年におけるこの観念への着目について，北村一郎，「作品としてのフランス民法典」(同編，『フランス民法典の 200 年』，有斐閣，2006 年，1 頁以下)。議論を牽引する Jean-Louis Thireau 教授には多くの著作があるが，その直近のものとして，V. Thireau, Jean-Louis, L'avènement de la comparaison des droits en France (in: P. Legrand (éd.), *Comparer les droits, résolument*, PUF, 2009, pp. 597 et s.)

9) 参照，長谷川晃，「法のクレオールと法的観念の翻訳」(本書所収)，第 II 節。

10) 無効・取消をめぐる諸問題については，拙稿，「フランス法における返還請求の諸法理(1)〜(3・未完)」(法学協会雑誌 126 巻 3 号，463 頁以下，5 号，1049 頁以下，11 号，2171 頁以下，2009 年)の続稿において扱われる。民法典制定後のフランスにおける無効理論については，鎌田薫，「いわゆる『相対的無効』について——フランス法を中心に」(椿寿夫編，『法律行為無効の研究』，日本評論社，2001 年，127 頁以下)；木村常信，「仏民法の絶対無効と相対無効(1)(2)」(産大法学 6 巻 1 号，1 頁以下，2 号，1 頁以下，1972 年)，などを参照。

いわゆる絶対無効と相対無効との区別の由来も，無効と取消との複層的な関係を踏まえるのでなければ理解されない。二組の概念対は必ずしも交わらないことについて，V. Deroussin, *supra* note 7, pp. 539-540. なお，絶対／相対の区別は，しばしば 16 世紀の d'Argentrè，17 世紀の Bouhier, Dunod de Charnage に帰される。V. Dumas, Auguste, *Histoire des obligations dans l'ancien droit français*, Faculté de droit et de science politique, Université d'Aix-en-Provence, 1972, pp. 135-136.

11) Dumas, Les lettres de rescision (in: *Recueil de mémoires et travaux publié par la Société d'histoire du droit et des institutions des anciens pays de droit écrit*, t. 1, 1948, pp. 39 et s.); *id., Histoire des obligations dans l'ancien droit français*, *supra* note 10, pp. 113 et s.; V. aussi, *id.*, Dieu nous garde de l'*et cætera* du notaire, (in: *Mélanges Paul Fournier*, Sirey, 1929, pp. 153 et s.)

12) 契約の無効・取消については，ローマ法以来，諸規定が散在するのみで，一般理論は中世においてようやく形成されたとされる。そこでの議論は，当然無効と取消との区別に集中した。V. Renard, Georges, L'idée d'annulabilité chez les interprètes du droit romain (in: *NRHD*, 1903, pp. 214 et s., pp. 327 et s.) もっとも，後述するとこ

ろから明らかなように，フランス古法における区別とは異なる。
13) 一例として，V. Mortet, Charles, *Étude sur la nullité des contrats dans le droit romain, l'ancien droit français et le code civil*, thèse Bordeaux, 1887. Mortet が挙げる理由は，「フランス王国」と「神聖ローマ帝国」との敵対関係であり，後者の権威に抗するための脱ローマ法化を想定する。
14) Meynial, Edmond, Les renonciations au moyen âge et dans notre ancien droit (in: *NRHD*, 1900, pp. 108 et s., 1901, pp. 241 et s., pp. 657 et s., 1902, pp. 49 et s., pp. 649 et s., 1904, pp. 698 et s.)
15) 各地の公証人証書やその書式集の実証研究によって，放棄条項は，地方によってばらつきはあるものの，12世紀末，あるいは遅くとも13世紀初頭から証書に挿入され始め，13世紀後半には普遍化していたことが明らかにされている。たとえば，フランドルについて，Gillissen, John, L'apparition des renonciations aux exceptions de droit romain dans le droit flamand au XIIIe siècle (in: *Rev. int. dr. de l'Antiquité*, t. 4 (Mélanges F. de Visscher, t. III), 1950, pp. 513 et s.)；現在のベルギーに当たる地域について，Vercauteren, Fernand, Note sur l'apparition des renonciations aux exceptions de droit romain dans les principautés belges au XIIIe siècle (in: *Études historiques à la mémoire de Noël Didier*, Montchrestien, 1960, pp. 324 et s.)；ブルゴーニュについて，Gay, J.-L., Les clauses de renonciations au XIIIe siècle dans la partie méridionale du comté de Bourgogne (in: *Mémoires de la Société pour l'Histoire du Droit et des Institutions des anciens pays bourguignons, comtois et romands*, 21e Fasc., 1960, pp. 63 et s.)；プロヴァンスについて，Carlin, Marie-Louise, *La pénétration du droit romain dans les actes de la pratique provençale (XIe-XIIIe siècle)*, thèse Nice, préface de R. J. Aubenas, L.G.D.J., 1967, spéc., pp. 124 et s.
16) Meynial, *supra* note 14, *NRHD*, 1900, p. 111.
17) 当時の公証人証書の作成の態様について，V. Dumas, Dieu nous garde..., *supra* note 11, p. 160. 当事者は公証人の面前で契約を締結する。このとき公証人は正本 (minute)を作成する。のちに公証人は謄本(grosse)を作成するが，この過程でさまざまな条項が付加される。放棄に関しては，正本においては《*renunciates etc...*》とのみ記載され，謄本において証書の効力を脅すあらゆる手段について放棄が具体化される。

放棄条項の具体例として，V. Aubenas, Roger, *Documents notariés provençaux du XIIIe siècle*, E. Fourcine, 1935, p. 16-18. 未成年者 X が後見人の同意とともに，義兄に対して，自らの姉の嫁資として，ブドウ畑を譲渡した事案について伝える(証書の日付は1251年4月24日)。X はこの証書において，代金の受領を確認し，金銭不払いの抗弁(*exceptio non numeratae pecuniae*)を放棄する。さらに，過剰損害による

取消，未成年者であることに基づく抗弁および原状回復を放棄し，宣誓を付する．
18) 以下について，Dumas, *Histoire*..., *supra* note 10, p. 118. 各無効事由の詳細については，V. Meynial, *supra* note 14.
19) D. 16, 1 および C. 4, 29 を参照．妻が債務引受(*intercessio, interventio*)することを禁ずる．当初は夫の債務についての禁止であったが，後に一般化された．V. Girard, Paul-Frédéric, *Manuel élémentaire de droit romain*, 8e éd., par F. Senn, 1929, rééd., par J.-Ph. Levy, Dalloz, 2003, pp. 835 et s.
20) D. 14, 6 を参照．家子(*filiusfamilias*)に対する消費貸借を禁ずる．V. Girard, *ibid.*, pp. 550 et s.
21) 債務ないし債務証書の原因について，参照，前掲拙稿，「フランス法における返還請求の諸法理(1)」．
22) もっともその効力については争いがあったとされる．Mortet, *supra* note 13, p. 102 は，一般的な放棄条項は禁止されていたとするが，Dumas, *Histoire*..., *supra* note 10, p. 118 は，一般的な放棄を禁ずる法の利益を放棄する旨の条項までもが見られたとする．
23) 宣誓によって当事者は放棄条項を遵守する義務を神に対して負う．放棄条項からの解放を求める当事者は，教会法の管轄に服することになる．詳細について V. Esmein, Adhémar, Le serment promissoire dans le droit canonique (in: *NRHD*, 1888, pp. 248 et s., pp. 311 et s.), spéc., pp. 333-351.
24) 当時におけるローマ法への反感について，V. Meynial, Remarques sur la réaction populaire contre l'invasion du droit romain en France aux XIIe et XIIIe siècles (in: *Romanische Forschungen*, Bd. XXIII (Mélanges Camille Chabaneau), 1907, pp. 559 et s.).
25) 宣誓からの解放は 13 世紀中に一般的に認められるようになり，さらに 15 世紀には実体審理(*cognitio causae*)を経ずとも解放が認められたとされる．これにより宣誓はその意義を減殺される．なお，教会法において，この手続は，有効な宣誓の効力を例外的に奪うという意味において，ローマ法における原状回復に類比されたとされる．V. Esmein, *supra* note 23, p. 314.
26) Timbal, Pierre-Clément, *Les obligations contractuelles dans le droit français des XIIIe et XIVe siècles d'après la jurisprudence du Parlement*, Centre national de la recherche scientifique, t. 1, 1973, p. 136. V. aussi Cumyn, *supra* note 7, n°162, p. 119. 過剰損害による取消について，V. Olivier-Martin, François, *Histoire de la coutume de la prévôté et vicomté de Paris*, réimpr., Cujas, t. II, 1972, p. 568 [534].
27) 取消状が承認されなかった主たる主張として，金銭不払いの抗弁が挙げられる．詳細について，V. Meynial, *supra* note 14, *NRHD*, 1900, pp. 138 et s.
28) Boutillier [Bouteiller], Jean, *Somme rural ou le grand coustumier général de*

practique civil et canon, éd., par Louis Charondas Le Caron, Barthélemy Macé, Paris, 1603, Liv. I, Tit. II, p. 98 note (n). *Somme rural* の執筆および写本公刊の年代について，V. P. Arabeyre, J.-L. Halpérin et J. Krynen (dir.), *Dictionnaire historique des juristes français, XIIe-XXe siècle*, Quadrige, PUF, 2007, pp. 129-130.

29) 以上の史料解釈について，V. Mortet, *supra* note 13, p. 104; Cumyn, *supra* note 7, n°162, p. 120, note 87.

30) Dumas, Les lettres de rescision, *supra* note 11, pp. 41 et s. 取消状が制度化された後にも，宣誓に関して教会による放免を要しないとされるに至るには曲折があったが，16世紀には，取消状はそれ自体で当事者を宣誓から解放することとなったという。V. *ibid.,* p. 46; Dumas, *Histoire...*, *supra* note 10, pp. 126 et s. 実際，当初，取消状には放免を要する旨の条項が付されていたが，17世紀初頭にはこの条項が見られなくなる。V. aussi Esmein, *supra* note 23, p. 340.

以上について，Dumas が論拠とするのは，ドフィネのパルルマンの判事であった Guy Pape［? -1477］である。彼は，15世紀においてすでに，ローマ法文［D. 50, 1, 38］を論拠として，世俗の王もまた，当事者を宣誓から免ずる権限を有するとしていたとする。Guy Pape の判決集（Décisions）それ自体を参照することはできなかったが，17世紀の法院弁護士である Nicolas Chorier［1612-1692］が Décisions を編集し，注釈を付した *La Jurisprudence de Guy Pape, dans ses décisions,* 2e éd., La Veuve d' André Giroud, Grenoble, 1769, p. 58, note (b)には，次のような記述が見られる。

本文では，Guy Pape が活躍していた時代には，パルルマンは，宣誓が付された合意について，当事者を放免することができず，ただちに執行に服せしめていたとされる。しかし，注において，「今日では，宣誓が付された契約の取消（rescision des contrats jurés）のために取得される王状は，放免なしに承認・執行される（sont entérinées）」と述べられる。宣誓は契約に付随的なもの（un accessoire）であり，契約が無効または取消されれば，契約に含まれるものすべてが無効または取消されるのだから，宣誓もまた効力を失う，と推論する。

31) Cumyn, *supra* note 7, n° 163, p. 121. 期間制限など手続の詳細については，V. Dumas, *Histoire...*, *supra* note 10, pp. 132 et s.

32) Dumas, *Histoire...*, *supra* note 10, p. 125.

33) 実際，取消状の制度が存続し続けた理由は，しばしば，尚書局に支払われる手数料収入の魅力に求められてきた。19世紀の注釈学派（Demolombe や Aubry et Rau）以来の伝統的な解釈である。V. Mortet, *supra* note 13, pp. 105 et s. この解釈は，現代においても変わらない。V. Augustin, *supra* note 7, p. 60. 古法時代における廃止要求についても同論文を参照。

34) Thireau, Le comparatisme et la naissance du droit français (in: *Revue d'histoire des faculté de droit et de la science politique,* n°10-11, 1990, pp. 153 et s.) 大略，人

文主義によって，ローマ法を，フランスの人民とは「異なる人民の法」と捉える思考が生まれ，それを「比較」の対象とすることで「フランス法」の観念の生成が促されたとする。

35) Coquille, Guy, *Institution au droit françois* [1595] (in: *Les œuvres de maistre Guy Coquille,* nouv. éd., Claude Labottière, Bordeaux, 1703, t. 2), p. 6. V. aussi, Tessier, *supra* note 4, pp. 103-104.

36) 野田，前掲書，278頁以下。

37) Bart, Jean et Clère, Jean-Jacques, Les lois du Roi (in: Ph. Boucher (dir.), *La Révolution de la Justice, Des lois du roi au droit moderne*, Jean-Pière de Monza, 1989, pp. 3 et s.) 恩恵状，および，取消状を含む裁判状を，国王の立法権の発露として考察する(pp.27-30)。「国王の法律(lois du Roi)」の布置の態様を全体的に把握したうえで，取消状をそのなかに位置づけ直さなければならないが，他日を期さざるをえない。検討の起点として採り上げられるべき著作として，Olivier-Martin, *Les lois du Roi*, Éditions Loysel, 1988 を，また，あらたな見通しを模索する論考として，Carbasse, Jean-Marie, Le roi législateur: théorie et pratique (in: *Droits*, n° 38, 2003, pp. 3 et s.)を挙げるにとどめる。

38) Augustin, *supra* note 7, p. 58. 「解放状(lettres de relèvement)」とも称されていた。

39) Girard, *supra* note 19, pp. 1127 et s.

40) Villers, Robert, *Rome et le droit privé*, Alibin Michel, 1977, p. 97, pp. 160 et s. 方式書訴訟の時代において，*praetor* の *jurisdictio* は，訴訟要件の審査，訴権の指示，抗弁の付与，争点決定の主宰に関わる。他方，*imperium* の発露としては，特示命令(*interdictum*)，問答契約(*stipulatio*)，占有付与(*missio in possessionem*)，原状回復が挙げられる。*jurisdictio* に関わる手続が通常手続とすれば，*imperium* によるそれは特別手続として観念することができる。実際，*jurisdictio* が審判人(*recuperatores*)による本案判断を準備するための権限であるのに対して，*imperium* に依拠すれば *praetor* 自らが本案について裁断することができる[D. 4, 1, 3]。

41) Dumas, *Histoire...*, *supra* note 10, p. 126. 「取消状を発給するために，小尚書局は，ローマ法に着想を得る。成文法の研究によって，ローマでは，自らの *imperium* によって行為する法務官が，契約を取消すに至る原状回復を付与する権限を有していたことが明らかにされた。おそらく，ローマ法の最終段階において，原状回復は，裁判官の職権によっても付与されえた。これは，中世の解釈者達が教えた学説であった。しかし，放棄の実務が原状回復の妨げとなった。通常裁判所の裁判官が当事者を放棄から免れさせる権限を有することに異論が差し挟まれる可能性があった。〔しかし〕国王が，その全能性に基づいてこのようなことをなす権限を有することについては異論がなかった。法務官と同様の，当事者に対して原状回復を与えることによって契約を

取消す権限は，国王に属したのである。」

なお，引用文中の小尚書局 (petite chancellerie) とは，重要度の低い王状の発給をその業務としていた。当初はパリのパルルマンにのみ附設されていたが，15世紀中葉以降，各地にパルルマンが設立されるのに伴って，その数も増えていった。さらにのちには上座裁判所 (sièges présidiaux) にも附設されることとなった。Dumas, Les lettres de rescision, *supra* note 11, p. 46.

42) Charondas Le Caron, Loys, *Pandectes ou digestes du droit françois,* Iehan Veyrat, Lyon, 1543, t. 1, p. 230 (fac-similé, Phénix Éditions, 2005).

43) 引用文中最後段の理由づけ (接続詞は puisque) がなぜ妥当するのか，すなわち，君主と政務官がいかなる点で類比されるのか，が明らかにされなければならない。現時点では論拠を積み上げることができないが，限定的に「préteur」とせず，集合名詞としての「Magistrat」を用いる点から，政務官一般が保持する *imperium* が重視されている，とまでは推論することが許されよう。ただし，当時の用法としては Magistrat は「司法官＝判検事」を指示することが通例であるため，精査を要することはいうまでもない。

44) Leyte, Guillaume, Charondas et le droit français (in: *Droits,* nº 39, 2004, pp. 17 et s.)

45) Domat, Jean, *Les loix civiles dans leur ordre naturel* (in: *Œuvres complètes de J. Domat,* éd., par J. Remy, nouv. éd., Alex-Gobelet, Paris, 1835, t. 2), p. 269. L. 1, ff. de in int. rest. [D. 4, 1, 1]; L. 3, ff. de in int. rest. [D. 4, 1, 3] を引用しつつ，次のように説明する。「取消または原状回復は，自らが当事者たる何らかの行為において損害を受けた者に対して，何らかの正当な事由がある場合に，この者を行為がされる以前と同一の状態に復せしめるために法律が付与する恩恵である。」

原状回復の根拠が，国王の権限ではなしに，「法律 (loi)」とされている。政治制度を参照する前記 Charondas との対比は有益な視座を提供しうる。注37で提示した課題とともに，立法 (législation) ならびに主権 (souveraineté) の概念との関連で主題化する必要があるが，本章では展開しえない。

46) Fleury, Claude, *Institution au droit françois,* publiée par Édouard Laboulaye et Rodolphe Dareste, Auguste Durand, Paris, 1858. t. 2, p. 47. なお，引用文中の「grâce」の語には慎重でなければならない。上述のとおり，取消状・原状回復状は裁判状の一種とされるが，個別事案に関わるもう一つの王状の類型として恩恵状 (lettres de grâce) がある。後者は，刑罰の減免など裁判手続の外で発給される。法史学の分野では伝統的に2つの類型を区別する (V. Tessier, *supra* note 4) が，Fleury は，無自覚に，あるいは意図的に，これらを区別していない可能性がある。この意味で本文の記述には留保が必要である。Fleury の執筆当時における恩恵状の正統化言説を洗い出さなければ，彼の議論を正確に位置づけることはできない。とはいえ，

原状回復に限っては，Domat や後代の Pothier などと対照することが許されよう。
47) *Loc. cit.*
48) Pothier, Robert-Joseph, *Traité de la procédure civile* (in: *Œuvres de Pothier*, éd. par M. Bugnet, Cosse et N. Delamotte, Videcoq, Paris, 1848, t. 10), n°s 726-727, pp. 345-346. ポチエの議論について，V. Veillon, Didier, La rescision des actes juridiques dans le Traité de procédure civile de Robert-Joseph Pothier (in: M. Boudot et P.-M. Vecchi(éd.), *La théorie des nullités, supra* note 2, pp. 63 et s.)
49) Thireau, Préface de Guy Coquille (in: *Revue d'histoire des facultés de droit et de la science juridique,* n° 19, 1998, pp. 217 et s.)
50) Godin, Xavier, L'*Histoire du droit françois* de l'abbé Claude Fleury (1674) (in: J. Poumarède (dir.), *Histoire de l'histoire du droit, Études d'histoire du droit et des idées politiques,* n° 10, 2006, pp. 61 et s.)
51) 一例として，エティエンヌ・パスキエ(Pasquier, Etienne [1529-1615])の次の記述を参照。V. *L'interprétation des Institutes de Justinien,* Paris, 1847, p. 30 (Slatkine Reprints, 1970)［生前には出版されず］。

「さてここで，我々がフランスにおいて用いる法が，いかなる点に存し，いかなるものからなるのか，を認識する必要がある。それは，四つの部分からなるということができる。第一は，王令(Ordonnances royaulx)［ママ］に存する。第二は，さまざまな地方の慣習法(Coustumes)［ママ］から生ずる。第三は，我々がフランスに根づかせた一般原理(maximes generalles)［ママ］から生ずる。これは，ローマ人の法(droict des Romains)［ママ］から採られたのではなく，その一部分から採られたものである。第四は，各パルルマンの判決(arrestz de chaque Parlement)［ママ］から生ずる。」

以上の記述とフランス法とローマ法との対抗関係とがどのように結び合うかという視点は，古法時代の私法の存在態様を動態的なものとして描き出すことを可能としよう。取消状以外の制度への応用をも視野に入れた，より本格的な歴史学的探求が要請される。
52) Thireau, L'Alliance des lois romaines avec le droit français (in: J. Krynen(dir.), *Droit romain Jus civile et droit français, Études d'histoire du droit et des idées politiques,* n° 3, 1999, pp. 347 et s.) V. aussi, *id., Le comparatisme..., supra* note 34.
53) その端緒は，いずれも不十分とはいえ，前注の Thireau 教授の諸論考，および Kriegel, Blandine, *L'Histoire de l'âge classique,* 4 vol., Quadrige, PUF, 1988, spéc., t. 2, La défaite de l'érudition によって開かれている。人文主義が鍵を握ることはいうまでもない。

5. 訴訟法書・公証手引書における「職権と当事者」
―― 12・13 世紀「法生活の学問化」の一断面[†]

水 野 浩 二

　ヨーロッパ中世の「12 世紀ルネサンス」の一環として「復活」した法学(いわゆる中世学識法学)の法実務への浸透，その重要な要素である訴訟手続の学識化＝学識法的(ローマ・カノン法的)訴訟手続の普及は，フランツ・ヴィーアッカー(Franz Wieacker)のいう「法生活の学問化」の一つの表れとして位置づけられてきた[1]。その際重要な役割を果たしたのが，訴訟法書(Prozess-literatur, Prozessschrift)や公証手引書(Ars notariae)という文献群である[2]。これらの文献は当時きわめて多数出現し，そのうち少なからざる著作は後世に至るまで影響を持ち続けた。本章はこれらの文献を史料として学識法(的訴訟手続)の普及の態様，それに伴って発生した問題について検討するものである[3]。長谷川晃による法のクレオールのモデルに従えば，クレオール過程 β (法的な変成過程)の内制度的次元[Di]における異なる法の間の浸透混成[Mp/Di]，クレオール状況としては(z)拡大−接受的な関係にさしあたり該当する局面ということになる[4]。

I　問題の設定

　本章では，訴状の末尾に原告が記すことを慫慂されたあるフレーズについての，12 世紀から 13 世紀半ばまでの訴訟法書や公証手引書の叙述を検討する。
　原告が訴状に訴訟手続を主導すべき訴権を提示する訴権開示(editio actionis)の形態・その際の訴権特定のあり方については，13 世紀中に大きな

変動が生じた。この時期まではローマ法学の通説は原告が訴訟上の請求の法的根拠を原則一の訴権に特定するという考えを維持しており[5]、訴権の名称の表示にはその要否をめぐり両論があった。カノン法学では訴権の特定・その名称の表示に否定的な見解が多く見られた。対して13世紀後半以降においてはローマ・カノン法学とも、訴権の名称の表示は必要ないが事実の表示から一の訴権が法的根拠として特定されることを原則としつつも、具体的状況に応じて法的根拠の特定が一の訴権/複数の訴権/たんなる事実と多様なサイズで柔軟になされることを認め、かつ原告のみならず場合によっては被告・裁判官の積極的関与が期待されるようになっていった[6]。この変化に対して一つの触媒になったと思われるのが、clausula salutaris（効用ある一節。以下、効用フレーズと称する）である。原告はこのフレーズを訴状の末尾に付記することで、自らは請求の法的根拠（場合によっては、訴訟上の請求も）を特定することなく、職権が適宜特定するよう請求することができるとされた[7]。

筆者は前稿で『集成』(Summa)や『講義』(Lectura)という、訴訟法書や公証手引書に比べて相対的に理論性の高いと考えられる文献（以下、「理論的」文献とする）を用い、効用フレーズの成立とその内容の推移を13世紀から17世紀までの時期について論じた[8]。対して本章では、「原告が一の訴権に法的根拠を特定する」ことやその際の訴権の名称表示の要否をめぐり多様な考えが存在したとされる13世紀半ばまでについて、相対的に実務に近いとされてきた訴訟法書や公証手引書（以下、「実務的」文献とする）の叙述を検討する。「法生活の学問化」との関連で効用フレーズにいかなる性格や役割が与えられていたのかを、「理論的」文献の叙述との相違にも留意しながら論じたい。特に大部な著作についてはテキスト全体について分析することは不可能なため、後述するようにフレーズについての叙述がなされていると思われる箇所の分析にとどまっている場合も少なくない。その意味で、本章は一応の見取り図を提供するにとどまる[9]。

検討した文献については末尾の一覧表を参照されたい[10]。

II 「実務的」文献における効用フレーズの叙述

(1) 学識法レベルでの認識の始まり

　この点について先行研究はあまり明確にしておらず，ゲオルク・ヴィルヘルム・ヴェッツェル(Georg Wilhelm Wetzell)がイタリアの法実務・学説から生じたと軽く触れている程度である[11]。一覧表に示したように，12世紀後半には複数の著作が効用フレーズに触れている。検討したテキストのなかでもっとも早いのは，„Nunc primo nobis adversarius"(1153-1157, ダラム?)中に見られるものである[12]。

「……我々のある司教代理にして公の法律と法を軽蔑する者が，(私が弁護人として法廷に立つことを受任した)依頼人からある顕職を……金銭への卑劣さゆえに奪い，国王陛下の礼拝堂の地所を……金銭ゆえに不正に司法手続に違反しかついかなる審査もなしに領得し，悪意占有者かつ聖職簒奪者としてそれを占有している。当該礼拝堂の地所は依頼人が，司教の確認と聖なる教皇猊下の贈与を受けて占有していたのである。……それゆえ(私が代わりに述べている)依頼人は，これらの事柄について裁判官閣下が依頼人に正義を行使されることを要求する」[13]

　効用フレーズが見られる著作の成立地域は法学が「復活」した北イタリアのみならず北フランスやイングランドにも広がり，いわゆるアングロ・ノルマン学派のサークルで成立したものが多い[14]。ペーター・ランダウ(Peter Landau)は最近の研究で，12世紀の訴訟法書，ひいては学識法的訴訟法学の発展においてアングロ・ノルマン学派のカノン法学者が重要な役割を果たしたことを強調しており[15]，学識法レベルでの効用フレーズの認識・伝播についても同学派の意義は小さくないと解される。

　一般に訴訟法書が法実務の実際を反映したものか，それとも理論から演繹される「実務の理想像」を形にしたものなのかは，法実務の実際を検討しないとなんともいえない。したがってフレーズについての叙述が成立地域の法実務をどの程度反映しているかは必ずしも明らかではない[16]。いずれにせ

よ，学識法的訴訟手続の形成の比較的早い時期においてすでに効用フレーズが認知され，その使用が慫慂されていたことになる。

(2) 訴状での記載方

「実務的」文献における効用フレーズの叙述は，基本的には訴状総論(訴状の記載方)，そして個々の訴権ごとの訴状の雛型の二つの箇所に見られる。

文言は，「上記の事柄について，あなた[裁判官]が正義を私に行使することを(私は求める)(super hoc mihi iustitiam exhiberi)」というのが基本だが，さまざまなバリエーションがある。

> 「上記の事柄について，あなたが私に正義をなすことを(de praedictis mihi iustitiam faciatis)」，「私は，自分に有効な全ての法を提起する(propono omne ius mihi competens)」，「[訴権の提示において]何かが不足しているならば[それを](et si quid deest)」，「それゆえ，原告は法と規範を請求する(unde ius et constitutum petit)」，「これら全てについて，原告に理がなされることを要求する(de quibus omnibus sibi postulat fieri rationem)」，「あらゆる法とあなたの職権を嘆願する(quodlibet ius et officium vestrum implorat)」など。

効用フレーズの訴状における記載方は三つのパターンに分けられると思われる。請求の論拠となる具体的な事実(カウサ)に続いて，(イ)効用フレーズのみが記される[17]，(ロ)具体的な請求が記されたうえで，効用フレーズが付記される[18]，(ハ)具体的な請求が具体的訴権を明示して記されたうえで，さらに効用フレーズが付記される[19]，というものである。いずれのパターンも一定数以上存在する。

ただし，「実務的」文献が紹介する訴状でのフレーズ記載方の相違を，請求の法的根拠特定の観点からいかに評価すべきかは微妙な問題である。効用フレーズは法的根拠のみならず訴訟上の請求や訴えの根拠たる事実についても職権介入を要請しうるものであった[20]。また「実務的」文献の叙述一般にいえるように，記載の相違がたんなる技術的要因(一度紹介したのと重複する内容や自明な場合は省略するなど)に基づく可能性も考慮する必要があろう。訴

状中のフレーズがいかなる具体的効果を念頭に記載されているのかは，雛形のみの検討からは多くの場合確実な特定は困難といわざるをえない。

(3) 効用フレーズの位置づけ
 (i) 教皇インノケンティウス 3 世(Innocentius III. 位 1198-1216)の教皇令 X 2.10.2(1198 年)に対してなされた注解は，効用フレーズを「理論的」文献が論ずる際の標準テキスト(sedes materiae)であり，そこには 13 世紀半ばから 15 世紀前半に至るまで以下のような叙述が見られる。すなわち教皇インノケンティウス 4 世(Innocentius IV. 位 1243-1254)の学説によれば，訴状において複数の訴権が導かれるような事実(カウサ)が記されたうえでフレーズが付記された場合は，「被告にとって，より有責度が小さくなる」訴権が請求の法的根拠として選択される，というのである。15 世紀半ば以降の時期に比してフレーズの効果は消極的なものにとどまっており，原告が一の訴権に特定するよう慫慂するニュアンスも読み取れる[21]。

本章が対象とする「実務的」文献にはこのような内容の叙述は管見の限り存在しない。「実務的」文献では効用フレーズ適用の具体例についての叙述が見られ，その際には「被告にとって，より有責度の小さい訴権」といった一律の基準ではなく，事案に即して適切な解決が図られていたとみられる（下記Ⅲ参照）。

 (ii) 他方「実務的」文献の叙述には，いかなる考え方が効用フレーズを支えているのかについての当時の見解が見て取れる。

「実務的」文献には，訴状に訴権の名称表示は必要なく事実(カウサ)の表示で十分というプラケンティヌス(Placentinus, 1192 没)の学説の論拠として，それならば土民(rusticus)でも訴状作成が可能であるという見解が散見される。プラケンティヌスによれば，訴状における訴権開示はカウサが表示されればなされたことになる。たとえば土民や知識のない者(laicus)が「私はあなたから 10 を請求する。なぜなら，私は自分の物をあなたに 10 で売却したから」と述べれば，売却訴権(actio ex vendito)を開示したことになる，というのである[22]。「プラケンティヌスによれば，どんな土民でも訴状を作成し，

有効な訴権を提示することができる。かくして，無効な訴権が提示されることはけっしてありえない」[23]。効用フレーズを用いた例としてG(u)alterus, „Scientiam omnes"(1234年以前，パリ?)では，土民が効用フレーズを用いて同様に訴権を明示しない形で訴状を作成する例が紹介されている。「たとえば，土民が以下のように述べたとする。「私は，ティティウスについて自分に正義が行使されることを請求する。この者は私から私の馬を奪った」……」[24]。

これらの叙述からは，法的知識に乏しい当事者が訴権を不適切に特定する危険を軽減しようとする志向が読み取れる。この方向性は，13世紀前半までの訴権開示の議論の進展に大きな役割を果たしたカノン法学説が重視していたものであった[25]。そこでは，訴訟をより単純・迅速なものにしようとする「カノン的衡平(aequitas canonica)」や「カノンの単純さ(canonum simplicitas)」という概念に基づき，訴権開示や訴状における訴権の名称表示の必要性を否定する見解が広く見られたのである[26]。

以上要するに，効用フレーズによって原告による一の訴権への特定を免ずる根拠として「知識不足による訴訟上の危険(の回避)」というモティーフを想定することができると思われる。一の訴権に特定することが困難な場合に，ありうる複数の訴権を同時に開示することを薦める考えは当時の「実務的」文献にしばしば見られたものであった。当時のローマ法学の通説が，原告による一の訴権の特定・その名称の訴状への表示への志向をもっていたのに対し，「知識不足による危険の回避」を始めとする種々の具体的モティーフ(下記Ⅲ(1)を参照)に基づきカノン法学や実務の側からこの原則を否定する動きがみられた時期ということができよう。効用フレーズは，少なくもその始まりにおいてはローマ法よりカノン法的な思考を反映したものだったといえるかもしれない。

近世の「パンデクテンの現代的慣用」の代表的人物であるザミュエル・シュトリューク(Samuel Stryk, 1640-1710)は，請求の法的根拠特定に当たり職権の強力な介入を認める効用フレーズの正当性について「法廷は法を知る(iura novit curia)」という法格言を持ち出し，裁判官よりも訴権についてよく

知る者はいないという理由づけを行った[27]。効用フレーズの始まりにおいて，すでにこの位置づけは念頭に置かれていたことになる。

「知識不足による危険の回避」が問題になりえたのは当事者だけではなかった。当時の法実務家の資質には問題がありえ，「実務的」文献もそのことも念頭において作成されていたとも考えられる[28]。実務家の手引きたる「実務的」文献においては，複数の訴権が導かれる事例であるか否かという理論的なレベル以前に，訴訟上の危険をとりあえず回避するために冗語的なフレーズ記載も推奨されていた，と解することもできよう[29]。

以上のことを「法生活の学問化」の観点から評価すれば，学識法の普及における法実務家と一般人，そして法実務家のなかでの水準の差異という問題が効用フレーズという形を取って表出したということになろう。

>　法実務家(裁判官・弁護士・公証人)は，地域差はあるが，13世紀前半に大きく学識化が進んだと見られる[30]。「知識不足」のモティーフの意義がそれ以降の時期にどのように変化したかについては，本章ではオープンとしたい。このモティーフと密接な関係にあったプラケンティヌスの訴権開示についての学説(「事実(カウサ)の表示で十分」)には13世紀半ばまでローマ法学では強い批判があった。プラケンティヌス説が通説化するのは13世紀後半以降のことであり，このことは15世紀における効用フレーズの隆盛と結びついていた。詳細には水野，「西洋中世における訴権の訴訟上の意義(2)」(第二編第二章)を参照されたい。

III　効用フレーズ使用の具体相

訴権開示の要否やその形態をめぐり見解が割れていた13世紀半ばまでの「実務的」文献において，効用フレーズにどのような具体的用法が与えられていたのかを二つの視点から取り上げたい。

(1)　「一の事実(カウサ)から複数の訴権が導かれる」場合

「理論的」文献を取り上げた前稿では，「一の事実(カウサ)から複数の訴権が導かれる」場合が，効用フレーズ使用の舞台となっていたことを見た[31]。

複数の「実務的」文献でもこの事例における効用フレーズ使用が取り上げられ，ほとんどにおいて効果が認められている。

(i)「一の事実(カウサ)から複数の訴権が導かれる」典型的事例として当時激しい議論になっていたものとして，所有権(dominium)[32]に基づく物の返還請求が挙げられる[33]。ベルナルドゥス・ドルナは以下のような訴状を推奨している。

「「……私は，それが自分に返還されるべきであると述べる。というのは，私はそれを善意で，おそらく所有権者ではない某から購入したからである。そのために私はプブリキアーナ訴権(actio Publiciana)を提示し，それに関して私は正義を請求する」。あるいは以下のように述べよ，「それに関して，私は自分に正義が行使されることを請求する」」[34]

この雛形で用いられているプブリキアーナ訴権とは，物を真の所有権者ではない者から善意で取得し，いまだ使用取得するに至らない者(つまり，自分も真の所有権者ではない。法的地位としては所有権 dominium ではなく擬所有権 quasi dominium とされる)が当該物を取り戻すための訴権として元来設定されたものである。対して，真の所有権者が所有権に基づいて物の返還を請求する所有物取戻訴権(rei vendicatio. 現在の物権的請求権に当たる)は用いられていない。それは原告にとって自分が真の所有権者であることの証明，具体的にはその一要件である「前主が真の所有権者であったこと」の証明は困難だと考えられていたからである(「悪魔の証明」)。13世紀までの中世学識法学の解釈論はそれを回避するために，この事例の訴状における法的根拠の特定についてさまざまな提案をしていた。プブリキアーナ訴権での訴求はその一であり，所有権の証明なしに物の取戻が可能であるが，(もちろん)自分の所有権についての確認はなされない。

証明の観点からすれば，前主が真の所有権者であったと証明できるならば所有物取戻訴権，証明が難しいならばプブリキアーナ訴権ということになる。当時の実務では，この両者を開示し，手続中にどちらで判決を行うか確定させてゆく形の訴状が広く用いられていた。この訴状は「所有権の証明の困難さ」の問題はクリアできるものの，訴権を一に特定しないので「被告に争う

か認諾するか判断するに十分な情報を提供」していないとして、理論的な批判が強く存在した。しかし当時の「実務的」文献では、理論レベルの疑義にもかかわらず実務上広く用いられているとして、この訴状の雛形が叙述上重視されていた。

上で紹介したプブリキアーナ訴権単独の訴状は、「所有権の証明の困難さ」を回避でき、かつ開示する訴権は一なので「被告に十分な情報を提供」しているといえ、13世紀までの議論において一応推奨されていたものである。しかし上述のように理論・実務のあり方が錯綜している状況[35]においては、法的根拠の特定が適切に行われるよう職権の積極的関与も期待したほうが訴訟戦術上有利だと考えられたとしても不思議ではない。ドルナが効用フレーズを付記したのは、そういう意図に基づくと解される。

請求の法的根拠として所有権(→所有物取戻訴権)と擬所有権(→プブリキアーナ訴権)の双方を提示する訴状で効用フレーズが用いられた例としてこのようなものがある。「私は、当該物は……所有権あるいは擬所有権の法的地位に基づいて自分に帰属していると述べる。……それゆえ、私は法と規範を請求する……」[36]。二つの訴権の両方を開示することに理論的疑義があったゆえに、効用フレーズにより職権の適切な介入を期待したとみられよう。

> ライネリウス・ペルシヌスの Ars notariae(1245頃)の紹介する訴状。「ペトルス[原告]はマルティヌスを被告として訴え、被告に一の家屋を請求する……私[原告]は当該家屋をその所有権者ではない者から購入した。場合によってはすでに収取され、将来収取される、そして現存するすべての果実をも請求する。というのは、私は当該家屋をおそらく所有権者ではないヨハンネスから購入したからである。あるいは[以下のように述べよ]、ペトルスは当該家屋が自分に所有権あるいは擬所有権の法的地位に基づいて帰属していると述べ(この手法は日常的に用いられる)、プブリキアーナ訴権に基づいて[請求する]。これらすべてについてペトルスは、自らに理がなされることを要求する」[37]。この雛形では法的根拠として所有権(＝所有物取戻訴権のカウサ)と擬所有権(＝プブリキアーナ訴権のカウサ)の双方を提示するが、訴権としてはプブリキアーナ訴権のみが表示され、そのうえで効用フレーズが付記される。「一の訴権」に法的根拠を特定すべしという当時のローマ法学の通説の枠内で、所有物取戻訴権とプブリキアーナ訴権両方を開示する訴状と同様の効果をもたらすための苦心が読み取れる。

(ii)　同じ問題について，ヨハンネス・デ・デオの訴訟法書には以下の叙述が見られる。

「同様に原告の弁護人よ，訴状作成に当たっては注意せよ。というのは，あなた[水野注：弁護人を原告と一体化させて述べている]が物を取得した前主が所有権者であったならば，所有物取戻訴権で請求することになる。前主が所有権者でなかったならば，プブリキアーナ訴権で訴えねばならない……それゆえそのような場合には，法律に基づくコンディクティオ(condictio ex lege)あるいはカノンに基づくコンディクティオ(condictio ex canone)，そして裁判官の職権(officium iudicis)により訴えるほうが賢明である。C. 3 qu. 1 c. 3, X 2.13. 18, X 2.26.20 (i.f.)」[38]

　前主が真の所有権者であったか否か(の証明の可否)が判然としない場合，所有物取戻訴権やプブリキアーナ訴権という具体的な名称をもつ訴権よりも，法律に基づくコンディクティオやカノンに基づくコンディクティオで訴えるか，裁判官の職権の発動を求める方が賢い，というのである。これらの手法は元来，法源上訴権が認められていない，つまり訴求することができない法的関係について訴求を可能にするためのものであった(下記(2)でくわしく取り上げる)。ここではその機能がいわば拡張され，一の訴権に法的根拠を特定せずに訴えるための手法として用いられており，上述した効用フレーズと同様の機能を果たしていることになる[39]。

　(iii)　複数の訴権のうちいずれで訴えるべきか判然としない場合には，法的根拠を一に特定せずに訴えるのが訴訟戦術上適切である。この点について上記II(3)では当事者(場合によっては法実務家も)の「法知識の不足による危険の回避」が念頭に置かれていたが，ここでは「所有権の証明の困難さの回避」という具体的な法律問題の特性が前提となっている。効用フレーズはこの戦術を実現する手段として，「所有物取戻訴権とプブリキアーナ訴権両方を開示する訴状」や「法律／カノンに基づくコンディクティオ」，そして直接的な職権行使の請求と同じ役割を果たすものとして用いられていたのである。

　　　ギュイレルムス・ドロゲダは，一般に「一の事実(カウサ)から複数の訴権が導かれ

る場合」について以下のように述べている。「……原告は……自分に関する事実を純粋かつ単純に，そして自分の請求のカウサを提示すべきである。(かつてそうであったように (D. 2.13.1))訴権の名称を表示する必要はない。……また，「訴状に含まれているすべてのことを完全に証明するよう自らに義務づけることを原告は欲しない。しかして，有責判決がなされるに必要な限りで証明はなされるべきである」と付け加えるべきである (D. 43.3.1.4)。D. 43.3.1.4 には「いかなる訴権がより適切か判然としない場合に，我々がそうするのが通常なように。つまり，二つの訴権を提示したうえで，そのうち一方で自分に帰属すべきものを訴求するつもりであることを明示する」とある」[40]。複数の可能性のうちどの訴権にすべきか判然としない場合には，「すべての事実を証明するよう自らを義務づけない」証明フレーズを付記するのが通例であり，それは複数開示した訴権のすべてについて証明する必要がないようにするためであるという。判然としない場合に訴権を一に特定せず複数開示することを正当化するために証明フレーズが用いられていたことになり，効用フレーズと同様の機能を果たしていたといえよう[41]。

(2) 訴権の欠缺の代用

社会のあり方の変化のなかで，法源上訴権が手当てされていない法的地位(たとえば裸の合意 pactum nudum や個別法 iura propria に基づくもの)に訴求力をどうすれば認めることができるかは，古代ローマ法以来の「類型強制」を緩和し近世の「合意は拘束する (pacta sunt servanda)」原則の確立に向けて中世学識法が重大な寄与をした分野であり，非ローマ法の学識法的取り扱いを可能にしたという点で「法生活の学問化」の観点からも興味深いものである[42]。

以下のロフレドゥスの叙述では，教皇裁判所(クーリア・ロマーナ)での訴状の例として，悪質な利息の返還請求の雛形が挙げられている。
「「教皇猊下，あなた様に謹みと敬神の請願により，R.[原告]は以下のことを嘆願する。某は R. から，ある金額(たとえば 10)を悪質な利息として奪った。それゆえ R. は，当該 10 が自らに返還されるようカノンに基づくコンディクティオ (condictio ex canone) により請求する」。教皇猊下の御前に訴えようとする場合には，しかしてそのように訴状は作成される。あるいは以下のように作成される，「それゆえ R. は，当該 10 について正義が行使されることを請求する」」[43]

法源上訴権が手当されていない場合の訴求を担保する手段としてローマ法源は「法律に基づくコンディクティオ」(D. 13.2.1 [44])を持っていたが，ピリウス(Pillius, 1169 以前-1207 以降)以降 13 世紀にはこれにならって「カノン／慣習に基づくコンディクティオ(condictio ex canone/consuetudine)」を認める解釈論が発展した[45]。ロフレドゥスの叙述が，カノンに基づくコンディクティオを開示する雛形と並んで効用フレーズを記載する雛形を紹介しているのは，効用フレーズも同様に訴権欠缺の際に訴求を可能にする手段として用いられていたと解されよう。

　他方ほぼ同じ時期に，訴権の欠缺の際には職権行使を嘆願(imploratio officii iudicis)できるという見解が主張され，訴権の代わりに(loco actionis)作用する職権たる上級職権(officium iudicis nobile)の理論が詳細に論じられるようになっていた[46]。„Summa notariae Aretii" が紹介する悪質な利息についての訴状には，効用フレーズと職権行使の嘆願の双方が用いられている。「アレッツォ司教 M. 猊下，あなた様に私 I.［原告］は P. C.［被告］について訴え，彼にピサ貨デナリウスで 10 リブラを請求する。当該金員は，P. C. が……私から……利息禁止を潜脱する行為[47]または悪質な利息によって奪ったものである。それゆえ私は正義を請求し，猊下の職権を嘆願する。ただし，追加・変更・削除を行う権限は留保する」[48]。

　ここでは効用フレーズと職権行使の嘆願の関係をつまびらかにすることはできないが，職権行使の嘆願が訴権欠缺の際の訴求手段であるのに対し，効用フレーズは基本的には訴権による手続を前提としたものとして位置づけられていたと思われる[49]。しかし以上紹介した例では上記(1)とちょうど逆に，適切な訴権への特定を本来目的とする効用フレーズが，訴権欠缺の事例に拡張的に用いられていたことになろう。フレーズは「合意は拘束する」原則の導出や新たな法的地位の学識法への包摂にも関与していたといえるのかもしれない。

　　　以下のギュイレルムス・デュランティス(Guilelmus Durantis, 1237-1296)の慎重な言い回しも参照。Durantis, „Speculum iudiciale". (Basel 1574, ND Aalen 1975)

Lib. II. Part. I. De actione, seu petitione. § sequitur. (S. 365)「しかして，もし法律に基づくコンディクティオに訴えようというのならば，多様な事例が見出されよう。すなわち皇帝の法律，ローマ法，都市の法律に基づくもの，不文の慣例に基づくもの，カノン法や神法に基づくものである……皇帝の法律やローマ法について私が述べたことは，都市の法律についても同一に理解せよ。しかして私は，不文の慣例に基づくコンディクティオについて述べた。たとえば封やその他の事例について，つまり成文法を用いず慣例に基づいて訴えられるような事例である。……同様に私はカノン法や神法に基づくコンディクティオについて述べた。たとえば役職や利息や類似の事柄に基づく場合である…(X 5.19)。また，被侵奪者はカノン c. redintegranda に基づくコンディクティオで自分の物の返還を請求する。……しかし，利息は単純に［通常の］コンディクティオで請求しうるように思われる。というのは，カノン法・神法・ローマ法によれば，あらゆる利息は債務でないからである……それゆえ，［支払われた］利息は明らかに非債弁済のコンディクティオ (condictio indebiti) で請求できる。……しかし私は，非債弁済のコンディクティオに捉われないよう助言する。下記 De usuris (Lib. IIII, Part. IIII.) に明らかなように請求せよ」[50]。Lib. IIII, Part. IIII De usuris (S. 499) にはこのような訴状が紹介されている。「私は以下のことを P. を被告として提示する。当該 P. は私から元本の量 (100) を超えて，悪質な利息によって 100 を奪った。それゆえ私は当該 100 が私に戻し返還されるように，そしてそうするよう P. に有責判決がなされるよう請求する」[51] 悪質な利息の取戻についての訴え方について議論が存在したことが窺われる。

　以上，効用フレーズ使用の具体例として，「一の事実（カウサ）から複数の訴権が導かれる場合」と「訴権の欠缺」を検討してみた。これらはいずれも，請求の法的根拠として原告が一の訴権を特定するという，ローマ法学説が 13 世紀まで志向していた訴権開示の原則に従うことが困難な事例であった。その際における効用フレーズの使用は，当時の法適用を考えるうえで重要な種々のモティーフを反映したものであり，「カノン／慣習に基づくコンディクティオ」ともども職権の強化・ローマ的類型強制の消滅という近代に向けての法的思考の大変動の一こまだったのである。

　本章が取り上げたのは，中世の学識法的訴訟手続が発生・浸透しつつある時期における，原告による職権発動の要請の一断面であった。この時期の効用フレーズは，一面において「知識不足による危険の回避」を強く念頭に置

いたものであり，学識法の質の低下・あるいは普及のための簡易化と位置づけることができる。「法生活の学問化」が進めばこのモティーフの意義は相対的に低下したかもしれない。しかしフレーズは別の側面，つまり精緻な解釈論を前提にした訴訟戦術上のテクニカルな配慮，そして法源上訴権が手当てされていない法的地位の救済のためのものでもあった。これらは「法生活の学問化」に比例してその重要性を増したと理解されよう。

† 本章の作成に当たっては「法のクレオール」プロジェクトの他，アレクサンダー・フォン・フンボルト財団(ドイツ)研究奨学金，並びに文部科学省科学研究費・若手研究(B)「法的関係の動態的把握と訴権概念──近代法の再定位のために」(研究代表者・水野浩二)による援助を受けた。記して御礼申し上げる。在独研究中の，スザンネ・レプシウス教授(ミュンヘン大学)による助言や便宜にも感謝する。

1) 本書の田口正樹，「中世後期ドイツの学識法曹と政治・外交活動」を参照。Franz Wieacker, Privatrechtsgeschichte der Neuzeit, unter besonderer Berücksichtigung der deutschen Entwicklung. 2. Aufl. Göttingen 1967, S. 137, 182-189. 邦語文献として，さしあたり勝田有恒他『概説西洋法制史』(ミネルヴァ書房，2004年)，第12章がある。

2) 本研究は訴訟法書・公証手引書という文献類型自体についての研究ではないので，ここでは近年の概論的な研究のみを掲げる。訴訟法書については Knut Wolfgang Nörr, Die Literatur zum gemeinen Zivilprozess. (in: Handbuch der Quellen und Literatur der neueren europäischen Privatrechtsgeschichte, Bd.1. München 1973, S. 383-397); Linda Fowler-Magerl, Ordo iudiciorum vel ordo iudiciarius. Begriff und Literaturgattung (Ius commune Sonderheft 19). Frankfurt am Main 1984; Ead., Ordines iudiciarii and Libelli de ordine iudiciorum (from the middle of the twelfth to the end of the fifteenth century). Typologie des sources du moyen âge occidental, fasc. 63, Turnhout 1994. 公証手引書については，Guido Van Dievoet, Les coutumiers, les styles, les formulaires et les „artes notariae". Typologie des sources du moyen âge occidental, fasc. 48, Turnhout 1986; Handbuch zur Geschichte des Notariats der europäischen Traditionen. hr. v. M.Schmoeckel/W. Schubert, Baden-Baden 2009. 以下では本章の内容にとって特に必要がない限り，個々の史料についての先行研究は掲げない。

3) 訴訟法書や公証手引書については，これまでその成立・分類・おおまかな構成という外在的要素を超えて，具体的叙述のレベルからその特徴を論ずることはほとんど行われていない。法実務に必要な内容が参照しやすいように叙述され，多くの書式を紹

5. 訴訟法書・公証手引書における「職権と当事者」　107

介していることをもって「実務的である」という性格づけがなされている程度である（水野浩二,「西洋中世における訴権の訴訟上の意義――『訴権を軸とする文献』についての一考察(1)」(法学協会雑誌122巻5号, 2005年, 38頁以下)）。訴訟法書や公証手引書の性格の具体的解明は, 中世後期における「法生活の学問化」について重要な知見をもたらすはずであるが, 本章ではそのような試みはむろんできない。

4) 本書, 長谷川晃,「法のクレオールと法的観念の翻訳」, 第II節を参照。
5) 筆者はこれまで「訴訟上の請求の法的根拠の特定」を「訴えの対象の特定」という概念で論じてきた（たとえば水野, 前掲論文）が, ややあいまいなため, 以下では「訴訟上の請求の法的根拠の特定」という概念を用いることにしたい。
6) 水野浩二,「西洋中世における訴権の訴訟上の意義(1―5・完)」(法学協会雑誌122巻5, 8, 10, 11, 12号, 2005年)；同,「中世学識法における職権と当事者(2・完)」(北大法学論集60巻6号, 2010年, 73-77頁)でくわしく論じた。
7) 当時の訴訟法書や公証手引書では効用フレーズと同様に訴状に付記することが慫慂されたものとして,「訴状の記載の変更・修正に関する法的地位を留保する」フレーズ（修正フレーズ）,「原告が当該事件に関連するものとして記載したすべての事実を証明するよう自らを義務づけない」フレーズ（証明フレーズ）についての叙述も散見される。これらは場合によっては効用フレーズと同様の役割を果たしていた可能性がある。下記III(1)参照。
8) 水野浩二,「中世学識法における職権と当事者(1-2・完)」(北大法学論集60巻5号, 1-27頁, 6号, 59-90頁, 2010年)。
9) 訴訟法書はその外形上の特徴に即していくつかの文献類型に分けて整理するのが普通である（Moritz August von Bethmann-Hollweg, Der Civilprozess des gemeinen Rechts in Geschichtlichen Entwicklung. Bd. VI.1. Bonn, 1874; Nörr, Literatur zum gemeinen Zivilprozess. ただし本章で扱う時期については, Fowler-Magerl, Ordo iudiciorum, S. 7-8.を参照）。しかし本章では, 各フレーズについての叙述内容をみる限り文献類型ごとの相違が見られないことに鑑み, 特に区別せず一括して扱う。

公証手引書を訴訟法書と同列に扱うことについては問題がありうる。公証実務は訴訟法書とは研究上別の一領域を形成しており, 近年多数の学会や論文集の刊行が見られる（Handbuch zur Geschichte des Notariats, passim）。13世紀前半の公証術の発展期の公証手引書においては, 公証術は訴訟の予防のためとして訴訟に関する内容を排除する姿勢と, いかなる書面も訴訟の可能性を完全には排除できないとして訴訟を重視する立場が混在していた（Gianfranco Orlandelli, Appunti sulla scuola bolognese di notariato nel secolo XIII per una edizione della Ars notariae di Salatiele. (in: Studi e memorie per la storia dell'Università di Bologna. N.S. vol. 2 (1961) S. 3-54)）。しかし, 本研究で取り上げられる各フレーズに関する叙述には両者の間に差異が見られないことに鑑み, 両者を「実務的」文献というやや大雑把な枠

組みで一括して取り上げることにした。
10) 検討するテキストの選定には，訴訟法書については Fowler-Magerl, Ordo iudiciorum. に全面的に依拠している。テキストについての説明も同書並びにそこで紹介される二次文献を参照されたい。抗弁や証明手続を主たる対象にしている著作は除外した。

　　公証手引書については，Gino Masi, Formularium Florentinum artis notariae (1220-1242). Milano, 1943, S. XLI-XLVII; Van Dievoet, Les coutumiers, S. 10, 83-84; Handbuch zur Geschichte des Notariats, passim. が "Ars notariae" として挙げるテキストを検討する方針を採った。

11) Georg Wilhelm Wetzell, System des ordentlichen Civilprocesses. 3. Aufl. Leipzig 1878, S. 521, n. 45.

12) Gustavus Haenel, Incerti auctoris ordo iudiciorum. Leipzig 1838. S. 56. この著作は „Quoniam ea quae" (Ulpianus de edendo)という別の著作に „Accessio ex Codice Harleiano" として付加された形で，London BM Harley 2355 に伝わっている (Fowler-Magerl, Ordo iudiciorum, S. 156)。成立地・年代については Peter Landau, Die Anfänge der Prozessrechtswissenschaft in der Kanonistik des 12. Jahrhunderts. (in: Orazio Condorelli et al. (hrsg.), Der Einfluss der Kanonistik auf die europäische Rechtskultur. Bd.1 Zivil- und Zivilprozessrecht. Köln 2009), S. 14-15 に従った。

13) Haenel, Incerti auctoris, S. 56. „........Archidiaconus quidam noster contemptor legis et iuris publici dominum meum, pro quo necessitatem standi suscepi, a quadam dignitate........mediantibus sordidis pecuniarum expulit et portionem capellae domini regis, ...mediantibus pecuniis sibi usurpavit illicite contra ordinem iudiciarium et citra omnem causae disceptationem et eam possidet tanquam malae fidei possessor et praedo simonialis. Hanc praedictam portionem capellae possedit dominus meus sub apostolica confirmatione et sub pia domini papae munificentia........Expetit ergo dominus meus, pro quo verba facio, ut ei super his exhibeatis iustitiam"

14) „Tractaturi de iudiciis" (ca. 1165, Paris)の成り立ちは著作の各部分ごとに異なっている。フォウラー・マゲル(Fowler-Magerl, Ordo iudiciorum, S. 58-60)は，効用フレーズが言及されている書式集の部分は 1164 年以前にボローニャで成立したとするが，ここではグーロンやランダウの見解に基づき，1166 年以降に成立したアングロ・ノルマン学派の著作として取り扱うこととしたい。参照，André Gouron, Une école de canonistes anglais à Paris: maître Walter et ses disciples (vers 1170), (in: Id., Pionniers du droit occidental au Moyen Age. Aldershot 2006 (初出：Journal des Savants, janvier-juin 2000 (2000), S. 47-72)); Peter Landau, Walter von Coutan-

5. 訴訟法書・公証手引書における「職権と当事者」　109

ces und die Anfänge der anglo-normannischen Rechtswissenschaft, (in: Panta rei. Studi dedicati a Manlio Bellomo, Tomo III. Roma 2004, S. 183-204.)

15) Landau, Die Anfänge der Prozessrechtswissenschaft, passim.

16) Knut Wolfgang Nörr, Arbeitsmethodische Fragen einer Forschung zum mittelalterlichen Zivilprozess, (in: Proceedings of the 2nd international congress of medieval canon law (1965)), S. 350.

　効用フレーズが実務慣行から生まれたのか，学識法解釈論の所産かもオープンにせざるをえない。Bencivene de Siena, „Invocato Christi nomine"(kurz nach 1198, シエナ，トスカーナ)には，一般的慣習に基づいてほとんどすべての裁判官の下で，効用フレーズの使用が見られる旨の記載がある。9 An actor sit cogendus eligere actionem. (S. 9) *„Verum ex consuetudine generali istud hodie fere inter omnes iudices observatur, quod non compellunt actorem ad eligendum et admittunt plures actiones propositas insimul, dum tamen non contrarias, de eodem facto et negotio, et cum hac adiectione quidam, scilicet: propono omne ius mihi competens vel ita: et si quid deest"*.

17) Tancredus, „Assiduis postulationibus", P. 2, T. 9 De libello recuperandae possessionis seu restitutionis.(S. 165)「……『私ティティウスはセイウスを訴える。この者は私から侵奪を行った――あるいは「当該物の占有(あるいは準占有)から暴力によって私を排除した」――それゆえ，それらの物の占有(あるいは準占有)，並びにそこから収取された果実・[将来]収取されうる果実が私に返還されることを私は請求する』――あるいは以下のように[記載せよ]，『それゆえ，占有と……果実について，正義を法律上の罰とともに私は請求する』」……*„conqueror ego Titius de Seio, qui me spoliavit"――vel „de possessione" vel „quasi possessione talium rerum vi deiecit;――unde possessionem ipsarum rerum"――vel „quasi"――„cum fructibus inde perceptis, et qui percipi potuerunt, mihi restitui peto."――vel sic: „unde tam de possessione, quam de fructibus,……iustitiam peto cum poena legali."* ここでは，請求を具体的に示す雛形とそれを効用フレーズに代えた雛形の双方が紹介されていることになる。

18) Rainerius Perusinus, „Liber formularius". LXVIII. De libellis.(S. 45)「私ペトルスはマルティヌスに，消費貸借のカウサに基づいて私から引渡されたボローニャ貨で……リブラと，3年前からのその増加分を法律上の罰とともに，請求する。これらについて私は理を要求する」*„Peto ego Petrus a Martino l.bon. ex causa mutui a me habitos et accessiones eorum a tribus annis cum pena legali; de quibus expostulo rationem"*

19) Rainerius Perusinus, „Ars notariae", CXXII. Si per vim rem mobilem mihi abstulisti, agam contra te sic.(S. 93)「PはMに対し訴え，Mが自分から暴力によ

り奪った当該物，並びに(奪われた物も算入して)四倍額を，暴力で奪われた財産訴権により請求する。これらすべてについて，Pに理がなされることを請求する」 „*Agit P. contra M. petens ab eo talem rem, quam sibi abstulit violenter, cum quadruplo, re ablata in eo computata, actione vi bonorum raptorum, de quibus etc.* [＝*de quibus omnibus sibi postulat fieri rationem.*]"

20) Wetzell, System, S. 519; Falk Bomsdorf, Prozeßmaximen und Rechtswirklichkeit. Verhandlungs- und Untersuchungsmaxime im deutschen Zivilprozeß. Vom gemeinen Recht bis zur ZPO. Berlin 1971, S. 42-47.

21) この点については，水野，前掲論文「中世学識法における職権と当事者」でくわしく論じた。インノケンティウス4世以前にこの見解が既に存在した可能性は排除されない。

22) Bassianus, „Quicumque vult". (S. 5-6) „*Quaeritur, an in libello sit edenda actio etiam nomine actionis expresso?.....Dominus vero Placentinus in libello actionem edendam dicebat, et hoc ipso actionem proponi, quod causa fuisset expressa, ut ecce dicit rusticus aliquis vel laicus: Peto a te X, quia rem meam vendidi tibi pro X. Ecce iam proposuit iste actionem ex vendito: dicit enim, ipsam, ut ita dixerim, rationem debendi esse actionem.....*"

23) Roffredus, „Si considerarem ingenium". De actione edenda. Rubrica. (S. 11) „*.....secumdum eum* [＝Placentinus] *quilibet rusticus facere sciret libellum et competentem actionem proponere: et sic nunquam incompetens actio proponi posset.....*"

24) III. De libelli oblatione. (S. 7) „*.......Verbi gratia, si rusticus ita dicat: Peto mihi iustitiam exhiberi de Titio, qui equum meum mihi abstulit....*" 続く部分では，この訴状からは窃盗訴権(actio furti)・窃盗コンディクティオ(condictio furtiva)・暴力で奪われた財産訴権(actio vi bonorum raptorum)という複数の訴権が導かれうること，それゆえこの訴状は被告や裁判官に十分な情報を与えるものではなく不適切であるとされている。効用フレーズについて結論として否定的な姿勢が示される数少ない例である。

25) Pier Silverio Leicht, Il nome dell'azione nei decretisti e nei decretalisti, (in: ZRG KA 27 (1938) S. 81-93); Filippo Liotta, Il "nomen actionis" nei civilisti e nei canonisti del secolo XII. Quaderni di Studi senesi (1975); Javier Ochoa, Actio e contestatio litis nel processo canonico, (in: Apollinaris 52, 1979, S. 102-133.)

26) 訴状においてではなく手続中に訴権を特定させればよいという見解，誰でも知っているべき訴権(所有物取戻訴権 rei vendicatio，賃貸借・雇用・請負における貸主訴権 actio locati，寄託訴権 actio depositi など)は提示すべきだが判断が困難な訴権はその必要がないとする見解は，その一例と考えることができよう。Leicht, Il nome

dell'azione, S. 87ff.; Ochoa, Actio e contestatio litis, S. 119-123. Guilelmus de Longo Campo, „Iuris scientia res"(1185頃)には以下の叙述が見られる(S. 209)。「実際, カノンの単純さは訴権開示を求めはしないのであり, 裁判官の職権を嘆願すれば十分である」 „Canonum enim simplicitas editionem actionis non desiderat, sed sufficit judicis officium implorare."

   カノン的衡平について一般的には, Charles Lefebvre, Les pouvoirs du juge en droit canonique. Paris 1938, S. 179-188. を参照。
27) 水野, 前掲論文「中世学識法における職権と当事者(1)」, 6, 12頁。
28) 一般には, James Arthur Brundage, The medieval origins of the legal profession. Canonists, civilians, and courts. Chicago 2008, S. 287, 355, 400. 訴状作成についてのロフレドゥスの叙述: Roffredus, „Si considerarem ingenium". Qualiter libellus sit concipiendus super qualibet actione (S. 15) „......Videamus igitur qualiter libelli formantur in singulis actionibus notatis in arbore domini Jo....... Videamus etiam qualiter actiones competant alicui vt sciat super actione competenti postea formare libellum. Et ideo inseramus rubricas per quas quilibet etiam tabellio et etiam simplex legista sciet vtrum sibi competat actio: et sciet etiam formare libellum......"
29) 当時の公証術のテクニックとして, 契約書面において(場合によってはあらゆる)法的対抗策を放棄する旨のいわゆる放棄文言が付記されたり, 本体の契約と同一内容を(二重に)約定する旨の問答契約(stipulatio)文言を付記してリスクを回避することが行われていたのも, 同じラインで理解できよう。Emilio Bussi, La formazione dei dogmi di diritto privato nel diritto comune (diritti reali e diritti di obbligazione). Padova 1937, S. 247-251; Gian Paolo Massetto, Osservazioni in materia di contratti nella Summa totius artis notariae. (in: Giorgio Tamba (hrsg.), Rolandino e l'ars notaria da Bologna all'Europa. Atti del convegno internazionale di studi storici sulla figura e l'opera di Rolandino. Bologna 9-10 ottobre 2000. Milano 2002. S. 249-327.); Jean Hilaire, La scienza die notai. La lunga storia del notariato in Francia. Milano 2003, S. 30, 39. 放棄文言については本書の齋藤哲志,「フランス古法時代の一法格言に関する覚書——取消・原状回復をめぐって」の詳細な検討も参照。
30) Brundage, The medieval origins of the legal profession, Ch. 7.
31) 水野, 前掲論文「中世学識法における職権と当事者」参照。
32) 以下叙述の分かり易さのために, dominium の訳として「所有権」, dominus の訳として「所有権者」を充てる。この時期における近代的権利(としての所有権)概念の成立いかんについてはオープンとしたい。水野, 前掲論文「西洋中世における訴権の訴訟上の意義(3)」, 11頁以下参照。
33) 以下の内容について詳しくは, 水野, 前掲論文「西洋中世における訴権の訴訟上の

意義」，第三編を参照されたい。

34) Bernardus Dorna, „Quoniam nefanda", 19. De Publiciana. (S. 20) „....*quam dico mihi restituendam, quia emi eam bona fide a tali forte non domino, ad quod actionem Publicianam propono et super hoc iustitiam peto. Vel sic: et super hoc peto, mihi iustitiam exhiberi*"

35) ププリキアーナ訴権単独の訴状についても，13世紀後半のオルレアン学派によって理論的疑義が呈されることになる。水野，前掲論文「西洋中世における訴権の訴訟上の意義(4)」，第三編第七章参照。

36) „Summa notariae Aretii", CXLVII. (S. 322) „......*quem.....dico ad me pertinere iure dominii vel quasi, ...unde ius et consitutum petit.....*"

37) Rainerius Perusinus, „Ars notariae", LXX. Invenio penes te rem, quam emeram vel alia iusta causa ab aliquo acceperam, qui non erat dominus; modo faciam contra te libell(um) sic.(S. 80) „*Agens Petrus contra Martinum petit ab eo domum unam......quam emit a tali non domino eius vel cum omnibus fructibus perceptis et percipiendis et extantibus, quia illam a Johanne forte non domino emit vel quam dicit ad se pertinere iure dominii vel quasi, et hoc frequentat tota die, actione Publiciana, de quibus omnibus sibi postulat fieri rationem*"

38) Johannes de Deo, „Ad honorem summe". Lib. III. Cap.XXVI. De obseruandis ab Aduocato Actoris in datione libelli. (S. 45) „*Item caue Aduocate Actoris in componendo libellum, quia si fuit dominus a quo habuisti rem, quare petis rei uendicatione, si autem non fuisset Dominus debet agi publiciana.....ergo in talibus est tutius agere condictione ex lege, uel canone, et officio iudicis. 3.q.1. Redintegranda* [C.3 qu.1 c.3], *extra de restit. spol. c.saepe.* [X 2.13.18] *extra de praescrip. c.ult. in fin* [X 2.26.20 (i.f.)]......"

39) 注38のヨハンネス・デ・デオの史料中で引用されているX 2.13.18の標準注釈 (Lyon 1541, fol. 138va.)。„*Casus. In iure ciuili cauetur quod beneficium restitutionis contra spoliatorem tantum datur.....vnde oportet ipsum intentare contra possessorem iudicium proprietatis, sed propter difficultatem probationum....spoliatus amittit proprietatem: ...... ¶Non subuenitur:......sed subuenitur iudicis officio contra quemlibet possessorem.....et condictione ex canone redintegranda. iii. quaestio i.* [C.3 qu.1] *semper subuenitur, siue dolo, siue vi, siue metu, siue alio modo rem perdidisset: licet actio de dolo detur tantum contra dolum facientem. actio vero quod me.cau. contra quemlibet possessorem quod met.cau. ....similiter actio quod vi aut clam.......*"

40) Guilelmus Drogheda, „Cum in singulis diebus", CLXIX. De arte libellorum. (S. 197-198) „......*proponat actor....et factum suum pure et simpliciter et causam suae*

petitionis. Non autem oportet, quod exprimat nomen actionis, ut olim oportuit, ut ff.de edendo, l.1. [D. 2.13.1] ....*Adiciatur etiam, quod non vult obligare se praecise ad probandum omnia, quae in libello continentur, sed quatenus fiat probatio, eatenus fiat condemnatio, ut ff. quod legatorum, l.1, § hoc interdictum* [D. 43.3.1.4] *ibi: quemadmodum solemus facere, quotiens incertum est, quae potius actio teneat. Nam duas proponimus protestari, ex altera nos velle consequi, quod nos contingit.....*"

41) この点については, 水野, 前掲論文「中世学識法における職権と当事者(2・完)」, 三章2ですでに示唆を行ったところである。
42) この問題についてはさしあたり, Kees Bezemer, Legal remedies for non-roman law in medieval doctrine. The condictio ex consuetudine and similar actions. (in: TRG 60 (1992) S. 63-80); Hermann Dilcher, Der Typenzwang im mittelalterlichen Vertragsrecht, (in: ZRG RA 77 (1960) S. 270-303); Norbert Horn, Aequitas in den Lehren des Baldus. Köln 1968, S. 134-149; Peter Landau, Pacta sunt servanda, Zu den kanonistischen Grundlagen der Privatautonomie. (in: Ins Wasser geworfen und Ozeane durchquert. FS für Knut Wolfgang Nörr. Köln 2003. S. 457-474); Charles Lefebvre, L'officium iudicis d'après les canonistes du Moyen Age. (in: L'Année Canonique 3 (1953) S. 115-124); Klaus-Peter Nanz, Die Entstehung des allgemeinen Vertragsbegriffs im 16. bis 18. Jahrhundert. München 1985; Paul Ourliac, L'office du juge dans le droit canonique classique. (in: Mélanges offerts à Pierre Hébraud. Toulouse 1981. S. 627-644); Jules Roussier, Le fondement de l'obligation contractuelle dans le droit classique de l'Eglise. Paris 1933; Eltjo J.H. Schrage, Le droit savant avant Accurse. (in: Recueils de la Société Jean Bodin pour l'histoire comparative des Institutions 64 (1997) S. 7-31.) 水野浩二,「西洋中世における法的関係の認識と訴権——学識的封建法を手がかりに(1)」(北大法学論集58巻6号, 2008年), 6-8頁の整理も参照。
43) Roffredus, „Si considerarem ingenium", Qualiter libellus sit concipiendus super qualibet actione. (S. 15) „*Supplicat sanctitati vestre pater prece humili et deuota. R. quod talis extorsit ab eo certam summam pone x. per vsurariam prauitatem vnde petit illa x. sibi restitui condictione ex canone. Sed ita concipitur libellus. si velles coram domino papa agere. Uel ita concipitur. vnde de illis x. petit iusticiam exiberi.*" ほぼ同旨が Wilhelmus de Drokeda, Cum in singulis diebus, CLXXI. に見られる。
44) „*Si obligatio lege nova introducta sit nec cautum eadem lege, quo genere actionis experiamur, ex lege agendum est*"
45) Roussier, fondement de l'obligation, S. 137-148; Bezemer, Legal remedies, pas-

sim.

46) Horn, Aequitas des Baldus, S. 134-149; Lefebvre, officium iudicis, passim; Wiesław Litewski, Der römisch- kanonische Zivilprozeß nach den älteren ordines iudiciarii. 1999 Kraków. S. 189; Ourliac, office du juge, passim; Schrage, droit savant, passim; Roussier, fondement de l'obligation, S. 106-136.

47) 利息禁止を潜脱するための種々の手法とそれへの対応については，たとえば T. P. Mclaughlin, The teaching the canonists on usury (XII, XIII and XIV centuries). (in: Mediaevae Studies 1 (1939) S. 81-147, 2 (1940) S. 1-22.) を参照。

48) CLII. Libellus autem in causa usuraria sic fit. (S. 325) „*Vobis domino M. episcopo Aretino conqueror ego I. de P. C. petens ab eo X. lib. den. pis., quos ipse......a me.... in fraudem usurariam, seu per usurariam pravitatem, extorsit. Unde iustitiam peto, et officium vestrum imploro, addendi mutandi minuendique mihi licentia reservata*"

49) 注 46 の文献を参照。

50) „*Si autem velis recurrere ad condictionem ex lege,........ inuenies causam multiplicem, scilicet ex lege imperiali et civili et municipali, et ex moribus non scriptis, et ex iure canonico et divino. ......Quod autem dixi de lege imperiali, uel ciuili, idem intellige de municipali. De condictione uero ex moribus non scriptis, dixi, puta circa feudum, et alias causas, quibus iure scripto non utimur, sed ex moribus agitur......Item de condictione ex iure canonico et iure diuino, dixi propter munera et usuras, et similia ....ex. de usur. per totum: et spoliatus repetit sua per condictionem ex canone, redintegranda........Sed uidetur, quod usurae possint peti per condictionem simpliciter. nam omnis usura indebita est iure canonico et diuino et ciuili.......Ergo patet, quod per condictionem indebiti repeti possit, ...Non tamen consulo, quod te arctes ad condictionem indebiti: sed pete, ut patet infra in tract. lib. in tit. de usuris.*"

51) „*.....propono contra P. quod ipse a me centum extorsit per usurariam prauitatem ultra sortis quantitatem, quae fuit centum: quare peto illa centum mihi reddi, et restitui, et ad hoc eum sententialiter condemnari*"

5. 訴訟法書・公証手引書における「職権と当事者」　115

検討した訴訟法書・公証手引書(アミ表示)一覧

Incipit は Fowler-Magerl, Ordo iudiciorum (注 2 参照) に記載ある場合はそれに従い (複数表示されている場合は最初のもの)、記載がない場合 (ごく一部の訴訟法書とすべての公証手引書) については慣例に従って表示した。フレーズ欄の一はいずれのフレーズも見られないこと、A は効用フレーズ、B は修正フレーズ、C は証明フレーズが見られることを示す。

Incipit(Fowler-Magerl による)	成立地域	成立年代	著者	フレーズ	検討したテキスト
Karissimo amico	Bologna	1123-1141	Bulgarus	—	Wahrmund IV. 1
De act. varietate et e. vita	Provence?	1132?		—	Fitting (1876)
De act. varietate et e. longitudine		kurz nach De a. va. vita		—	Fitting (1876)
Quoniam eorum desideriis	Saint-Gilles	ca. 1135		—	Fitting (1876)
Quoniam ea que	Durham?	1153-57		—	Haenel (1838)
Nunc primo nobis adversarius	Durham?	1153-57		A	Haenel (1838)
Tam veteris quam novi	Hildesheim o. 周辺	ca. 1161	仏聖職者	—	Wahrmund I. 4
De actionum varietate earumque	(et vita の修正)	nach 1160		—	Fitting (1876)
Inter cetera studiorum	Rogerius 学派	1160-71		—	Oxford Cor. Ch. Col. 154
Cum essem Mantue	Mantua	nach ca. 1160	Placentinus	—	Wahrmund IV. 3
Tractaturi de iudiciis	Paris	ca. 1165	Walter von Coutances	A	Gross (1870)
Si quis de re quacumque	Provence?	1165-80	Hugo Raimundi?	—	Moguntia (1530)
Hactenus magister Gratianus	Koeln	ca. 1167/70	Renerus	—	Fowler-Magerl
Propositum presentis operis	Bologna	1167-1181	Bassianus	—	BIMAE II
In principio	Reims	ca. 1171	Gerard Pucelle?	A	Kunstmann (1854)
Iudicandi formam in utroque	Anglo-nor. Schule?	1170 年代半ば		—	Fowler-Magerl
Quoniam omnium legislatorum	Bologna	ca. 1180	Bassianus	—	BIMAE II
Olim edebatur actio	Lincoln	ca. 1180	Rodoicus Modicipassus	—	BIMAE II
Iudicium est trinus personarum	Canterbury?	ca. 1181		—	Fowler-Magerl
Quia iudiciorum	Anglo-nor. Schule	ca. 1182-1185		—	Schulte (1872)
Quicumque vult	Bologna	kurz vor 1185	Bassianus	A	Wahrmund IV. 2
Cum essem Mutine	Modena	ca. 1184-98	Pillius	—	Nicolini (1936)
Iuris scientia res quidem	Nordfrankreich	ca. 1185	Guilelmus de Longo Campo	—	Caillemer (1883)
Videndum est quis sit ordo	Frankreich	nach 1185	Petrus Blesensis?	—	Fowler-Magerl
Editio sine scriptis	Lincoln or Paris	kurz vor 1190	Ricardus Anglicus	A	Wahrmund II. 3
Quotienscumque de natura		ca. 1190?	Bassianus		Brinz (1854)
Quia utilissimum fore vidi	Bologna	1190 年代?	Bassianus 学派		Vat. Chigi E VII 211
Invocato Christi nomine	Siena, Toskana	kurz nach 1198	Bencivene von Siena	A, B	Wahrmund V. 1
Iudicium est trinus actus	England	nach 1198			Oxford BL SeldenSupra 87
Notum fieri volumus		12 世紀?	Sichelmus/Anselmus?	—	Fitting (1891)
Cum inter cetera vivendi		12 世紀後半	Anselmus de Orto	—	BIMAE II
(frag) etiam testimonia remov.	Klos. Altzelle	12 世紀末		—	Fowler-Magerl
ABC iudices	Oxford	12 世紀末		—	Logan (1967)
Formularium tabellionum		ca. 1205			BIMAE I
Sapientiam affectant omnes	Paris	nach 1206?	Petrus Peverel		Vat. Chigi E VII 218
Si quis vult	Bologna	1210-15		B	Wahrmund IV. 4
Quoniam nefanda	Bologna	1213	Bernardus Dorna	A	Wahrmund I. 1
Quoniam, ut ait Seneca		1213-17	Pontius de Ilerda		Rossi (1951)
Liber formularius	Bologna	ca. 1214	Rainerius Perusinus	A	BIMAE II
Assiduis postulationibus	Bologna	vor 1215	Tancredus	A, B	Bergmann (1842)
Hec arbor duos	Bologna?	1220-22	Guizardinus	—	BIMAE III
Formularium Florentinum	Florenz	1220-42			Masi (1943)
Quoniam causarum decisio	Paris	ca. 1221		B	Wahrmund (1901)
Sedulis adhortationibus	Arezzo?	1225-50?	Gratia/Pet. Aretinus?	—	Bergmann (1842)
Quia utilissimum previdi fore	Bologna/Spanien?	nach 1228?	Petrus Hispanus×		Napoli (1976)
Antequam	Speyer	nach ca. 1230?		B	Riedner (1915)
Inter cuncta que ad	Fano	ca. 1232	Martinus Fano	A	Wahrmund I. 8
Ad summariam notitiam	Spanien	vor 1234	Petrus Hispanus		Perez Martin (1982)
Scientiam omnes	Paris?	vor 1234	G(u)alterus	A	Wahrmund II. 1
Si quis adversus aliquem	England	nach 1234		B	Camb. Gonv. Cai. 54/31
Laudabile advocatorum officium		vor 1235	Balduini	—	Sarti (1990)

(次頁へつづく)

(前頁からのつづき)

Incipit(Fowler-Magerl による)	成立地域	成立年代	著者	フレーズ	検討したテキスト
Si considerarem ingenium	Arezzo, Neapel など	1235	Roffredus	A, B	Corpus glossatorum VI. 1
Ars notarie	Nurcia	ca. 1235	Bencivenni da Norcia	A	Bronzino (1965)
Cum in singulis diebus	Oxford	1239-45	Guilelmus Drogheda	A, B, C	Wahrmund II. 2
Summa notariae Aretii	Arezzo	1240-43		A, B	BIMAE III
Ars notarie (I)		1243	Salatiele	—	Orlandelli (1961)
Principio nostro (Liber iudicum)	Lisbon	1244	Johannes de Deo	—	BSB Clm 13043
Cum advocationis officium		1244-45	Bonaguida Aretinus	A	Wunderlich (1841)
Ars notariae	Bologna	ca. 1245	Rainerius Perusinus	A, B	Wahrmund III. 2
Super causarum ordinatione		nach 1245	Guido Suzaria	—	Tractatus IV (1549)
Summula de libellis		1245-53/54	Salatiele	—	Arrigo (1970)
Ad honorem summe	Ubertus 修正	1246	Johannes de Deo	B	Venetiis (1567)
Ut nos minores	Paris	1240 年代末		A, C	Wahrmund I. 2
Quoniam frequenter	Bologna	13 世紀半ば	Magister Aegidius	—	Wahrmund I. 6
Summa de actionibus Patavina	Azo に依拠			—	BIMAE III
Curialis	NO. Frankr (Paris)	1251-70	Odo	A, B	Wahrmund I. 3
Ars notarie (II)		1250 年代	Salatiele	—	Orlandelli (1961)
Quoniam plerique	Arezzo, Modena, Genua	vor 1264	Martinus Fano	—	Wahrmund I. 7
In nomine domini nostri	Bologna	1265-66	Aegidius Fuscarariis	—	Wahrmund III. 1

6. 中世後期ドイツの学識法曹と政治・外交活動

田口正樹

I 20世紀後半におけるローマ法継受研究の展開

西洋中世・近世, 特にドイツにおけるローマ法継受の研究は, 異なる法の接触現象の研究として, 比較的長い研究史を有する[1]。ドイツの継受研究ではかつて, 12世紀における早期継受と15世紀末から始まる本格的継受とが区別されて, 前者が理論的性格のものにとどまったのに対して, 後者は実務面にも影響を及ぼしたという特徴づけがなされていた。それに対して, 20世紀後半の継受研究の大きな成果は, 教会組織を通じた教会法の影響を視野に入れるようになったことであり, その結果, 教会法およびそれと結びついたローマ法が「学識法」として継受されたのである, という認識が一般化した[2]。それに伴って, 早期継受と本格的継受のかつてのような意味での区別も相対化され, 中世後期から実務レベルでも継受が見られたことに注意が払われるようになった。

ローマ法継受研究の手法として広く行われてきたのは, ドイツで成立した法史料に, ローマ法の概念や規則が受容されているかどうかを検証するというものであった。しかし20世紀後半の継受研究は, この面でも広がりを見せた。その際, 大きな影響を及ぼしたのは, フランツ・ヴィーアッカーの「法生活の学問化 Verwissenschaftlichung」というコンセプトである[3]。ヴィーアッカーによれば, それは公的生活全体が知的に合理化されることとして理解される。これにより, 継受研究は, 法的概念・原則・用語の受容のみをたどるのではなく, 立法活動, 裁判実務, 法の担い手, 法教育, さらには広く公共生活全般が学識法学の影響を被ったことを視野におさめること

なった。

　そこで本章では，おおよそ13世紀後半から15世紀末までの時期について，学識法継受の担い手であった学識法曹に注目して，彼らの存在と活動がもっていた意味を考えたい。このことは，法のクレオールにおける主体性の問題を，歴史的具体的に検討するということでもあるが[4]，それを通じて，中世後期ドイツにおける学識法継受という現象を，学識法の概念・原則・用語の受容の有無というクリテリウムで測定するのではなく，法のクレオールというアプローチに向かって開いていく形で，理解するように努めたい。そしてその際に，学識法曹の活動分野として，通常イメージされるような裁判とそこでの法適用に直接関わる分野ではなく，むしろ政治や外交の局面に注目する。中世後期ドイツの学識法曹と中世大学の関係を扱う近年の諸研究が明らかにしてきた学識法曹の姿は，政治・外交の分野が裁判に劣らず学識法曹の重要な活動分野となっていたことを示しているからである。

II　大学と学識法曹

　学識法は大学という場で研究され教えられる法であり，学識法知識の修得は大学を離れては考えられない。近年のドイツ学界等の諸研究を参照しつつ，大学との関係で，中世後期ドイツの学識法曹の状態と特徴をまとめると以下のような像が浮かび上がってくる[5]。

(1)　ドイツ外の大学でのドイツ人学生の勉学

　ドイツに生まれた者が大学を訪れようとするとき，ドイツにも大学が設立され始める14世紀半ばより前には，ドイツの外の大学へ赴くしかなかった。実際，かなりの数のドイツ出身者がイタリアやフランスの大学に足を運んだことが知られている。このうち，イタリアのボローニャ大学については，ドイツ同郷団 natio 関係史料とボローニャ市の公証人史料などから，くわしいデータが得られている[6]。それによれば，1265年から1425年までにボローニャ大学を訪れて法学を学んだ約3600人のドイツ出身者は，①出身地はド

イツ西部が比較的多く，②出身階層は貴族や上層市民などがかなりの割合を占め，③ほとんどがなんらかの形で聖職者身分に属しており，④その結果すでに聖職禄を保有していることも珍しくなく，⑤最終的に学位を得た者は少数で，学位の種類はローマ法よりも教会法がずっと多い，という状況にあった。15世紀中頃から後半には，市民出身者の割合の増大，聖職者比率の減少，ローマ法学位取得者の増加，といった傾向が現れたように見えるが[7]，それでも他学部と比べて学生の出身階層が高いことや，教会との結びつきといった点で，本質的な変化が生じたわけではなかった。このような所見は，法学部で学ぶのはすでに「何者かである」ような学生が多かったこと，しかも教会組織のなかにその居場所を持っていたこと，したがって学位という大学での学習実績を保証するタイトルを取得することは不可欠とは考えられていなかったこと，を示している。こうした特徴は，我々が普通抱く学識者のイメージとはかならずしも一致しないところがあるといえよう。さらにもう一つ近年の研究が示す興味深い所見として，15世紀には，この間ドイツに新しく設立された諸大学の存在を前提に，ドイツの諸大学で勉学の一部ないし全部(！)をすませたうえで，イタリアの大学で学位を取得するというパターンが見受けられるという点も付け加えておこう。イタリアでの勉学と学位取得は，ドイツで大学学習機会が得られるようになっても，ドイツ人学生によって尊重され続けたのである。

(2) ドイツにおける大学の設立と法学教育体制

　アルプス以北の神聖ローマ帝国における大学設立は1348年のプラハ大学創立が最初であったが，大学という営みがドイツで軌道にのるのは，1378年の教会大分裂以後のことである。この事件を契機に，パリ大学にいたドイツ出身教師と学生がドイツへ戻ったこと，および(ローマの)教皇が大学設立特権状をより気前よく与えざるをえなくなったことが，1380年代から1420年代までの多くの大学設立(ハイデルベルク，ケルン，エアフルト，ライプツィヒ，ロストック，ルーヴァン)とその定着を後押しした。

　しかし，ドイツにおいて大学という営みは，スムースに機能したわけでは

なかった。とりわけ，当時大学のモデルとして，ボローニャとパリという二つの型が存在し，ドイツの大学はその間で，ドイツの環境に合った大学のかたちを見つけていく必要があった。ボローニャ・モデルは，法学学生を中心とする型であり，法学学生から大学全体の代表(学頭rector)が選ばれる。一方パリ・モデルは，自由学芸の教師を中心とする型であり，学頭は彼らのなかから選ばれる。しかし前述のように出身階層が高く，すでに教会組織のなかである程度のポストを得ているような法学学生にとって，自由学芸の学頭に服することは耐え難いものであったようである。このような緊張関係は，初期のプラハ大学において，ボローニャ型の大学とパリ型の大学が併存していたことに端的に表れているが[8]，その他の大学でもしばしば表面化した。ケルン大学では，学籍登録の際の誓約文言が，今後いかなる地位に達したとしても大学の諸特権，規約，慣習を尊重するという一節を含んでいたのに対して，法学部が異議を唱えたことが知られており，また少し時代が下るがバーゼル大学でも創設時からボローニャ・モデルの採用が検討され，設立後も法律家たちがボローニャ・モデルへの改組を求めた[9]。

　これらの法学側からの抵抗は結局貫徹しなかったが，一方パリ・モデルがそのまま実現したわけでもなかった。ハイデルベルクなど多くの大学で，パリからの帰還者たちが大学設立に重要な役割を果たしたにもかかわらず，それらの大学の学頭は，パリのように自由学芸の教師からのみ選ばれるのではなく，他の3学部からも(大学と時期によっては輪番で)選ばれることとなった[10]。そのような意味で，ドイツの諸大学は，4学部型の体制をとることとなったのである。これはボローニャやパリのように特定の学部が大学の中で制度上の優位を占めるのではなく，4学部がいわば連邦制的に一つの大学に統合される体制であった。ボローニャやパリで重要な役割を果たした同郷団natioの制度が，(プラハやライプツィヒを例外として)多くの大学で受容されなかった点も含めて，大学というシステムは新しい環境に移植された際に変容を被り，結果としてドイツの諸大学は独自の特徴を示したのであった。法のクレオールの担い手となった学識法曹を養成する場であった大学自体が，ドイツにおいては混合と変成の産物であったわけである。

さらに，法学に注目してドイツの諸大学を見れば，学生全体のなかで多数を占めるのは自由学芸の学生たちであり，この点でボローニャ型大学との差は大きい。しかし，学生の出身階層の点で，平均して見ると法学学生が自由学芸学生より高い身分に属していた点は，イタリアの大学におけるドイツ人学生の場合と共通する。また教師の陣容を見ると，当初いくつかの大学で，(おそらく法学部の自立要求を弱める意図をもって)教会法学とローマ法学を別の学部にする構成が試みられたにもかかわらず，設立当初から本格的なローマ法教育を提供したのはケルン大学のみであって，法学教育の重点は教会法にあった。ローマ法教育は15世紀の経過中に徐々に拡充されていったにすぎない。ドイツの諸大学は，1450年代以後の設立の第2波(フライブルク，グライフスヴァルト，バーゼル，インゴルシュタット，トリーア，マインツ，テュービンゲンといった大学が誕生した)を経て，15世紀末には多くの学生を集めるようになり[11]，法学を学ぶ学生も対応して増加したと考えられるが(多い年にはドイツ全体で約300〜500の新規登録があったようである)，彼らがイタリアにおける学位取得をなお重視していたことは前述のとおりである。ドイツの学識法曹は，ドイツの外とのつながりをも，保ち続けたのであった。

(3) 大学後のキャリア

このようなドイツ内外の大学での法学学習の後，学生たちは，さまざまな分野に入っていった。彼らの多くが聖職者身分に属し，しばしばすでに在学中から聖職禄を得ていたことを考えれば，多くの者が教会セクターでその後のキャリアを積んでいることは不思議ではない。その際，ドイツ各地の教会裁判所で，司教代理裁判官 officialis や弁護士として活動する例は多数見られ，また裁判所や当事者のために鑑定を作成し，助言を行うケースも知られる。しかし，教会分野で職に就いた者もすべてがこうした裁判関係の活動をしていたわけではなく，司教座聖堂参事会やその他の参事会教会にポストを得ただけの者も数多い。さらに，国王，世俗領邦君主，都市に仕えることとなった学識法曹は，15世紀中頃より前には領内で裁判に直接たずさわることは基本的になかった。これらの場合には，大学で法学を学んだ者たちの活

動分野と「存在意義」は裁判とは別のところにあったと考えられるのである。そこで以下では，そのようなフィールドとして，広い意味での政治と外交に注目し[12]，何人かの具体的事例を紹介しながら，そこでの学識法曹のプラクシスを見ることにしたい。

III 政治・外交分野における学識法曹

(1) 教皇庁との交渉

広い意味での政治と外交における学識法曹の役割に注目するとき，そのなかで大きな比重を占めていたのは，教皇庁との交渉であった。とりわけ，13・14 世紀にこの分野がもっていた意義は圧倒的であったが，15 世紀にも学識法曹の活動領域として重要なものであり続けた[13]。

教皇庁との交渉がドイツの学識法曹の活動分野となったことは，二つの基本的前提状況を背景としている。

第一は，とりわけ中世中期以後のカトリック教会が法的に組織されており，しかも教皇を頂点とした階層組織として構成されていたことである。そのなかで起きる紛争や問題については，学識法的手続にしたがって解決が試みられた。たとえば，教会ポストと聖職禄をめぐる紛争において，当事者が目的を達するには学識法手続の知識が不可欠である。しかも教皇を頂点とした階層構造のなかで，紛争は上訴によって教皇のもとへもたらされる。教皇は，自ら決定を下すこともできたし，（実際には頻繁に行われたように）現地の聖職者を委任裁判官に任命して紛争の解決を図ることもできた。また教皇は，特別任命を通じて司教職などの教会ポストを任命し，あるいはポストへの期待権を付与し，また教会法のルールを特別に適用除外する特免を付与することもできた。このような教皇による処分は文書の形で示されるが，そうした各種の文書を獲得することはドイツの諸勢力にとって重要な意味を持った。

しかし第二の前提状況は，ドイツから見ると中世後期の教皇庁が，地理的のみならず人的にも遠い存在であったことである。中世後期にドイツ出身で教皇位にのぼった聖職者は存在しない。1309 年から 1377 年のいわゆるア

ヴィニヨン教皇時代には、教皇庁の役職に就いたドイツ出身者はごく少数にすぎなかった。1378年の教会大分裂以後、ローマの教皇庁の役職や教皇庁有力者のもとには、かなりの数のドイツ人が現れるようになり、大分裂終結後の教皇庁にも引き続きドイツ出身者が見られるが、しかし彼らが教皇庁で真に重要な高位の職に就くことはほとんどなかった[14]。枢機卿にまでなったニコラウス・クザーヌスは例外にすぎない。ドイツ出身者は教皇庁の中枢に入り込むことができなかったのである。

　こうした前提状況を背景に、ドイツの諸勢力は使節を教皇庁へ派遣して、さまざまな教皇文書を獲得しようとしたのであった。しかしそこでの交渉は、かなりあいまいな「教皇庁の流儀 stilus curie」に沿いつつ、不透明な決定過程をくぐり抜けねばならないような、しばしば長期間にわたる困難な作業であった[15]。交渉に当たる使節には、さまざまな専門的知識と人脈が必要であったが、イタリアやフランスの大学で学識法を学んだ学識法曹は、そのような任務にもっとも適した人材であった。彼らは、ドイツの諸勢力と教皇庁の媒介者として、不可欠の存在となったのである。

　そのような人物の早い時期の例として、13世紀半ばから後半にかけて活動したハインリヒ・フォン・キルヒベルク Heinrich von Kirchberg を挙げることができる[16]。ハインリヒは1225／30年頃、テューリンゲン地方のイェーナ近郊にあった城塞キルヒベルクの防備にあたっていた家人家系に生まれたようである。彼は早くから聖職者の道へ進んだらしく、パリ大学で自由学芸を学び、課程を最後まで終えてマギステル (magister) の学位を得た。この段階で彼が教会法などの知識をどの程度得ていたかはよくわからない。

　その後の彼の活動としてまず知られるのは、1253-54年に教皇庁に滞在したことである。彼はこのとき、当時中東ドイツの有力諸侯であったマイセン辺境伯ハインリヒ (Heinrich der Erlauchte) の委託を受けて、4通の教皇文書を獲得している。①辺境伯夫妻に、今後10年間教皇の特別の命令によらなければ破門されないという特権を認める、②辺境伯の書記をつとめていた、司祭ヨハネス・フォン・ルッカウ (Johannes von Luckau) に、現有の聖職禄以外にさらに別の聖職禄を獲得することを認める、③やはり辺境伯に仕えていた

司祭アルノルトにも同様の権利を認める，④辺境伯ハインリヒの息子ディートリヒが親戚であるヘレーネ（ブランデンブルク辺境伯の娘）と結婚することを教皇が特免する，というのがそれらの内容である。このうち①と④は，辺境伯の領邦政策に密接に関係する。①は領邦政策上対立する司教などによる破門宣告を防止するものであったし，④は隣接する有力諸侯であったブランデンブルク辺境伯家との婚姻政策を可能とするものであった。また②と③も，辺境伯の宮廷に仕える聖職者に対して，聖職禄から報酬を得ることを保障するもので，辺境伯の統治組織の維持に資する認可であった。またハインリヒはこのとき，マイセン辺境伯のためだけでなく，マクデブルク大司教ルードルフのためにも働いており，大司教位就任の印として与えられるパリウムを，教皇から受領している。このように複数の有力者から委託を受けて教皇庁で活動するのは，珍しくないことであった。さらにハインリヒは，おそらくこうした活動への報酬として，自らも利益を得た。すなわち彼は，教皇庁の副助祭 subdiaconus のタイトルを与えられた他，教皇の特別任命により，やはり中東ドイツに位置するナウムブルクの司教座聖堂参事会員に任じられたのである。

　ところが，この特別任命は現地で受け入れられなかった。1256-57年に，ナウムブルク司教座聖堂参事会員職をめぐって，ハインリヒと聖堂参事会の間で訴訟が戦われることとなったのである。聖堂参事会側は特別任命を不服として教皇庁に上訴したが，その際の文書は数多くの教会法源・ローマ法源を引きつつ主張を展開しており，学識法によく通じた者が参事会側にいたことは明らかである[17]。これに対して教皇は，当時頻繁に用いられた手法に従って，パウリンツェッラ修道院の院長，ハレの聖モーリッツ教会の主席司祭 prepositus，ハルバーシュタット司教座聖堂の学校長 scolasticus，という3名の現地聖職者を委任裁判官に任命し，彼らに判決を委ねた。ハインリヒの方は，裁判の開催地パウリンツェッラが自らに不利であること，また裁判官の一人とされた学校長が裁判開催の際に不在であったこと，など手続的な異議を申し立てて対抗したが，結果は彼の敗訴であった。

　この結果との直接の関係は明らかでないが，ハインリヒはこの後1257年

から1275年にかけての時期に，北イタリアのボローニャおよびパドウアで法学を学ぶ。先のパリにおける勉学は自由学芸が中心であったと思われるから，おそらくここで初めて本格的に学識法学の学習に取り組んだのであろう。そうした勉学を経てハインリヒは，教会法博士 doctor decreorum の学位を取得したのであった。この間，ハインリヒはつねにイタリアにとどまっていたわけではなかったようで，1269-70年に北イタリアの皇帝派から派遣されてマイセン辺境伯のもとを訪れた使節たちの接遇に当たったことが知られる。これは，辺境伯ハインリヒの孫フリードリヒが母方からシュタウフェン家の血を引いていたことから，同家の直系が絶えた後彼が王位を継ぐ可能性があったため，使節が送られてきたものであった。ハインリヒとマイセン辺境伯との関係が継続していたこととともに，彼のイタリアでの経験が求められたことがわかる。しかしハインリヒと辺境伯との関係は，おそらくこの直後に，断絶するに至ったようである。

学位取得の前後，1275年頃にハインリヒは，プロイセンのザムラント司教区に新設された司教座聖堂参事会の主席司祭の地位を得た。司教座聖堂参事会の設立には多くの教会法上の問題を解決していく必要があり，そのためにハインリヒの法知識が求められたものと思われる。

それとは別にハインリヒは，1275年から5年契約で，テューリンゲン地方の有力都市エアフルト市の法律顧問 syndicus に就任した。エアフルト市は，都市領主であるマインツ大司教との間で紛争を抱えており，教会法の訴訟手続に通じた学識法曹を雇うことは切実な要請であった。ハインリヒは実際に，大司教とエアフルト市の間の訴訟を担当し，教皇庁への上訴を遂行している。

このようなハインリヒの経歴と活動は，同時代の韻文作品 Occultus Erfordensis において揶揄されることとなったのではあるが[18]，諸侯への奉仕，ドイツ外の勢力との外交，教皇庁での交渉，教会組織の設立への関与，都市との法律顧問契約，教会裁判所における訴訟活動など，13・14世紀にイタリアやフランスなどの大学で，特に法学を学んでドイツへ戻った者について，広く見られる活動分野を示している。

さらに15世紀には、ドイツ騎士修道会やリューベック市など教皇庁から遠い北ドイツの勢力が、一般的権限を帯びた代理人procuratorとして学識法曹を教皇庁に常駐させるようになる[19]。上述のハインリヒ・フォン・キルヒベルクの例も示すように、教皇庁の処分は、ドイツの世俗諸侯にとって、家門の利害と密接に関わるものであった。またドイツのさまざまなレベルの教会のポストをめぐる紛争が上訴制度によって最終的には教皇庁まで持ち込まれることから、たとえば市内の教会ポストを自らの息のかかった聖職者で占めたい都市参事会にとって、教皇庁における決定は死活問題となりうる。こうした状況で投入された学識法曹は、もちろん彼らが持つ、婚姻、聖職禄、特免等々に関する教会法上の知識を活用することになる。しかし彼らが所期の成果を上げるためには、それ以外に、教皇庁の複雑な文書作成・発行手続に関する知識や、教皇庁の人的関係へのアクセス能力なども必要となったはずである。さらには、およそイタリアや南フランスについての一般的知識やロマンス系言語の能力も前提となったであろう。イタリアの大学に滞在することは、狭義の法学知識のみでなく、人的関係や基礎的前提知識をももたらすものとして機能していたのではないかと思われる[20]。また、特に1378年の教会大分裂以後、教皇庁で増加した、高度な学識法の知識を備えたドイツ出身聖職者[21]との連携や協力のためにも、大学を通じて得られた人的関係は大いに助けになったものと考えられる。

ドイツ国内のさまざまな問題について教皇庁から文書を得るという局面だけでなく、教皇庁との政治的対立も、学識法曹が用いられる状況の一つであった。そこで学識法曹が必要とされたのは、教皇庁との政治的対立が、しばしば学識法的形式をもって戦われたからである。たとえば、1320年代から1340年代にかけての国王・皇帝ルートヴィヒ4世とアヴィニョンの教皇たちとの対立は、北イタリア支配をめぐる皇帝権と教皇権の衝突を実質的背景としていたが、教皇側はルートヴィヒを訴追・召喚したうえで、出頭しない被告ルートヴィヒに対して破門等の処分を下し、一方ルートヴィヒ側も教皇の訴追と処分に対して一般公会議に上訴するという手段で対抗した[22]。また対立を解決するための交渉も、破門を科された皇帝を破門から解放する

赦免 absolutio の手続として，教会法の枠内で行われた(教皇庁はそれゆえまず被破門者の完全なる屈服と悔い改めを要求した)[23]。したがって交渉には学識法曹の関与が必要であり，実際ルートヴィヒ4世は彼の宮廷のもともとそれほど多くない学識法曹を主にこの和解交渉に投入したのであった。ボローニャ大学の教会法学者ヨハネス・アンドレアエ Johannes Andreae のもとで法学を学んだマルクヴァルト・フォン・ランデック Marquard von Randeck はそうした学識法曹の一人であり，1337年4月に教皇庁で教皇と枢機卿たちを前に荘重な演説をしたことが知られている。演説は聖書だけでなく教会法源，とりわけグラティアヌス教令集第2部末尾の第33事例第3設問(いわゆる贖罪論 Tractatus de penitencia の部分)から多くの法源を引きつつ，教皇に皇帝ルートヴィヒの赦免を要求している[24]。

以上のように，学識法曹は教皇庁とドイツの諸勢力との間の媒介者として，狭い意味での裁判にとどまらず，さまざまな交渉に活躍した。法のクレオール現象の主体となる学識法曹は，教皇庁との関係という「外部」的要因に促されて，ドイツにおいて次第にその数と重要性を増していったのである。しかし，彼らの存在は，ドイツの状況をも変えていく。政治的対立や交渉が学識法的形式をとって展開されるという現象は，15世紀になるとドイツ国内でも現れてくるのである。

(2) ドイツにおける政治の法学化

15世紀におけるドイツ政治の法学化は，1378年の教会大分裂を契機とするさまざまな教会改革の試み，およびそれと連動したいわゆる帝国改造の試みによって促進されたが，とりわけドイツで開催された二つの大教会会議(1414-18年のコンスタンツ公会議，1431年以後のバーゼル公会議)は，カトリック世界全体から高位聖職者と学識者が集まる場となり，ドイツにおける政治の性格変化にも大きな影響を与えた[25]。そうした経路を通じて，教会分野で見られた法的思考と行動様式が，ドイツにおける政治にも浸潤していくのである。

ドイツにおける政治の学識法化の初期の例として，1400年にライン地方

の 4 選挙侯が国王ヴェンツェルを廃位して，彼らのなかからライン宮中伯ループレヒトを新国王に選んだ事件を挙げうる。廃位を宣言する証書には，選挙侯や貴族に混じって 3 人の法学博士(教会法の博士 2 人，ローマ法の博士 1 人)が証人として名を連ねている[26]。廃位は 4 人の選挙侯による判決として宣言されたが，新国王ループレヒトに仕える学識法曹ヨブ・フェーナー Job Vener は，1356 年の金印勅書を根拠として引きつつ，金印勅書の定める選挙侯が教会法の団体理論に沿った一つの団体として捉えられうること，彼らが国王選挙権だけでなく国王廃位権をも有すること，国王選挙と同様廃位判決においても(正式に召集された)選挙侯の単純多数決で足りることを論じて，廃位の正当化を図った[27]。元来選挙侯のための特権状としての性格を色濃く持っていた金印勅書が，ここでは教会法理論を背景に，それ自体としては政治的な選挙侯の行動を根拠づける選挙法規範として持ち出されている。ヨブの解釈が金印勅書の正しい解釈かどうかは問題にする余地があるが，こうした形式での正当化が試みられたこと自体，政治の法学化を示すものといってよい。ヨブは 1410 年の次の国王ジギスムントの選挙に関しても，対立陣営の主張に対抗して，やはり金印勅書を根拠として用いそれを詳細に解説しつつ，出席選挙侯の多数による選出であっても十分であるとして，選挙の正当性を主張した[28]。こうした経過は，学識法曹に担われた法学的議論が，ドイツで政治的対立が繰り広げられる際の一つの形式となりつつあるという状況を示すものであった。そして，その際，金印勅書という，大学で学ばれたローマ法源や教会法源とは別の文書が，学識法の法源と等価の立論上の位置を認められていく。そうした新しい材料を取り込みつつ，選挙と国制の法学的把握がなされていくのである。

　ここで登場したヨブ・フェーナー Job Vener は，2 世代にわたって学識法曹を輩出したフェーナー一族の出身である。フェーナー一族は，シュタウフェン家とも関係の深かった西南ドイツの国王都市シュヴェビッシュ・グミュントの上層市民家系であったが，中世後期にはコンスタンツやシュトラースブルクなど他の都市にも拠点を持って活躍した[29]。この一族のなかでも，もっとも広く活躍したのがヨブである[30]。

彼は1370年頃，ラインボルト(大)の子として生まれた[31]。彼もまた父や弟と同様に聖職者の道を歩み，1378年には早くもローマの教皇ウルバヌス7世からシュパイアー司教区の聖職禄を授けられている。ヨブは1383年より後に，パリ大学で自由学芸を学び学士baccalariusとなっている。1387年にはハイデルベルク大学に学生登録しているが，1393年にはボローニャ大学のドイツ同郷団に加入したことが知られており，おそらく1390年からボローニャで法学を学んでいたものと思われる。同じ時期に，後にシュパイアー司教および国王ループレヒトの書記局長となったラバン・フォン・ヘルムシュテット Raban von Helmstett もボローニャで法学を学んでおり，このときの関係がヨブと国王ループレヒトとを結びつけることになったと推測される。ヨブは，1394年，1396年の二度にわたってドイツ同郷団の代表となり，1395年にローマ法のlicentiatus(実質的に博士と同等の学識を示す学位)，1397年に教会法のlicentiatus，1402年にはローマ法・教会法の博士(両法博士)のタイトルを獲得した。

大学の外での活動として，前述のようにすでに1400年に，父ラインボルト(大)とともに金印勅書を解釈してループレヒトの王位を正当化する作業に携わったものと推測されているが，ループレヒトが国王に即位した後に，その上席書記・顧問となった[32]。おそらく上述のラバンの推挙で国王書記局に入ることになったものと思われる。ループレヒトの書記局でヨブが作成した国王文書は多くないが，それでも内容として複雑で政治的に重要な文書が主であった。ローマ遠征問題およびピサ公会議問題に関係した，教皇・外国君主・ドイツ諸侯への使節の信任状や書簡がその中心をなしていた。さらにその他，1403年には，当時のローマの教皇庁の腐敗を糾弾した，神学者マテウス・フォン・クラカウ Matthäus von Krakau の論文を，教会法源からの論拠提示で補足しており，同様に1409年には，ピサ公会議に対して国王の立場を主張した，神学者コンラート・フォン・ゾースト Konrad von Soest の論文を，教会法源から引用した論拠で補っている[33]。ヨブが行ったこれらの論拠づけの例が示すように，教会大分裂とその収拾の試みという状況のなかでは，神学的知識だけでなく法学的な専門知識もまた求められたの

であった[34]。

　ヨブはピサ公会議自体には出席しなかったが，国王ループレヒトのために，その他のさまざまな外交的使命を果たした[35]。1401年に国王使節の一人としてシュトラースブルク市へ，1401-02年にはやはり国王使節の一人としてサヴォイ伯およびアラゴン王の元へ赴いた。サヴォイではループレヒトの王位の承認とローマ遠征への助力を求め，アラゴンでは両家の縁組とローマ遠征への助力のために交渉した。1402年にはフランス王の宮廷を訪れ，縁組・同盟・教会統一問題などを交渉した。使節としての活動は，1403年にオーストリア公の元へ赴きイタリア問題を協議，1404年にサヴォイ伯の元へ赴きイタリア問題と縁組を交渉，1405年にオーストリア公を訪れ縁組交渉，1405年にユーリッヒ・ゲルデルン公の元へ赴きループレヒトの王権への服従を要求，1406年には再びオーストリア公を訪れ縁組交渉，1407年には再度ユーリッヒ・ゲルデルン公を訪れ同盟交渉，と続き，やや間をおいて1410年には国王使節としてニュルンベルク，シュパイアーへ赴き，教会統一問題に関して諸都市との交渉に当たっている。このようにヨブはほとんど毎年のように使節として各地に派遣されており，それを考えれば，書記局で彼が作成した文書の数がそう多くないのも不思議ではない。そして，以上の列挙から明らかなように，彼の派遣先はドイツ外の宮廷に限られなかった。ドイツ内での交渉にも学識法曹が加わる時代が始まりつつあったのである。

　ヨブについては，教会裁判権の分野での裁判官としての活動や[36]，1410年に国王ループレヒトが死去した後，その子ライン宮中伯ルートヴィヒやシュパイアー司教ラバンの顧問としてコンスタンツ公会議やバーゼル公会議に参加し，バーゼル公会議ではトリーア大司教位をめぐる紛争でラバンを代理して勝訴に導くなど[37]，教会分野での活動も多く知られるが，それとからみあうようにして上述のようなドイツ国内政治上の活動をも展開したのであって，教会大分裂問題や15世紀の二つの大公会議を通じてドイツ国内政治の法学化が進むという関連が彼の活動に体現されていたということができる。ヨブが世を去ったのは1447年のことである[38]。

　我々がヨブの多方面にわたる活動を見るとき，たとえば彼が仕えた国王

ループレヒトの宮廷やそこから送り出される外交使節が，彼のような学識法曹によって独占されていたわけではないことには注意しなければならない。国王宮廷には下級貴族出身の顧問が数多くおり，国王証書の証人欄の記載順といった形式的ランクではむしろ彼らの方がヨブのような学識法曹顧問よりも上位にあった[39]。そうした非学識顧問もまた外交使節として送り出されたのであり，ヨブは彼らを含んだ使節団の一員として行動したのである。そして派遣先の宮廷での活動に際しては，貴族出身の非学識者の方が人脈や宮廷での振る舞い方への習熟によって，ヨブのような学識者よりも重要な役割を果たすことも十分ありえた[40]。しかしそのような留保を考慮したうえで，ヨブの活動はやはりドイツ国内政治における学識法の意義の増大を示すものと評価することができるであろう。14世紀の教皇庁と皇帝との対立のように，今やドイツ国内政治も学識法的な思考と行動様式を用いつつ展開されるようになってきたのである。そしてこの傾向は，15世紀の経過中にさらに強まることになる。

15世紀中頃には，国王宮廷，諸侯宮廷，帝国集会において，しばしば法的形式ですすめられる政治的折衝になかば専門的に従事するような，学識法曹の一団が形成されてくる。たとえば，ドイツ騎士修道会とその支配下のプロイセン諸身分が結んだプロイセン同盟が当事者となって，1453年に皇帝フリードリヒ3世の宮廷を舞台に行われた仲裁手続において，騎士修道会側は，グレーゴル・ハイムブルク Gregor Heimburg およびペーター・クノル Peter Knorr を助言者として確保した。一方プロイセン同盟側は，マルティン・マイル Martin Mair を代理人とした[41]。彼らはいずれも当時よく知られた学識法曹であり[42]，皇帝宮廷で処理された別の紛争であるブランデンブルク＝アンスバッハ辺境伯とニュルンベルク市の争いに際して，クノルは辺境伯の，ハイムブルクはニュルンベルク市の代理人をつとめている。このときの手続のなかで，騎士修道会側は，関連する皇帝証書，教皇証書の他，1354年のカール4世の教会保護立法，1356年の金印勅書第15章などを根拠に，同盟は解散されるべきであると主張し，結局仲裁判決は，教会法源と並んで，「皇帝法」として，1220年のフリードリヒ2世の教会保護法とカール

4世の前述の2法源を挙げつつ，騎士修道会側勝訴の結論を出した。彼ら学識法曹は，特定の君主に常勤の顧問として仕えたり，特定の都市と一定期間顧問契約を結んだりした一方，非常勤顧問として複数の君主と関係を持ったり，アド・ホックに助言を求められたりすることも多かった。ハイムブルクやラウレンティウス・ブルメナウ Laurentius Blumenau[43]のように，常勤顧問として仕える相手を転々と変えていく者も見られた。

また，1459年から1463年まで，ディーター・フォン・イーゼンブルク Dieter von Isenburg とアードルフ・フォン・ナッサウ Adolf von Nassau の間でマインツ大司教位をめぐって戦われたいわゆるマインツ大司教座フェーデ Mainzer Stiftsfehde では，両陣営は学識者による鑑定を求め，また学識法曹を代理人などとして用いて争った[44]。学識者による鑑定で大きな争点になったのは，いったん大司教に選出されたディーターを教皇ピウス2世が廃位した際に，彼を召喚してその主張を聴取することなく廃位したことの是非という，すぐれて手続的な問題であった[45]。政治的な紛争が召喚などの手続の問題として争われるのは，政治的対立の法学化の典型的な現れ方であるが，それがここでも見られるわけである。こうした司教座をめぐる紛争は当時他にも発生していたが，それらも同様に学識法曹の知識と技術を動員して争われたのである[46]。15世紀が進むにつれて，ドイツの諸勢力にとって，政治と外交の分野における学識法曹の意義はますます高まっていったのであった[47]。

この時期の学識法曹を代表する人物として，グレーゴル・ハイムブルクの経歴と活動をややくわしく見ておこう[48]。グレーゴルは1400年頃，フランケン地方の国王都市シュヴァインフルトで上層市民の家系に生まれた。彼は1413年にヴィーン大学で学生登録しているが，中世ドイツの学識法曹としては珍しく生涯を通じて世俗身分にとどまった。1421-28年に，おそらくパドゥアで法学を学んで，ローマ法の博士となり，さらに1430年，パドゥアで教会法博士となった。

グレーゴルも，ドイツの学識法曹の伝統的活動分野というべき教皇庁や公会議との交渉にやはり登場する。1432年には，マインツ大司教の使節とし

てバーゼル公会議に参加したが，このときにはマインツ大司教だけでなく，他の諸侯や皇帝のためにもさまざまな活動を展開した。ザクセン公や皇帝の利害を代弁し，あるいは先述のトリーア大司教位問題で聖堂参事会とシュパイアー司教ラバンを代理している。1441年には，教皇とバーゼル公会議の対立が激化するなか，公会議支持の諸侯によりフィレンツェへ派遣されて教皇との交渉に当たった。1446年にも，諸侯の使節としてローマへ赴き，教皇に公会議の承認，ケルン・トリーア両大司教の復位などを求めた。1459年には北イタリアのマントヴァで開かれた諸侯会議に出席し，ザクセン公・オーストリア公・ティロール伯などの立場を代弁した。

　しかしグレーゴルについては，それだけでなく，ドイツ国内で開かれたさまざまな集会への参加とそこでの行動もしばしば見られる。1430年にニュルンベルクの帝国集会に出席したのが最初であるが，1437年にはエーガーの帝国集会に出席し，そこでザクセン公の訴訟代理人となった。翌1438年にはフランクフルトの集会で，ドイツ諸侯が教皇と公会議に対して中立を宣言するが，このとき宣言を読み上げたのはグレーゴルであり，おそらく彼自身が宣言を起草したものと考えられている。1446年のフランクフルト集会では，グレーゴルが前述のローマでの交渉について諸侯に報告し，その後，集会に来ていた教皇使節の働きによって，ドイツ諸侯は中立を放棄して教皇支持へ移ることになった。1454年にも，ハープスブルク家のハンガリー王ラディスラウスの全権として，レーゲンスブルクの帝国集会に参加している。

　すでに述べたところからもうかがわれるように，これらの機会を通じてグレーゴルは，複数の諸侯や都市に，ときには同時に仕えた。早く1430-32年に，マインツ大司教の総代理 Generalvikar になっているが，1435年にはニュルンベルク市との間で5年間の法律顧問契約を結ぶ。この期間中ニュルンベルクは，自らの必要からだけでなく，他の諸侯・都市からの要請に応じる形でも，グレーゴルから多くの助言を求めた。1439年にニュルンベルクとの契約は満了し，このときは更新されなかったが，グレーゴルは1442年には同じフランケン地方のヴュルツブルク司教の顧問として活動している。その後1444年に，ニュルンベルク市と再度5年間の法律顧問契約を結んだ

が，この間もトリーア大司教など他の諸侯のためにも働いている。1450年には，ニュルンベルク市との契約を更に5年延長する[49]。グレーゴルは1451年，前述のようにニュルンベルク市とブランデンブルク＝アンスバッハ辺境伯アルブレヒト・アヒレスの争いで市を代理し，訴訟のためにヴィーナー・ノイシュタットの国王宮廷へ赴いた。ニュルンベルクとの契約はその後も，1455年(期間3年)，1458年(期間3年)と更新される。

しかしグレーゴルは，同時に，1454年以後ハンガリー王ラディスラウスに仕え，その間1456年にバイエルンで街道強盗に捕えられて，釈放後に再びラディスラウスに仕えてハンガリーへ赴いている。1457年にはラディスラウスの死後，同じハープスブルク家のオーストリア公アルブレヒトに仕えた。またグレーゴルは，ブリクセン司教となっていたニコラウス・クザーヌスとティロール伯ジギスムントの争いで，伯の助言者として活動し，教皇や公会議への上訴を行ったが，1460年には，このブリクセン司教座問題で教皇により破門されている。この破門はグレーゴルを，同じく教皇と対立していたベーメン(ボヘミア)王ゲオルク・ポディーブラッドに接近させることとなり，1460年以後グレーゴルは同王に奉仕することとなった。それでも1461年にはなおマインツ大司教の助言者となっているが，1466年にはベーメン王の元へ居を移し，ベーメン王の公会議への上訴などを起草した。1471年にゲオルクが死去すると，グレーゴルはザクセン公のベーメン王位相続請求を支持してザクセン公の元へ移る。そして1472年，ザクセン公に近いマイセン司教によって破門を解除された後，同年波乱の多い生涯を閉じた。

以上のように，グレーゴルの経歴と活動は，15世紀の間に彼のような学識法曹の知識と能力が，ドイツ国内の諸勢力によってますます求められるようになっていったことを，如実に示しているのである。

すでにヨブ・フェーナーに関して述べたように，こうした学識法曹が伝統的な貴族などの出生エリートに対して政治のすべての局面を支配したわけではないという点には，注意が必要である[50]。しかし，彼らの活動が，当初重点を置いていた教皇庁との交渉から，教会政治上の問題とからみ合いつつ展開されるドイツ国内政治へと拡大していくことによって，政治の分野にお

いて学識法的な思考と行動様式の意義が増していったことも疑いを容れないところである。そして，そこでは，中世の皇帝たちによる教会保護立法や金印勅書といった，元来の学識法源の外にあったテクストもまた，学識法的な議論に取り込まれて，用いられたのであった。基本的に原状回復を明示するような公開の儀式によって，対立関係の修復を演出するという「ゲームのルール」[51] が大きな役割を果たしていた，中世初期以来のドイツにおける政治のあり方を，そのように新しい材料をも組み込みつつ，より複雑で分節的な方向へと大きく変容させていったのは，ここでその何人かを紹介した法律家たちの知識と行動なのであった。

1) さしあたり，Wolfgang Sellert, Zur Rezeption des römischen und kanonischen Rechts in Deutschland von den Anfängen bis zum Beginn der frühen Neuzeit: Überblick, Diskussionsstand und Ergebnisse, (in: Hartmut Boockmann u.a. (hg.), Recht und Verfassung im Übergang vom Mittelalter zur Neuzeit, I. Teil, Göttingen 1998, S. 115-166).
2) そのような展開へと大きな刺激を与えたのは，Winfried Trusen, Anfänge des gelehrten Rechts in Deutschland, Wiesbaden 1962 であった。
3) Franz Wieacker, Privatrechtsgeschichte der Neuzeit unter besonderer Berücksichtigung der deutschen Entwicklung, 2. Aufl., Göttingen 1967, S. 131ff；F・ヴィーアッカー(鈴木禄弥訳)，『近世私法史』(創文社，1961 年)，124 頁以下(1952 年の第 1 版の邦訳)。
4) 法のクレオールの担い手ないしアクターについての理論的検討は，長谷川晃，「法のクレオールと法的観念の翻訳」(本書所収)，特に第Ⅲ節を参照。
5) この部分についてくわしくは，拙稿，「中世後期ドイツの学識法曹」(北大法学論集 58 巻 3 号，2007 年，285-305 頁)を参照。
6) Jürg Schmutz, Juristen für das Reich. Die deutschen Rechtsstudenten an der Universität Bologna 1265-1425, 2 Teile, Basel 2000.
7) Ad Tervoort, The *iter italicum* and the Northern Netherlands. Dutch Students at Italian Universities and Their Role in the Netherlands' Society (1426-1575), Leiden/Boston 2005.
8) Peter Moraw, Die Juristenuniversität in Prag (1372-1419), verfassungs- und sozialgeschichtlich betrachtet, (in: Johannes Fried (hg.), Schulen und Studium im sozialen Wandel des hohen und späten Mittelalters (Vorträge und Forschungen 30), Sigmaringen 1986, S. 439-486).

9) Frank Rexroth, Finis scientie nostre est regere. Normenkonflikte zwischen Juristen und Nichtjuristen an den spätmittelalterlichen Universitäten Köln und Basel, (in: Zeitschrift für historische Forschung 21 (1994), S. 315-344).

10) Frank Rexroth, »...damit die ganze Schule Ruf und Ruhm gewinne«. Vom umstrittenen Transfer des Pariser Universitätsmodells nach Deutschland, (in: Joachim Ehlers (hg.), Deutschland und der Westen Europas im Mittelalter (Vorträge und Forchungen 56), Stuttgart 2002, S. 507-532).

11) Rainer Christoph Schwinges, Deutsche Universitätsbesucher im 14. und 15. Jahrhundert. Studien zur Sozialgeschichte des alten Reiches, Stuttgart 1986.

12) Peter Moraw, Über gelehrte Juristen im deutschen Spätmittelalter, (in: Jürgen Petersohn (hg.), Mediaevalia augiensia. Forschungen zur Geschichte des Mittelalters (Vorträge und Forschungen 54), Stuttgart 2001, S. 125-147), S. 141 は，中世後期ドイツの学識法曹の活動の中核は広義の行政であったと見ている。本章で扱う広い意味での政治・外交活動は，モーラフのいう広義の行政の一部をなすものである。

13) P. Moraw, a.a.O.(注12), S. 141. 15世紀におけるドイツ出身の学識法曹と教皇庁との関係については，たとえば，Martin Weigel, Dr. Conrad Konhofer († 1452): Ein Beitrag zur Kirchengeschichte Nürnbergs, Nürnberg 1928, S. 31ff, Wilhelm Engel, Dr. Dietrich Morung, Generalvikar von Bamberg, Dompfarrer zu Würzburg, und sein politischer Prozess (1489-1498), (in: Mainfränkisches Jahrbuch für Geschichte und Kunst 1 (1949), S. 1-80), S. 9f., S. 73ff. を参照。またたとえば，14世紀中頃にハンブルク市が関係した教皇庁での訴訟に際して，市のために活動した学識法曹Wilhelm Horborch については，Knut Schulz, Bemerkungen zu zwei deutschen Juristen im Umfeld des päpstlichen Hofes in Avignon im 14. Jahrhundert: Johannes Heinrici (von Seeland) und Wilhelm Horborch, (in: S. Externbrink und J. Ulbert (hg.), Formen internationaler Beziehungen in der Frühen Neuzeit. Frankreich und das Alte Reich im europäischen Staatensystem. Festschrift für Klaus Malettke zum 65. Geburtstag, Berlin 2001, S. 159-178), S. 170ff.

14) Christiane Schuchard, Die Deutschen an der päpstlichen Kurie im späten Mittelalter (1378-1447), Tübingen 1987.

15) たとえば，アラゴン王宮廷の関係史料を中心に，14世紀前半の状況を伝えるFranz J. Felten, Verhandlungen an der Kurie im frühen 14. Jahrhundert. Spielregeln der Kommunikation in konfliktgeladenen Beziehungsnetzen, (in: Klaus Herbers, Nilolas Jaspert (hg.), "Das kommt mir spanisch vor". Eigenes und Fremdes in den deutsch-spanischen Beziehungen des Mittelalters, Münster 2004, S. 411-474)を参照。

16) Robert Gramsch, Nikolaus von Bibra und Heinrich von Kirchberg. Juristenschelte und Juristenleben im 13. Jahrhundert, (in: Zeitschrift des Vereins für Thüringische Geschichte 56 (2002), S. 133-168).
17) Hans K. Schulze (hg.), Hans Patze u. Josef Dolle (bearb.), Urkundenbuch des Hochstifts Naumburg, T. 2 (1207-1304), Köln u.a. 2000, Nr. 281.
18) Cristine Mundhenk (hg.), Der Occultus Erfordensis des Nicolaus von Bibra. Kritische Edition mit Einführung, Kommentar und deutscher Übersetzung, Weimar 1997, また Theodor Muther, Der Occultus Erfordensis und seine Bedeutung für die Geschichte der Jurisprudenz in Deutschland, (in: Jahrbücher für Gesellschafts- und Staatswissenschaften 6 (1869), Bd. 12, S. 25-40, S. 371-372)も参照。やや時代が下った Hugo von Trimberg の作品"Renner"における貪欲な法律家(おそらく学識法曹であると見てよい)への風刺については，Erich Genzmer, Hugo von Trimberg und die Juristen, (in: L'Europa e il diritto romano. Studi in memoria di Paolo Koschaker, Vol. 1, Milano 1954, S. 289-336)を参照。また，Michael Stolleis, Juristenbeschimpfung, oder: Juristen, böse Christen, (in: Theo Stamm u.a. (hg.), Politik-Bildung-Religion. Hans Maier zum 65. Geburtstag, Paderborn 1996, S. 163-170).
19) Andreas Sohn, Deutsche Prokuratoren an der römischen Kurie in der Frührenaissance (1431-1474), Köln u.a. 1997.
20) 大学都市に滞在し勉学することを通じて得られる人的関係が，その後の学識法曹としての活動に役立ちえたことについては，Hartmut Boockmann, Zur Mentalität spätmittelalterlicher gelehrter Räte, (in: Historische Zeitschrift 233 (1981), S. 295-316), S. 306f. も参照。
21) こうした，ドイツ出身で，大学で学識法学を学んだ後に教皇庁において勤務した聖職者たちは，ドイツの諸教会で多くの聖職禄を獲得し，教皇庁とドイツ諸勢力との関係にもさまざまな形で関わり，ドイツの法生活の学問化にとって大きな役割を果たした。Robert Gramsch, Kurientätigkeit als "Berufsbild" gelehrter Juristen. Der Beitrag Roms zur Akademisierung Deutschlands im Spätmittelalter. Eine personengeschichtliche Betrachtung, (in: Quellen und Forschungen aus Italienischen Archiven und Bibliotheken 80 (2000), S. 117-163).　14世紀前半におけるそうした聖職者の例としての Johannes Heinrici von Seeland については，K. Schulz, a.a.O. (注13), S. 161ff.
22) Hans-Jürgen Becker, Die Appellation vom Papst an ein Allgemeines Konzil. Historische Entwicklung und kanonistische Diskussion im späten Mittelalter und in der frühen Neuzeit, Köln/Wien 1988, S. 83ff.
23) このような和解交渉の法的枠組みが交渉の成否(中断をはさんで20年近く続けられ

た交渉は結果として妥結に至らなかった）にどのような影響を与えたかという問題については研究者の意見は一致しないが，教会法的枠組みの存在自体は諸研究が共通して認めるところである。Hermann Otto Schwöbel, Der diplomatische Kampf zwischen Ludwig dem Bayern und der römischen Kurie im Rahmen der kanonischen Absolutionsprozesse 1330-1346, Weimar 1968, Alois Schütz, Die Prokuratorien und Instruktionen Ludwigs des Bayern für die Kurie 1331-1345, Kallmünz 1973., Ders., Die Verhandlungen Ludwigs des Bayern mit Benedikt XII. Ein Beitrag zum päpstlichen Anspruch auf Approbation des Römischen Königs 1335-1337, (in: Zeitschrift für bayerische Landesgeschichte 60 (1997), S. 253-315), Jürgen Miethke, Kaiser und Papst im Spätmittelalter. Zu den Ausgleichsbemühungen zwischen Ludwig dem Bayern und der Kurie in Avignon, (in: Zeitschrift für historische Forschung 10 (1983), S. 421-446). なお，両者の交渉経過を政治的交渉として叙述するものとして，池谷文夫，『ドイツ中世後期の政治と政治思想』（刀水書房，2000年），243頁以下。

24) Friedrich Pelster, Die zweite Rede Markwarts von Randeck für die Aussöhnung des Papstes mit Ludwig dem Bayern, (in: Historisches Jahrbuch 60 (1940), S. 88-114 (演説テクストは ebenda, S. 109-114)), Franz-J. Felten, Kommunikation zwischen Kaiser und Kurie unter Ludwig dem Bayern (1314-1347). Zur Problematik der Quellen im Spannungsfeld von Schriftlichkeit und Mündlichkeit, (in: Heinz-Dieter Homann (hg.), Kommunikationspraxis und Korrespondenzwesen im Mittelalter und in der Renaissance, Paderborn u.a. 1998, S. 51-89), S. 78ff.

25) 15世紀中頃のドイツ政治において使節などとして活躍した学識法曹達が，これらの公会議で互いに知り合い，それをその後の活動の基礎としていったことについては，H. Boockmann, a.a.O.（注20），S. 312f.

26) Helmut G. Walther, Der gelehrte Jurist als politischer Ratgeber: Die Kölner Universität und die Absetzung König Wenzels 1400, (in: Albert Zimmermann (hg.), Die Kölner Universität im Mittelalter, Berlin u.a. 1989, S. 467-487).

27) Helmut G. Walther, Das Problem des untauglichen Herrschers in der Theorie und Praxis des europäischen Spätmittelalters, (in: Zeitschrift für historische Forschung 23 (1996), S. 1-28).

28) テクストは，Dietrich Kerler (hg.), Deutsche Reichstagsakten, Bd. 7, Deutsche Reichstagsakten unter Kaiser Sigmund, 1. Abt.: 1410-1420, München 1878, Nr. 53. にある。Martin Kaufhold, Die Rhythmen politischer Reform im späten Mittelalter. Institutioneller Wandel in Deutschland, England und an der Kurie 1198-1400 im Vergleich, Ostfildern 2008, S. 303ff., Hermann Heimpel, Die Vener von Gmünd und Strassburg 1162-1447, Bd. 2, Göttingen 1982, S. 637-690 も参照。

このときの選挙では，その準備の際に，選挙侯や選挙開催地であるフランクフルト市が，ジギスムントと対立する陣営も含めて，金印勅書を根拠として行動していたことも知られている。M. Kaufhold, a.a.O., S. 304, D. Kerler, a.a.O., Nr. 3, 14, 15, 17, 18, 19, 20, 21.
29) フェーナー一族出身の他の法律家については，Hermann Heimpel, Die Vener von Gmünd und Strassburg 1162-1447, Bd. 1, Göttingen 1982, S. 23-156，ハインペルの同書については，Gero Dolezalek, Klerikerjuristen als Räte der Landesherren im späten Mittelalter, (in: Göttingische Gelehrte Anzeigen 237 (1985), S. 58-68)の書評も参照。
30) 以下のヨブの経歴については，H. Heimpel, a.a.O., Bd. 1, S. 159-621.
31) 以下の博士学位取得までの経歴については，H. Heimpel, a.a.O., Bd. 1, S. 159-165.
32) 国王ループレヒトの書記局でのヨブの活動については，H. Heimpel, a.a.O., Bd. 1, S. 171-181.
33) H. Heimpel, a.a.O., Bd. 1, S. 220-222, 257-276.
34) 当時の法学化された教会のなかでの議論では，聖書ですらグラティアヌス教令集や教皇令集を通じて参照された。G. Dolezalek, a.a.O.(注 25), S. 65f.
35) H. Heimpel, a.a.O., Bd. 1, S. 181-189, 202-312.
36) H. Heimpel, a.a.O., Bd. 1, S. 179f., 186f., 223-227.
37) H. Heimpel, a.a.O., Bd. 1, S. 329-380., 455-610.
38) ヨブの晩年については，H. Heimpel, a.a.O., Bd. 1, S. 611-621.
39) H. Heimpel, a.a.O., Bd. 1, S. 191-199. このことは博士学位取得者に出生貴族と同等かそれ以上の地位を求める学識法曹側の主張が，容易に実現しえないものであったことをも示している。学識法曹側の理論についてはたとえば，Ingrid Baumgärtner, »De privilegiis doctorum«. Über Gelehrtenstand und Doktorwürde im späten Mittelalter, (in: Historisches Jahrbuch 106 (1986), S. 298-332)を参照。
40) H. Boockmann, a.a.O.(注 20), S. 306.
41) Hartmut Boockmann, Laurentius Blumenau. Fürstlicher Rat — Jurist — Humanist (ca. 1415-1484), Göttingen 1965, S. 65-115.
42) クノルについては，Johannes Kist, Dr. Peter Knorr aus Kulmbach, ein geistlicher Diplomat des 15. Jahrhunderts, (in: Bericht des Historischen Vereins für die Pflege der Geschichte des ehemaligen Fürstbistums Bamberg 92 (1952/53), S. 350-364), Ders., Peter Knorr, (in: Fränkische Lebensbilder 2 (1968), S. 159-176). を参照。マイルについては，Georg Schrötter, Dr. Martin Mair. Ein biographischer Beitrag zur Geschichte der politischen und kirchlichen Reformfrage des 15. Jahrhunderts, München 1896, Morimichi Watanabe, Imperial Reform in the Mid-Fifteenth Century: Gregor Heimburg and Martin Mair, (in: The Journal of Medieval and

Renaissance Studies 9 (1979), S. 209-235). その他，15世紀半ばから後半に活動した学識法曹については，Max Hermann, Albrecht von Eyb, Berlin 1893, Helmut Weigel, Kaiser, Kurfürst und Jurist. Friedrich III., Erzbischof Jakob von Trier und Dr. Johannes von Lysura im Vorspiel zum Regensburger Reichstag vom April 1454, (in: Aus Reichstagen des 15. und 16. Jahrhunderts, Göttingen 1958, S. 80-115); Matthias Thumser, Hertnidt vom Stein (ca. 1427-1491): Bamberger Domdekan und markgräflich-brandenburgischer Rat. Karriere zwischen Kirche und Fürstendienst, Neustadt a.d. Aisch 1989.

43) 彼については H. Boockmann, Laurentius Blumenau (注41) を参照。

44) Adalbert Erler, Der Mainzer Stiftsfehde 1459-1463 in Spiegel mittelalterlicher Rechtsgutachten, Wiesbaden 1963, Ders., Neue Funde zur Mainzer Stiftsfehde, (in: Zeitschrift der Savigny-Stiftung für Rechtsgeschichte, Kanonistische Abteilung 89 (1972), S. 370-386).

45) A. Erler, Der Mainzer Stiftsfehde, S. 11f.

46) A. Erler, Neue Funde, S. 379ff. エルラーは，Mainzer Stiftsfehde のような政治的性格を強く帯びた司教座紛争がいささかナイーフに学識法学の概念と方法を駆使して争われたのは15世紀に特徴的な事態であり，16世紀にはむしろ政治的な形での解決がはかられるようになったという。Ebenda, S. 385f.

47) たとえばバイエルン・ランズフート公領で，1450年に公となったLudwig der Reiche のもとで，学識法曹の顧問への任命が急増したことは，こうした状況への適応の一例と見ることができよう。Heinz Lieberich, Die gelehrten Räte. Staat und Juristen in Bayern in der Frühzeit der Rezeption, (in: Zeitschrift für bayerische Landesgeschichte 27 (1964), S. 120-189), S. 139ff.

48) Alfred Wendehorst, Gregor Heimburg, (in: Fränkische Lebensbilder 4 (1971), S. 112-129), Morimichi Watanabe, Gregor Heimburg and Early Humanism in Germany, (in: Philosophy and Humanism. Renaissance Essays in Honor of Paul Oskar Kristeller, Leiden 1976, S. 406-422), Ders., Imperial Reform (注42).

49) この頃ニュルンベルクでは，彼のまわりに人文主義者の小サークルが形成されていたことが知られる。15世紀中頃から後半に活動した学識法曹のなかには，イタリアで人文主義の影響を受けてドイツに帰ってきた者が他にもおり（たとえばAlbrecht von Eyb など），そのことがどのような意味をもったのかは，今後よりくわしく検討する余地がある。

50) P. Moraw, a.a.O. (注12), S. 146は，15世紀の帝国集会において，学識法曹は，実務経験のある都市代表，およびとりわけ王権に対する伝統的な奉仕者であった西南ドイツ出身の伯やヘルといった中級貴族と出会うことになったと述べ，政治の世界の法学化にもかかわらずその枠組みが貴族的であり続けた点を強調している。

51) Gerd Althoff, Spielregeln der Politik im Mittelalter. Kommunikation in Frieden und Fehden, Darmstadt 1997.

7. ヴェーバーの「解釈的理解」と近代・近代法批判
―― アーレントとガダマーの間?!

今井弘道

I アーレントの「政治的判断力」と「賢慮」

　20世紀の実践哲学・政治哲学にさまざまな問題を投げかけたハンナ・アーレントは,「判断能力」とは「政治的能力」――「人間の精神的能力の内でもっとも政治的な能力」――に属するものであると考えていた。この主張を基礎に, アーレントは,「政治的判断力」の理論を構築するとともに, 政治的行為の概念を技術的制作(ポイエーシス)の概念から切断して純化した。それを,「政治目的を――したがってそれを実現する「技術的制作」の次元を――問題にしない政治」,「ひたすらなる「活動(アクション)」としての政治」という――いささか異様にも思える――主張を核心とする固有の政治哲学の基礎に据えるためである。このことは, 広く知られているとおりである。

　近年, 周知のように,「実践哲学の復権」という標語とともに,「賢慮(フロネーシス)」という「政治的判断力」の核心に関わる観念が強調されてきた。このアーレントの「政治」観念は, この「賢慮(フロネーシス)」との関連においてはどのような特質を持っているのか。このことを考えるときに好都合なのが, アーレントの『カント講義』の解説をし, その延長線上で『政治的判断力』という書物を書いたロナルド・ベイナーの議論である。

　ベイナーによれば,「判断能力」を「政治的能力」の中核と見, そこから「技術的制作」の概念を消去しようとするアーレントの主張は,「『判断力批判』のテーマと, 趣味の観念,「拡大されたメンタリティ」, 共通感覚(センスス・コムーニス), 利害関心なき反省, 観察者性」など, カント美学にまつわる諸概念を発展させ

ることによって成立したものであった。しかし，アーレントとは逆に，ガダマーは，『真理と方法』のなかで，そのカントを批判している。カントの「趣味」に関する説明は，本来的には「政治的・道徳的能力」なものであった「趣味」の概念から，その核心たる「政治的・道徳的含意」を除去したものだ，というのである[1]。

　『真理と方法』のガダマーから見れば，カントの脱政治化されたこの「趣味」概念に政治的判断のための手がかりを求めるのは，的外れなことだったのである。このガダマーのカント批判は，無論，カントの「趣味」論に依拠するアーレントの政治論にも突き刺さってくる。ガダマーは，その「オルタナティヴ」を，アリストテレスに源流を持ち，ヴィコによってデカルト批判の意味を持つものとして再生された「賢慮」の概念に求めた[2]。政治的判断力は，むしろこのアリストテレスの「賢慮」のあらためての復権をとおして理解可能になる，というわけである。

II 「規定的判断力」・「反省的判断力」と「解釈学的循環」

　アーレントの「政治的判断力」に関する議論は——すでに，拙稿「研究ノート：〈法のクレオール〉と主体的法形成の研究へのアプローチ(2)——司法を通しての法形成と法文化の地平の融合・覚書」(北大法学論集58巻4号所収)で論じたことだが——，「反省的判断力」と「規定的判断力」との区別を出発点とするものである。その区別のうえでの「反省的判断力」の——「規定的判断力」との対比のうえでの——根源性と包括性というモティーフに，アーレント的構想——「カントの美学的判断力批判」に基づく「政治的判断力理論」の「構築」へ向けた構想——の核がある。

　ところで，いきなり事態の核心に切り込んでいってしまえば，「規定的判断力」と「反省的判断力」とは，このような対立において見るのでなく，これ自体を二つの極として展開される「弁証法」的とでもいうべき運動の二契機として捉え返すことが可能である。一般に「解釈学的循環」といわれている事態は，こうして構成される「弁証法」的運動と別のものではない。こう

見れば，「規定的判断力」と「反省的判断力」との対立は，「解釈学的循環」を構成する対立的な契機を分解し実体化した所産にすぎないともいえる。このように考えた場合，Dogmatik——Dogma を前提とし，その Dogma 自体を疑問に付すことを禁じ，その Dogma に含意されていることを開き出すことを目指す知の形態としての教義学——は，「規定的判断力」を「反省的判断力」から切り離して自存化させたときに成立するものだ。しかし，その Dogmatik の隠された真の源泉は，じつは，「規定的判断力」と「反省的判断力」とを二つの極とした「弁証法」——とそれを支える社会的な運動——のダイナミズムの内にある，ということできる。つまり，Dogmatik とそれを動かす「規定的判断力」とは，「弁証法」とそれを支える社会的な運動とから分断化され実体化された所産にすぎないと見ることができる，このように考えうるわけである。

　この理解をイデオロギー批判的に機能させてみると，「解釈学的循環」という考え方は，Dogma という「固定した自明的出発点」を取る——それが出発点であることを可能にしている一切の帰納的背景を無視しながら——dogmatisch な思考様式の硬直性の誤りを摘示したうえで，「根本的 Dogma」とそこから派生する教義とを帰納的背景に還元可能なものとして捉え返し，その相対化を可能にするものだということができる。Rechtsdogmatik（法教義学＝法解釈学）にまつわる多くの難問も，じつは，この問題となんらかの形で関連しているということができるのではないであろうか[3]。

　本プロジェクトとの関連で重要なことは，このような議論をより精緻なものとしながら，既成の Dogmatik のシステムの革新の可能性は，根源的にはこの「解釈学」的次元の内に見出すべきことになることを明らかにしていくことであろう。というのも，dogmatisch な思考様式の「固定した自明的出発点」が自明性を喪失したことを見抜いて，それを再び社会的動態のなかへ反省的に置き戻しながら，その社会的動態が次の「固定した自明的出発点」を求めて蠢いていく様を見つめることに，解釈学的循環の重要な意味があるからである。そのように考えることによって，同時に，「反省的判断力」と「規定的判断力」との区別に固執するアーレント的な発想も，一歩超えう

ることになるはずである。こう考えたうえで，そのような考え方を上掲拙稿や本書所収の長谷川晃論文「法のクレオールと法的観念の翻訳」の中心部につなげてみることも不可能ではないのである。たとえば長谷川は，「クレオールという社会現象」を，「異文化の遭遇の際に生ずる様々な力の関係の内で，複雑に重なり合う社会的関係を通じて人々の様々な声が掛け合わされながら既存の秩序の変容が起こり新たな秩序が出現するという，連続的な段階を含んで反復される融合的な過程」であると規定している。この過程は，いま私がいったことを，クレオール現象に即して表現したもの，と見ることができるのである[4]。

ただ，一言つけ加えておけば，このような過程は，特にクレオール現象の内に顕著に見られることであり，それがまた現代基礎法学にとっての最大の，といっていい問題領域をなすものであることはそのとおりなのだが，我々が，伝統や慣習のなかで，そこへと解消することができないあらたで異質な現実──これまでなかったあらたな事例──を不断に経験していくということがある限り，そしてその経験を我々なりに解釈し，それと伝統や慣習についてのこれまでの解釈とを整合化させていこうとする限り，閉じられた社会のなかであっても，事実上，不断に生じている過程である，ということである。

それはともあれ，法的三段論法とか，包摂演繹論理，包摂実証主義といった言葉が示唆しているように，Dogmaを前提とする法律的判断は，「規定的判断」としての性格を典型的な形で持っている。オイゲン・エールリッヒは，このようなものとしての法の理解のあり方に反旗を翻した。Dogmaとして前提される国家制定法という客観的な法の体系を本来的な法だと見ることを拒否したのである。そしてたとえば『法社会学の基礎づけ』において，むしろそのような客観的な法のいわば手前にあるところの，人間が生きる「生」の世界の「生ける法」に立ち戻るべきことを提言したのである。その場合にエールリッヒが本来的な法の範型として着目したのは，判例法の世界であった。そこに，エールリッヒは，「生」のなかに「生きている法」が──そしてその「生きている法」を自らの行為の導き手としながら自らの「生を生きて」いる人々の「法的確信」が──紛争解決の模索をとおして捉

え返され定式化されて，固有の意味での法の世界に定着させられていく過程——「反省的判断力」が働く過程といってもいいであろう——を見たのであった。

　エールリッヒは，このように法と法的判断とが「反省的判断」を通して形成されてくる過程として判例法的法形成の過程を見て，その観点から「規定的判断」のみに関わる自閉した制定法実証主義の地平を相対化した。そして，その地平において成立するDogmaの制定者として振る舞う国家主権とそこに成立する「国家的制定法」とを批判した。と同時に，一旦そのような国家法として成立した「制定法」でさえ，裁判過程において適用されて妥当性を持つものとして現実と関わる場合には，じつは，法的三段論法を超えた論理性——なんらかの形で反省的判断力に関わる論理性——に支えられているのだということを，該博なローマ法的知識やイギリス法的知識，その他の比較法的知識を動員しながら示した。エールリッヒ自身は，「反省的判断力」とか「規定的判断力」といった言葉を直接には用いていないし，そのことを意識していたかどうかも不明である。だが，少なくともそのような意義をもつ議論を展開していたことは否定することができない。

　このエールリッヒの観点は，主権国家とその独占的立法権とを前提とする制定法実証主義という自足的な「国家的法観」への根柢的な批判へと通じている。この彼の議論は，かなり未整理なものではあったが，それを法哲学的に深い次元から捉え返せば，「解釈学的循環」の公理論的切断という「国家法」と制定法実証主義が体現している問題的な事態への批判を具現したもの，そして動的・流動的な社会的法観への回路を開くものと見ることができる。

　翻って考えてみれば，アーレントの政治的判断力論も，このようなエールリッヒの批判的営為と，意味的に重なる部分をもっている。その場合のポイントは，既成的で硬直しDogma化した見解は，それを成立させた根源である反省的判断の運動——それは，エールリッヒの「生ける法」に対応する「共通感覚」という，アーレントが重視した観念に支えられている——のなかに投げ返せば，本来的な創造的な運動によってそれを相対化・柔軟化させることができ，それを超えた新たな公共性を示唆することが可能となる，と

いう点にある。

　こう考えたとき，じつは，このアーレントの「共通感覚」という観念にも，ある種の実体化臭が付着していることは否定しがたい。重要なのはこの「共通感覚」といった観念自体に固執することなのではない。「共通感覚」もその運動の一部であり，それのその都度の暫定的な所産であることを免れないような公共性の運動にこそ政治的な意味の根拠があること，このことを明らかにすることが重要なのである。しかし，アーレントは，この「共通感覚」と「反省的判断の運動」との関係に注意を向ける以上に，この「共通感覚」という言葉に注意を払っていて，それがそれの実体化に手を貸してしまったように見える。エールリッヒの「生ける法」という観念にも，同様の事態に一種の実体化傾向から免れていないということを察知することができる。

　こうして，私には，エールリッヒの「生ける法」——とそれに親縁性をもつアーレントの「共通感覚」——をキー概念とする議論は，問題の所在に一歩近づいてはいるが，判断力の問題の奥底に十分には届いてはいないように思われる。「生ける法」とか「共通感覚」といった概念は，解釈学的運動のダイナミズムの一端を象徴しているようで，じつはかえってそれを静態化させてしまい，それをこれらの概念に封じ込めてしまいかねない一面を持っているからである。その結果，この概念は，短絡的発想の先導役になる。政治的・法的決定の間主観性の喪失は——したがって dogmatisch な判断の強制性は——「生ける法」＝「共通感覚」の観念を前提すれば克服可能となる，とでも要約しうるような短絡的発想である。しかし，問題は，解釈学的運動のダイナミズムの全体を考えることにあるのであって，「生ける法」や「共通感覚」を前提にして考えれば，それで「生ける法」や「共通感覚」の崩壊の克服が可能になる，といった簡単なものではないのである。

　真の問題は，「生ける法」あるいは「共通感覚」——「共同体感覚」とも呼ばれる「共通感覚」——を自明のものとみなしえなくなった場合に，その分裂した「生ける法」／「共通感覚」のなかで対立し合う個人的判断を，あらためてどう公的判断へと収斂させ，そのことを通して「生ける法」／「共通感覚」を再建するのかにある。またそのことを可能にする基礎はどこにあるの

かにある。問題は，「生ける法」/「共通感覚」を前提にすることにではなく，それを析出しうるような構造的な運動そのものの再建・創出にある，といわねばならない。ここで，解釈学的循環と将来的な地平の融合の可能性という問題があらためて出てくる。こう考えれば，エールリッヒやアーレントの議論が問題にかならずしも十分には適切な対応をなしえていない，つまり法的確信や政治的意見の成立に関わるダイナミズムの真相に迫ってはいない，ということは明らかではないであろうか。

　現代の「国家法」は，エールリッヒの見るところ，「生ける法」を根拠にすることをやめてしまった。そのことによって「法」の「生からの疎外」が生じた。その「疎外」は，「生ける法」の観念を法の根拠に据えれば克服できる。エールリッヒ法学の中心的なメッセージはここにあった。しかし，このメッセージは，一定の有効性を有してはいるが，「生を支配しているDoxa」を「生ける法」と呼ぶだけのことに終わりかねない危険も抱えている。国家法の拒否をローカルな慣習のなかに埋没した「生ける法」に執着するアナクロニズムに代替することで足れりとする危険である。問題は，このような過去的次元を超えて未来的次元へ向かって生成しつつある，本来的な意味での現在的な「生ける法」の存在を具体的に説得的に示しうるのか。現代的関心に即して例示するなら，グローバルなガヴァナンスが現実の問題となりつつある現代において現実的なものとして機能しうる——そしてそれに対立する既成化した「国家法」に批判的に向き合うことのできる——「生ける法」を，いかにして捉えうるのか，という点にあるからである。異質の法思考，法制度は，社会の動態のなかでいかにして融合しうるのかという「クレオール法学」が解決を目指そうとしている問題も，これと別のものではない。エールリッヒの議論も，その観点からの再整理が求められている。

　このように考えたとき，「規定的判断力」とか「反省的判断力」とかは，本来，「解釈学的循環」の構造契機を自存化させ実体化させ対立物にしたものにすぎないという先の論点こそ，問題の核心に関わるものに思われてくる。しかも，解釈学的運動なるものは，歴史的・社会的な諸構造の時間性のなかでの動態的なあり方(そしてそのなかでの全体と部分(個)のあり方)のうえに

成立するものであって，それと無関係なものではない。そうすると問題の核心は，この動態的な歴史的・社会的諸構造のあり方と解釈学的循環の構造との相互制約関係を押さえて，そこから「規定的判断力」やDogmatikが自存化してくる過程，そしてそのような自存化が惹起する諸々の事態に対して「反省的判断力」が有しうる一定の批判的機能を，具体的な次元にまで降り立って解明することにある，ということになる。

そのためには，何よりもまずは「解釈学的循環」というものが体現している創造的本性を深く理解することが必要であろう。本章は，一方でこの問題が，先に長谷川論文に論及しつつ触れたように「法のクレオール」の問題と深く関わることを意識しながらも，他方で，それとの関連において，主として法思想史的なアプローチを通して法哲学に関わってきた私の固有の問題意識を独自に掘り起こして，それと関連づけようとするものである。その両面を具体的にどう結合させていくのかについては，後の課題としなければならない。

このような問題連関のなかで，私は，政治的判断力の本性という問題に深く入り込んでいくことになった。政治的判断力とは，法的判断力を包み超えて，歴史的・社会的諸構造と解釈学的循環の構造との相互制約関係になんらかの形で即しつつ，時宜に適った政治的行為を構想するときに成立するものと見ることができ，上述した「解釈学的運動」に深く関わるものと解しうるからである。本章は，この問題を，主としてマックス・ヴェーバーに即しつつ，思想史的な切り口から覗いていくという性格をもっているが，このことを上述したところと絡めていえば，私の視点は，エールリッヒの批判的議論は法的判断の地平を原理的には超克しえていないということを見据えつつ，そのこととの関係において，法的思考の地平を自覚的に超え出ていこうとするヴェーバーの歩みを見ていこうとするものだ，ということができるであろう。

ここでは，これだけのことを確認しておいて，ひとまずはアーレントに戻ろう。

III　ヴェーバーの「政治的判断力」

　アーレントは，一方での「社会的なるもの the social」の支配のなかでの人々の「生計の維持」の政治目的化，他方でのひたすらなる「活動」としての「政治」とその場としての「公共性」という本来の意味での「政治的なるもの」の消失——，このような両面的な事態の内に，近代の根本的な病巣があると見ていた。そしてこの観点から，アリストテレス政治学の批判的継承と，ポリス的公共性の理念に依拠した「政治的なるもの the political」の再確立を目指した。アーレントの政治観念の特異性は，先に触れたように，これが「政治目的なき政治」，「ひたすらなる「活動」としての政治」の再確立という内容を持ったことにある。カントの美的判断力の解釈／改釈をテコにアリストテレス的政治概念から政治目的を脱色させることによって成立したこの論点は，多くの人を当惑させてきた。「政治目的なき政治」など背理ではないのか，アーレントの「政治的判断力」は没政治的な「趣味判断」のヴァリエーション以上のものではないのではないか。このような疑念が避けがたく生じてくるからである。

　しかし，「政治目的なき政治」という背理にこそアーレントの狙いがあった。それによって，アーレントは，プラトン以降の政治概念——とりわけ近代の政治概念——の解体 Destruktion を狙ったのである。だが，政治についての積極的な規定を求めようとする限り，「政治的判断力」の「本性」の「より健全な手引き」は，カントよりはアリストテレスにあるというガダマーの指摘が，無視しがたいものとなってくる[5]。

　ベイナーの『政治的判断力』には，このアーレント／ガダマーの対立の指摘の他に，興味深いもう一つの指摘がある。マックス・ヴェーバーの「政治的判断力」論には，「アリストテレスかカントか」の択一を超えた，「それぞれに含まれている真理を調停しうるパースペクティヴ」が「暗示」されている。それがヴェーバーの深い「政治」理解の源泉になっている，という指摘[6]である。

この指摘は，現代的な思想的問題状況のなかでヴェーバーの「政治的判断力」の意義を再考していくうえで，きわめて示唆的なものである。そこから先に触れた「解釈学的循環」をめぐる生産的な理解のための手がかりを見出しうるのでは，とも思われるからである。しかし，ベイナーの議論それ自体には大きな不満が残る。私が傍点を打っておいた表現に露呈している「調停」主義的観点が，ヴェーバー本来の「政治的判断力」論と「解釈学」にまつわる問題への深い切り込みを妨げているように見えるからである。

ちなみに，そのベイナーのヴェーバー評価は，以下の言葉に凝縮されている。

> ヴェーバーの「職業としての政治」は，「政治家が闘うべき実在を捨象することも，コンティンジェントな制度という所与から距離を取り損ねることもなく——，政治的判断力の二面的要求を……定式化しえている。政治的生活は……距離と情熱の両者を……要求する。政治世界を責任をもって判断するとは，その世界を受容しつつ拒絶すること，……立ちはだかる実在と正面から向き合いながら，「不可能なことにも敢えて挑戦する」ことである。こういう仕方で，ヴェーバーは，判断力の両契機を——即ち注視者の距離保持によって可能となる反省としての判断力と熟慮の人の責任をもったコミットメントとしての判断力とを——，公正に扱っている」[7]。

IV　ヴェーバーの歴史的意識と政治的展望

ベイナーの評価はあまりに形式的にすぎる。「責任倫理」の内容は，ヴェーバーにとっての具体的・歴史的現実と無関係に，「カント的アーレント」と「アリストテレス的ガダマー」との無時間的な調停や合算によって明らかになるものではないからである。そこで我々は，エールリッヒは法的判断の地平を原理的には超克しえていないが，ヴェーバーはそれを自覚的に超え出ていこうとしていたとした先の指摘を念頭に置きながら，ウェーバーに

おける「責任倫理」がいかなる歴史的意識と政治的展望に支えられたものであったのかを，一瞥しておきたい。それは，あの「解釈学的循環」の問題に接近する手がかりともなるはずである。

　このヴェーバーの歴史的意識と政治的展望は，結論からいえば，「ヨーロッパに"端を発する"我々の文化」——具体的には「現代の段階における，キリスト教的-資本主義的-法治国家的」な「文化」——という意味での「近代」[8] の克服という課題に焦点を結ぶものであった。この課題は，神なき世界に立ってはいたがカルヴィニスト的な伝統に属するメンタリティは維持していたヴェーバーの，同一性危機（アイデンティティ・クライシス）の克服という自身の実存問題とも関わっていた。

　ヴェーバーは，こうしてこの「文化」のなかで，いわば自らの生活信条の歴史的母胎たるカルヴィニズムを含む「プロテスタンティズムの倫理」と対峙すべく向き合っていた。ヴェーバーを「無神論的カルヴィニスト」とする評言があるが，その言葉はこのような事態を的確にいい表している。神と人間とを形而上学をとおして連続的に捉えることを厳しく拒絶したのは，キェルケゴールであった。キェルケゴールにおいては，人間は赤裸々な「事実」のなかにあるものとして，理由なく世界に投げ出され，定めなく死の不安にさらされながら，単独に自己の生き方を——しかもあくまでも神に誠実なものとして——選択し続けねばならない主体として，捉えられた。ヴェーバーの立場は，敬虔主義の信仰を実存哲学化したこのキェルケゴールに深く通じるところがある。異なるのは，ヴェーバーの世界が「神なく預言者もいない」脱宗教化された世界になってしまっていたことにあった。ヴェーバーは，しかし，その世界の「世界改造」に積極的に関わろうとするカルヴィニスト的な行為主義的な生活態度を持っていた。

　この態度にとっては，高貴とは現世を超えた生を目指すことではなかった。現世のなかで，首尾一貫した意味を追求しようとする自らの生のあり方を整合的なものとして組織すること，このことこそ高貴なことであるとヴェーバーは考えた。かつてのカルヴィニストたちは，首尾一貫した生を，「神の召命」に向けた。後のヴェーバーは「神の召命」が自らの実践的指針となり

うるということを否定し，自らが創造／選択した価値こそが自らにとっての「召命」であるとみなした。そしてその「召命」を資本主義的世界の改造に──「プロテスタンティズムの倫理」がもたらしてしまった資本主義世界のあらためての改造に──あると解釈した。そこに貫徹されるべき自らの生の整合性を支えようとするヴェーバーのエートスは，カルヴィニズムのそれと似たものであったが，「神の召命」に従ったその「心情倫理」的行為がもたらした「思わざる帰結」への責任と，その所産としての資本主義的近代の危機を見るヴェーバーの批判的な眼は，ことの他尖鋭化されていた。

ヴェーバーの「責任倫理」は，「心情倫理」を揚棄するものとして，このような現実の歴史的問題状況と──この点を閑却すれば「責任倫理」の意味核心が喪失されてしまうほど密接な仕方で──関わっていた。しかもこのことは，「規定的判断力」の地平たる法的な包摂判断の地平を突き抜けていこうとするモティーフに支えられたものでもあった。以下，この点を多少なりとも具体的に理解しておこう。

V　ヴェーバーの「心情倫理」と Legalism

「プロテスタンティズムの倫理」は「心情倫理」の典型だといえる。ところで，この「心情倫理」を，ヴェーバーは，

①神に対しては「良心」を通じて開かれた存在たる「人格」も，それだけでは「世界」からは遮断されて内的に閉じた存在にとどまってしまう，と批判的に見ていた。したがって，

②そのような内的に閉じた「人格」の「行為」を，「世界」との直接的な関わりを持たない「良心」・「心情」(この世界の内にもまた外にも，ただそれだけが無制限に善と認めうるようなカントの「善なる意志」といってもいい)の発露にすぎないものとして，やはり批判的に理解し，

③その批判されるべき内的に閉じた「人格」を，ひたすらに「心情倫理」的な「行為」──「世界」からの影響だけでなく「世界」への影響も考慮に入れないという意味での「無世界的」な行為──を通して自らの自律性を確

証する主体として捉えた。その場合,

　④その「自律倫理」の「価値」は,行為の主観的原則として働く「心情」・「格率」がGesetz(このドイツ語が「法則」の他,「律法」,「法律」等の意味を併せもつことに注意)に適合的な——つまり,そのGesetzに対してlegalな(合規則的な)——関係に立ちえたときに成立するもの,と理解した。つまり,このような「心情倫理」は,「規定的判断力」の働きによって支えられる倫理という性格を持つものと見たのである。このような「プロテスタンティズム」の「心情倫理」に対する批判的な理解は,カントの道徳哲学に対する批判の意味をも持つものであった。以下,このことを,カントの道徳哲学に即して確認しておこう。

　カントの道徳哲学は,「普遍的道徳法則」という「法則」に適合的な「心情」=「格率」を持つべきことを無条件的に,無世界的に(行為世界の具体的な問題状況とは無関係に)要求するものであった——汝の意志の格率を,つねに同時に普遍的法則と合致せしめよ——。そしてこの場合の「合致」とは,「意志の格率」の「普遍的法則」の下への「包摂」が可能であるということであった。その「包摂」の正否によって,「意志の格率」とそこから生じてくる行為に道徳的価値あるいは反価値が認定された。この倫理的判断において働くのは,要するに普遍的法則に個別的意志や行為を包摂する「規定的判断力」なのである。

　ところで,ヴェーバーが描き出した「プロテスタンティズムの倫理」は,じつは「パリサイ的律法主義」の遵守というlegalisticな構造を——したがって「規定的判断力」の倫理を——,継承するものであった。この点は,従来のヴェーバー研究自体によってさえほとんど注意されていないところだが,看過してはならない重要なところである。そして,じつは,この「パリサイ的律法主義」の「心情倫理」的遵守という「プロテスタンティズムの倫理」の構造を哲学的に表現したのが,カント道徳哲学だったのである。プロテスタント的「律法主義」とカント道徳哲学の連続性を,ヴェーバーは,こう印象的な表現にもたらしている。

「例えばタルムードでは……愛なき義務の遂行は感情的な博愛よりも倫理的に高い，といったことが教えられている」。「ピューリタニズムの倫理」は本質的次元で「この教義を受け入れた」。「スコットランド人の血統をひき，教育を通して著しく敬虔主義の影響を受けたカント」も，「結果においては，こうした教義に近づいている」9)。

　因みに，ジンメルは，『カント16講』において，「善き心情の価値」を高く評価した点において，プロテスタンティズムは「カントのうちに，最も深く掘り下げられた哲学的表現を有することになった」10)としたうえで，このカントの「善き心情の価値」が法則主義と表裏一体の関係にあることを，ヴェーバーに先んじて，鋭い批判の対象としていた。「生の哲学者」・ジンメルは，この批判を通して，いわば法則の体系――それは「規定的判断力」の世界でもある――によって遮蔽されてしまっている「生」の世界をあらわなものにし解放しようとしたわけである。

　「プロテスタンティズムの倫理と資本主義の精神」論文の全体が明らかにしているように，他でもないプロテスタンティズム的な「心情倫理」こそが，神の「召命」に応える「労働」をとおして，資本主義という「鋼鉄の檻」を「意図せざる結果」として創り出してしまったのであった。「法治国家」はこの「鋼鉄の檻」の不可欠な部分である。しかも，「合法性」という語に焦点を当てつつヴェーバーの分析を追うなら，legalisticな法治国家――他面から見れば官僚制国家――こそがこの「鋼鉄の檻」の体制的主柱だと見られていたことがわかる――この問題は，もちろん「合法的支配」というテーマとも結びついている――。それはまた，資本主義的支配の槓桿でもあり，その正当性を担保するものでもあった。

　「宗教的生命にみちていた十七世紀が功利的な次の時代に遺産として残したものは，何よりもまず，合法的な形式で行われるかぎりでの，貨幣利得に関するおそろしく正しい――パリサイ的な正しさとわれわれは確言する――良心にほかならなかった。……市民的企業家は形式的な正

しさの制限をまもり，道徳生活に欠点もなく，財産の使用にあたって他人に迷惑をかけることさえしなければ，神の恩恵を十分にうけ，見ゆべき形で祝福を与えられているという意識をもちながら，営利に従事することができた……。……宗教的禁欲の力は，冷静で良心的で，すぐれた労働能力をもち，神のよろこび給う生活目的として労働に精励する，そうした労働者さえも彼の掌中に与えた」。更にこの「宗教的禁欲の力」は，「現世における財の分配の不平等」——つまり自分の富と労働者階級の貧困と——が「神の特別な摂理の業」である，という「安心すべき保証」を与えた[11]。

このヴェーバーの議論は，「合法性思想の機能変化」問題——形式的に平等な市民間の法的関係が階級的搾取という不平等な関係を媒介するという点に核心をもつところの——が顕在化し，「プロテスタンティズムの倫理」が社会政策(ゾチアールポリティーク)によって克服されるべき対象へと頽落してしまったことを背景にしている。このようにLegalismを——つまりは包摂実証主義的な規定的判断の世界を——批判的に考えているヴェーバーは，「プロテスタンティズムの倫理」の哲学的表現たるカント道徳哲学に対しても，それが法則主義——つまりLegalism——を体現し，規定的判断力の地平にとどまっている限りで，等しく批判的である。否，むしろそのカントに，規定的判断の倫理の近代的な哲学的源泉の一つを見ていた。

ヴェーバーの時代には，当時のドイツ的「法治国家」とそのLegalismは，多くの矛盾にさらされていた。ラートブルフの論文「法における人間」に示されているような「商人」モデルの「人間」像の一般的妥当性の消失／階級的主体の法地平への登場や，エールリッヒ法学に体現されている自由法学・社会法学の成立は，このようなLegalism——legal(ルール適合的)であることをlegitim(正当)なこととみなす律法主義・合法主義——の危機を象徴するものであった。ヴェーバーは，このLegalismの危機の根柢に，プロテスタンティズムとカント的倫理の危機があることを——そしてその意味での近代的人格概念の危機があることを——，見抜いていた。そしてそれを自らの

同一性危機(アイデンティティ・クライシス)と重ねていたのである。

VI　法律的判断と政治的判断

　法学徒として学問的に出発したヴェーバーが，社会政策学という異域への転轍を成し遂げたことは，このことと無関係ではない。ヴェーバーにとっては，「政策学」とは，近代的な法学的思考の危機に——そして同時にプロテスタンティズム的・カント的「心情倫理」の危機に——対処し，それを超えようとする「責任倫理」的な政治的政策的遂行に関わる政治的思考の学であった。それゆえに，それは，この危機の克服につながる因果的条件の認識を前提する目的論的な行為——政策遂行——に直結していくものであった。

　その意味で，この「政策学」は，認識と実践の接点上に成り立つものであった。このようなものとして，このヴェーバーの「政策学」は，いわばこの現代的問題状況に関わろうとする歴史意識に支えられた「賢慮」としての政策的判断——法的思考に代わるところの実践的判断——の学であったといえる。我々の文脈でいえば，それは，無論，規定的判断力の地平を超えようとする志向性を内包したものであった。

　この点を踏まえていえば，法律的判断と政治的判断の関係は，規定的判断と反省的判断の関係に対応するといってもいい。この意味での政治的判断としての，そして反省的判断としての「賢慮」を，それを支える歴史意識を無視して，アリストテレスとカントの間に調停主義的に差し込むベイナーの議論は，安易にすぎるといわねばならない。

　ともあれ，ヴェーバーの「責任倫理」は，以上のような歴史的なコンテクストに位置するものであった。無論，それは，たんに政治的な思考なのではない。「責任倫理」的な「政治的＝政策的思考」は，「行為」や「政策」の「結果」に対する，文字どおりの意味で個人人格を賭けた「倫理的責任」を要求する。この「倫理的責任」を軸として，カント主義に代わる「世界」に開かれた新たな人格倫理の可能性が，同時に模索されている。この意味では，ヴェーバーの倫理的立場をたんに責任倫理という言葉だけで示すことはミス

リーディングでさえある。ヴェーバーは，規定的判断の次元を超えて，実存的心情の次元と社会や歴史に対する責任の次元との交点に立ち，それを統合しようともしていたからである。

ここには，いわばポスト・カント主義的な自由主義的個人主義の構想があるともいえる。だから，それを，没歴史的な「人間主義」とつながる意味での「人格主義」の立場と解してはならない。それは，むしろキルケゴールやニーチェの立場の延長上に置かれるべき歴史的位置価をもった「人格主義」でありながら，そのことを通して「規定的判断力」の平面性を超えた，立体的な社会倫理であろうとするものだったのである。

Ⅶ　ヴェーバーの「責任倫理」と「客観的可能性」

ヴェーバーの「責任倫理」は，問題状況のなかでの問題解決の可能性が，行為基盤のなかに歴史的・社会的・政治的可能性として潜められている，という考え方を含んでいる。しかし，ヴェーバーは，この問題を，ただちにカントの『判断力批判』の意味における目的論の問題としては捉えず，あくまで個人的行為に即した主体的な目的設定の問題として捉えていた（ここには微妙な問題があるが，ここでは触れない）。つまり，ヴェーバーの行為の帰結の成就に関心を置く目的的な行為論は――換言すれば，規定的判断力の地平において可能となるたんに規範適合的な行為を超えようとする目的的な行為論は――，行為基盤の内に「問題」の解決の「可能性」を見出し，それを現実化しようとする性格を強くもっていた。しかもその行為は，あくまでも個人主体的な，目的意識的な行為の問題として考えられていた。そしてこの行為に即した可能性判断とそれを現実化する行為とそれがもたらした種々の結果との関係において「責任倫理」が成立する，とされていたのである。

このようなヴェーバーの議論を，「被投性」――ヴェーバーは，こういうハイデッガー／ガダマー的な用語を使ったわけではないが――の次元を無視した安易な主体主義と見てはならない。「伝統的行為」という概念を重要視したことを見ても明らかなように，彼は，行為における「被投性」の次元を

十分に考慮していた。ただ，近代人はもはや伝統のなかで有機的・調和的に生きていくことは不可能になったこと，それにもかかわらず有機的諸関係の調和要求が個々人に死重のようにまつわりついていたことに，彼は敏感であった。

　ジンメルやヴェーバーの社会学の個人主義的・反有機体的性格は，この点についての批判的意識抜きには，リアルに理解することができない。実践的にも，そこから生じるディレンマに自覚的に対処することが，不断に求められていた。それ故，「被投性」の次元は，少なくともジンメルやヴェーバーにとっては，ネグリジブルなものと見てはいなかったが，現代の多くのcommunitarianたちが説くような個人人格の根柢を支えるものなのではなく，むしろ主体性を鈍化させて伝統の有機的調和性のなかにまどろませようとする反個人主義的な意味を持つものであった。

　ヴェーバーの自由主義的個人主義にとっては，「負荷なき個人」として軽快に行為することが問題なのではなかったことは，責任倫理の意味を考えただけでもすでに明らかである。この意味では，ヴェーバーが資本主義社会のなかでの「末人」たちの負荷なき存在のあり方に批判的な眼を向けていたこと[12]が看過されてはならない。しかし，事態を歴史的に見つめながら，しかも過去からの過剰な負荷をはねのけて「企投性」の側面をどう生かすかが，彼にとっての主要な問題であった。ここに「歴史主義の子」を自称していたヴェーバーの，過去の歴史主義との対決の意味があった。

　アリストテレスは，プラトンの善のイデアを否定することによって，抽象的普遍的な原理から価値を基礎づけることを放棄した。ヴェーバーもまた，抽象的普遍的な原理から価値を規定する発想——つまり規定的判断に価値を基礎づける発想——は，具体的な問題状況のなかでの問題解決行為を不可能にしてしまう「無世界的」な行為を導きかねないものと見て，これを拒否した——この拒否の態度を価値ニヒリズムの意味での価値相対主義と直結させるのは，規定的価値判断のみを価値判断と速断し，ドグマでありながら普遍的に妥当する価値のみを価値と見てそれを求めようとする観点からの誤解でしかない——。しかし他面で，いわゆる「決断主義」——問題状況のなかで

の問題解決の可能性についての，行為の目的合理性に即した「賢慮」をかいくぐることのない「決断主義」——は，行為の帰結を十分に顧みないところから，結果的にそれを悪魔の奸計に委ねてしまう，没批判的な「心情倫理」の行為主義的形態だといわねばならない。

ところで，この「責任倫理」に適った具体的な問題解決行為のあり方に，ヴェーバーの「客観的可能性」という概念が深く関わっていた。また，この概念には，ヴェーバー自身による直接の言及がないのでどの程度意識されていたのかは明らかではないが，アリストテレスの，「自然的世界」の底にはある一定の「可能性の広がり」があるという見解と，ひそかに通じるものがあった。この「客観的可能性」という概念の内に，ヴェーバーの政治的判断論の核心があった。

アリストテレスは，「自然的世界」を，単純に「他ではありえない」「必然存在」と捉えていたわけではない。無論，数学的世界や宇宙の構造は人間の手の及ばないもの，「他ではありえないもの」＝「必然存在」である。しかし，「自然」には「豊かな無規定性」がある。つまり，人間の「制 作（ポイエーシス）」を通しての一定の「変更の余地」がある。その限りでそれは，「他でもありうるもの」＝「許容存在」である。「人間的世界」の事象については，この「他でもありうるもの」＝「許容存在」の比重がいっそう大きくなる。

アリストテレス的な「自然的世界」・「人間的世界」の底には，このような「いまだ現実化されていない可能性」が潜んでいる。特に「人間的世界」の底にあるこの「可能性」は不断に流動的であり，この「可能性」を「開発」する「起動力」は，「人間」だけが持っている。アリストテレスは，「あらゆる人間的営みが善を目指す」としてあらゆる人間的活動の善や目的への志向性を指摘し，また「技術的生成の原理は制作者の中にある」ともいっているが，このような言葉はこのことと関わっている[13]。

無論，アリストテレスには，「倫理的行為」を「技術的制作」から純化するための，「自己完結的内在的活動」と「技術的政策活動」の区別という〈行為の自己目的性テーゼ〉につながる主張があって，「倫理的行為」には，「技術的生成の原理は制作者のなかにある」という行為についての〈制作テーゼ〉

は適用しがたいようにも見える——この点を,あえてアリストテレス離れをしながら純化したところに成立したのが,既述したアーレントの「活動(アクション)」の観念である——。しかし,少なくともアリストテレスの「政治的行為」——「軍事的行為」を下位概念として含むところの——を,自己完結的な「目的なき倫理的行為」に——つまり,純化された〈行為の自己目的性テーゼ〉に——完全に解消することはできない。そのような解消が可能なのであれば,行為の原理としての「賢慮」の意味がなくなる。ペリクレスのようなすぐれた政治的・軍事的統率者を「賢慮(プロニモス)」をもった人と呼ぶことはできなくなる。そのようなものとしての「賢慮」の存在意味を奪い去ったとき,可能なのは,美的行為の遂行くらいでしかない。

アリストテレスのこの議論には,ハイデッガーの技術批判に発展していく問題が深く関わってもいる。しかし,本章では,次のことを,つまり,この「人間的世界」の底にある不断に流動的な「(客観的)可能性」を基礎にした目的的な——つまり行為についての〈制作テーゼ〉を含意した——倫理的・政治的行為のうちに,「賢慮」の存立基盤がある。したがって,「倫理的・政治的行為」から目的論的な契機を解消しそこから技術的意味を剝奪してしまうことは,アリストテレス的意味での「賢慮」の意味を無化することになるということ,むしろ「技術」の問題は,この「(客観的)可能性」を行為を通して現実化する方策の問題と別のものではないということ,を確認しておけば足りる。

ヴェーバーに戻るが,上の解釈を踏まえたうえで,そこでいわれていた変更可能な「自然的世界」+「人間的世界」を「歴史的社会的世界」と見て,「技術的制作」を「政策」目標の実現を目指す目的論的に合理的な行為と読み替えれば,ウェーバーの思想はアリストテレスの思想と大きく重なるものとして見えてくる。そこに,ヴェーバーにおける「客観的可能性」という概念が実践的判断として大きな意味を持ってくる余地もあるわけである。

「客観的可能性」は,無論レアールに存在するものではない。それは,存在可能ではあるが,必然的に存在するに至るわけではないというコンティンジェントな事態を意味している。この可能性は,行為的主体の,行為状況と

そのなかでの自らの行為が惹起しうる可能的結果についての「理解」のなかにのみ存在する。ウェーバーの「解釈的理解 deutendes Verstehen」という観念は，この次元に関わっている。そして行為主体は，理念型的には，この「解釈的理解」をとおして捉えられる「可能的諸結果」をはらむ現実のなかで，目的合理的行為という合理的に理解可能な行為をとおして，過去に由来するさまざまな契機とのコンフリクトに満ちた応答を繰り返しつつ，将来における自らの意図の実現を図っていくものとして想定されているわけである。

　こうした行為的主体の構想力のさまざまな深さに応じて，「客観的可能性」（＝さまざまな行為が実現しうる一定の「可能的諸結果」の束と考えてもいい）はさまざまな相貌を現してくる。そして，実践的に意味ある行為は，つまるところこの「客観的可能性」を地盤として行われる。行為主体としての人間の，現実と応答し合うこうした実践的行為のみが，「客観的可能性」のなかに潜む「可能的諸結果」の現実化を促しうるのである。そうした「客観的可能性」は，主体の構想力と行為能力との相関関係において可能的に存在するものであり，「解釈的理解」をとおして主体化され，行為化されうるわけである。したがって，このような意味での「客観的可能性」の「理解」とは，ヴェーバー的意味での行為的実存の存在可能性を支えるものでもある，ともいうこともできよう。

　こう考えてみると，「客観的可能性」という概念は，ヴェーバーの実践的判断論――「賢慮」といってもいい――の根幹に関わる意味を持っているといいうることにもなるであろう。無論，以上で示したアリストテレスとの比較は，たんに一応のものにすぎず，ヴェーバーの実践的判断力についての暫定的試論以上のものではない。しかし，その限りでヴェーバーの議論をこのようなものとして理解しておくなら，この「客観的可能性」とそれに関わる行為のあり方，またその関係についての「解釈的理解」の概念の内にこそ，ヴェーバーにとっての行為の合理性と行為主体の Authenticity ――自らの良心が抱懐する価値への，責任倫理的拡がりをもった忠誠――とが基礎づけられていたのではなかったか，と思われることになる。

　こうして，ヴェーバーの「責任倫理」のポイントは，「歴史的現実世界」

の底に潜んでいるいまだ現実化されていない「客観的可能性」と，その「可能性」を発見しそれを自らの行為を通して現実化していこう——そのことによって当面する問題を解決していこう——とする「人間の起動力」との関係のなかで成立する実践的判断＝政治的判断の問題にある，ということができる。この交錯点には，その場合「可能性」の「現実化」を目指す目的論的な＝技術的な行為のありよう，その行為の前提となる状況の「認識」，「可能性」の「現実化」に伴って生じる諸問題(たとえば行為の副次的帰結に関わる問題等)が関わってくることになる。

　それだけではない。そこにはさらに「歴史的実在の世界の底にあるいまだ現実化されていない可能性」の汲み尽くしえないほどの豊かさと暗さとがある。そこには，他のパースペクティヴから他の仕方での問題解決を——あるいは，そもそも問題状況それ自体の別様の解釈に基づくまったく別の問題の解決を——志向する他者の判断や行為との軋轢，論争，闘争が不可避となる余地がある。そのようなコンフリクトは悲劇的なものでもありうるが，相互に価値意識と問題意識とを深め，覚醒しあう可能性をはらんでもいる。選択された行為から生じてくる「思わざる帰結」とのフィードバックの必要性もそこに絡んでこよう。この軋轢，論争，闘争は，人間的事象のなかでは不可避なものだが，それはいかに生産的に展開されうるのか。そのなかで，行為者としての個人の尊厳は——そして本来的な実存，自己欺瞞に陥ることのない Authenticity は——，なおいかにして可能であるのか，の問題が生じてくる。

　そこには，大衆社会のなかに頽落している人々は，このような行為者としての個人の尊厳とどのように関わりうるのか／むしろ，そもそも関わりえないのかもしれない，といった大衆社会化状況の克服可能性に関わる深刻な問題も伏在している。そして，こういう問題が，規定的判断力と反省的判断力との交錯点に，したがって「解釈学的循環」の渦のなかに，位置していると考えられるのである。

　責任倫理の成立によって，宗教的行為と反省は，最終的に現世的行為とその反省に転化する。ヘーゲルは，「新聞を読むことは，現実主義者の朝の祈

りだ」といっている。現実主義者の祈りとは，直接に神と向き合うよりはむしろ世界と向き合い，世界への視線を自らに折り返させ，世界と自己との関係を深く反省することだ，というわけであろう。ヴェーバーが，ザッヘに関わる仕事を「職業＝召命(ベルーフ)」と呼ぶとき，この現実主義者の祈りの精神は，徹底的に行為的な個人主義の色彩を与えられて，深められている。

　ヴェーバーの「解釈的理解」という何度か言及してきた概念は，このような「歴史的実在の世界」の底に身を潜めている「客観的可能性」を自らの行為と関わらせながら読み取り，それを行為的に「現実化」させていこうとする主体にシャープな焦点を当てるものであった——そしてこの「解釈的理解」が，ヴェーバーの歴史理解の原点にも，社会理解の原点にもなり，また，その根柢にある行為的人格の理解にも，またそのことをとおして実存的自己理解の原点にもなっている——＊。こうして，ヴェーバーの「解釈的理解」の対象は，つまるところ個人としての実践的行為者の行為なのである。

＊この点は，とりわけ『ロッシャーとクニース』と『批判的研究』から明確に読み取りうるところだが，それは，ヴェーバーのラディカルな自由主義を根柢で支える行為的個人観——「プロテスタンティズムの倫理」に淵源しながらその倫理との対決によって生じたところの——に深く関わる論点でもある。本章の全体は，この意味では，この行為的個人についての「解釈的理解」ということを最大の焦点とする私の今後の研究の序論的意味を持つ走り書きである。

VIII　ヴェーバーの pragmatisch な歴史理解・社会理解

　ヴェーバーは，行為する個人的な実践的行為者の相互関係のなかに現実世界の動因があると考えている。ここにヴェーバーの方法的個人主義につながる発想があるのだが，このような現実世界の動因についてのヴェーバーの考え方を「pragmatisch な観点」と呼ぶことができる。
　たとえば，ヴェーバーは，「理解社会学」においていう。

　「社会学は，歴史学と同じように，さしあたっては「pragmatisch」

に，つまり行為の合理的に理解可能な諸関係から，解明していくものである。……一般的にいえば，理解社会学についても事情は同じである。理解社会学に固有な対象とみなされるのは，任意に選ばれた「内面的状態」や外的行動ではなくて，行為だからである」[14]。

ところで，ヴェーバーのこのpragmatischな歴史理解・社会理解の観点は，現代的解釈学の源流に位置し，歴史主義者でもあったディルタイの観点ときわめてデリケートな関係に立っている。ここでは，便宜上，マックリールの叙述に従って事態を確認しておこう。

ディルタイは，「目的論の源」と「理解」とを心理学的なものと考え，個人を歴史における動因と考えた。要するに目的論を個人の心理に内在化させた。だからといって，ディルタイは，ヘーゲルが軽蔑的に「フランスやイギリスの「pragmatischな歴史」と呼んだもの」──「個人的な利害関心のでたらめな相互作用」として成立する歴史──を受け入れたわけではない。ディルタイは，むしろ「pragmatischな歴史とヘーゲル的な歴史哲学との間の中間的な領域を見出そう」としていたのである[15]。

この「pragmatischな歴史」と「ヘーゲル的な歴史哲学」との「中間的領域」は，しかしディルタイによっては，つまるところ「より大きな超個人的な目的」に関わる「必然的な連関」と理解されている。ヘーゲルの「理性の狡知」を半ば取り込んだうえで，結局はそれを主要な要素にしてしまっているのである。ディルタイはこういっている。

「この偉大な目的連関は，何よりも二つの手段を行使している。第一は，個々人の行為の首尾一貫した協力であり……第二は，歴史のなかの偉大なる意志の統一体の力であるが，この第二の力こそが，統一体に従う個々の意志を介して，社会の内部に首尾一貫した行為を生み出すわけである」[16]。

ディルタイが，このように「pragmatischな歴史」を最終的にはヘーゲル

的な「理性の狡知」へと組み入れていったのは，功利主義的思考様式に表現された個人主義的な推力を拒絶しがたいものと見ながら，結局はそれをあくまでも歴史主義の意味での有機的な全体性のなかに繋ぎ止めようとする彼の歴史主義的な個人理解の限界のゆえであった。

　しかし，ヴェーバーは，むしろヘーゲルからは完全に断絶した pragmatisch な観点に立ち尽くし，それを自らの歴史理解・社会理解の基本的視点とした。無論，だからといって，ヴェーバーは，功利主義的な意味での「個人的な利害関心のでたらめな相互作用」を甘受したわけではない。ここで重要なことは，ヴェーバーが「プロテスタンティズムの倫理と資本主義の精神」において，功利主義を「プロテスタンティズムの倫理」の頽落形態として批判的に見ていたことである[17]。しかし，ヴェーバーは，功利主義の快楽主義的要素については否定したが，そこにおける帰結主義の局面については，それを否定するどころか，大いに重要視した。その帰結主義的観点は，より徹底されたうえで，責任倫理の重要な構成要素とされたのである。

　この功利主義に対するヴェーバーの批判的視点を踏まえれば，そこに次のような可能性が浮上している。つまり，功利主義をいったん「プロテスタンティズムの倫理」というそれの原点——自由主義の文字どおりの意味での原点でもある——に還元させたうえで，その「倫理」を，以上で述べてきたヴェーバー的な責任倫理的な行為論にまで精錬されるべきものとして捉え返し，そのことによって pragmatisch な観点を，脱快楽主義化させるという可能性である。つまり，ディルタイが「個人的な利害関心のでたらめな相互作用」以外の何ものでもないと見た英仏の功利主義的な「pragmatisch な歴史」観を，ヴェーバー的な意味での自由主義的個人の主体性——自らの行為の帰結について責任を負おうとするところの——が織りなす「pragmatisch な歴史的社会的理解」——より正確にいえば，そのような主体を理念型的な主体として前提にする「pragmatisch な歴史的社会的理解」——に再構成していくという可能性である。

　紙幅の関係できわめて図式的な言い方になったが，このように考えてみると，ヴェーバーが，ヘーゲル主義的で有機体論的な陥穽に陥ることなく，ま

た英仏の功利主義的な発想とも区別可能な形でディルタイ的な発想をより明確に個人主義化させながら批判的に継承し，同時にその「pragmatisch な歴史的社会的理解」のモティーフを生かそうとした道筋が，モデル的に想像できるであろう。

　この問題がヴェーバーの思想史的意味にとって持つ重要性を確認しておくために，ヴェーバーの『ロッシャーとクニース』におけるロッシャー批判の一節を見ておきたい。

　歴史主義者・ロッシャーの「歴史相対主義」は，ヴェーバーにいわせれば問題的なものであったが，その問題性は，歴史的相対主義と倫理的進化論の結合にあった。この結合を基礎として，ロッシャーは，一定の歴史的段階における進化の方向性に立脚した客観的「規範」の可能性を承認し，学問にそれを発見する役割を与えた。ヴェーバーは，このような立場に対しては，一方では「学問」を没価値的 wertfrei なものとして認識の枠内にとどまらせようとした。しかし，他方では，そのような没価値的 wertfrei な認識において「知る(＝認識する)に値する」ものを選択する原理は，「学」を超えてその「基礎」となる個々人の価値意識にある，とした。そして，この「学」を可能にしながら「学」を超えてその「基礎」となる個々人の価値意識を「汝があるところのものになれ Werde, der du bist」というピンダロスの周知の言葉に連続させ，ロッシャーの歴史的相対主義は，このような本来的な倫理的次元を圧殺するものだ，と批判したのである[18]。ここで，ヴェーバーは，歴史主義を批判しながら，「汝があるところのものになれ」といういわば実存的な自己選択＝自己決定への促しを，価値中立的な科学と接合しているわけである。

　このようなヴェーバーの観点から振り返っていえば，ディルタイの議論が，「汝があるところのものになれ」といい放つべき価値判断の個人性の立場の直前にまで来ながら一歩を残して萎縮し，脱形而上学化されたヘーゲルに逃げ場を求めていたことの意味も，明らかであろう。いわばここに，「歴史主義の子」ヴェーバーの，歴史主義的有機体説——ドイツ的 communitarianism ——の最終的な克服へ向けてのポイントがあった。

IX　まとめに代えて

　さて，もはやまとめの議論を行うべき段階だが，ここではやや唐突ながら，三木清の議論を批評的に一瞥し，それを総括的議論に転用しておくことにしよう。

　三木によれば，ヘーゲルとディルタイを含む歴史主義的「有機体説」において「支配的なるもの」は，「観想的性質」をもつ「アリストテレス的なテロスの思想」であった。これを拒否するところに，歴史主義を批判して再び実践的な行為の地平を取り戻すという課題が成立する。三木の立てたこのような課題は，本稿の観点からすれば，ヴェーバーの「解釈的理解」の考え方と直接につながっていくのだが，三木自身は，ヴェーバーをリッカートの思考枠組みのなかに置き入れて理解してしまっているために，そこにヴェーバーを十分に位置づけることができず，ディルタイ的解釈学の批判的突破という地点で悪戦苦闘する。

　しかし，ともあれ，三木によれば，「観想」的立場からは，未来へと突き刺さっていく意志に担われる「現在の過程性」・「時間性」を把握することができない。この三木の指摘は的確である。かくして，「観想」を超えて「歴史」を「実践的なもの」が創り出す「過程性」へと転換させていくことが課題となる。三木は，思想史的にこの転換を行ったのがニーチェとそれに続く「生の哲学」であり，それは，ハイデッガーにおいて総括された，と見ている。ところで，留学時代の三木の師たるハイデッガーは，後年の三木によれば，「ディルタイと最も生産的な関係を結んだ」哲学者として評価されてよいのだが，そのハイデッガーの現象学は，ディルタイが眼を向けた「客観的世界」——ヘーゲル的な「客観的精神」の世界＝社会的・歴史的世界——から後退して，「人間の生における内面的な構造の内に留まろう」とする憾みを遺していた。この意味でハイデッガーの時間解釈は，内面的なものに傾斜する欠陥を残すことになった[19]。

　ハイデッガーに指導を受けたマールブルグ大学を去って帰国以後の三木は，

周知のようにマルクスに傾斜した。そのマルクスへの傾斜は，直接にはレーヴィットの，間接的にはルカーチの影響に後押しされたものであるが，いずれにせよ，マルクスへの傾斜は，ヘーゲル―ディルタイ的な「客観的世界」を行為的地平に取り込んだうえで，「現在の過程性」を尖鋭化させ，もってその「観想的性質」を「実践的なもの」へと転換させようとする展望に立ってのことであった。

　後の三木は，むしろこの展望を維持し発展させるためにこそ，マルクスから去った。そして，あらためてディルタイにまで戻ったうえで，それからハイデッガーへと連なる道を拒絶してディルタイ的観想性を超える可能性を「レトリックの精神」と「構想力の論理」に求めようとした――また，そのことによって西田幾多郎の「行為的直観」の概念を敷衍し発展させていこうとした――。

　この三木の問題理解は，きわめてシャープなものであり，現代にも通用しうる一面を持っていると評価しうるであろう。だが「新カント派のヴェーバー」というおそらくはハイデッガー譲りの先入観に妨げられた結果，三木は，ヴェーバー評価を漸次高めながらも，いま一歩問題の焦点に踏み込むことができなかった。また，三木以後の日本のヴェーバー研究は，このような課題意識を抱くことすらなかった。

　しかし，三木はともかくとして，我々は，このような事態に焦点を置きながら，それとの関係において，ヴェーバーが，ディルタイの類型論をどのようにして自らの理念型論にまで高めたのかという点などとともに，ディルタイの解釈学をいかにして自らの「解釈的理解」の方法へと転換させ，行為についての構想力・政治的判断力の問題を，具体化していったのかという問題を考え合わせていくことができるであろう。そのためには，たとえばヴェーバーの「理解社会学」というヴェーバー的な解釈学の世界を，学問的領域とその学問の前提となったヴェーバー自身の価値世界との交錯点において理解し直す必要があるであろう。そうすれば，三木が踏み出しえなかった一歩のありようも見えてくるのではないであろうか。

　ここには，ヴェーバーがジンメル――師に疎まれたディルタイの弟子とし

てのジンメル——といかなる意味において思想的盟友関係にあり，いかなる意味で思想的に齟齬する関係にあったのか，ディルタイについての批判的継承と克服のうえで成立したヴェーバーの「解釈的理解」の方法は，ハイデッガーやガダマーの哲学的解釈学という形でのディルタイの継承発展の系譜とはどのような関係に立っているのか，ヤスパースによるヴェーバーの継承は，その点から見れば，いかなる問題性を孕んでいたのか，というような問題が生じてくる——ハイデッガーの弟子でもあったが，ヤスパースの弟子でもあったアーレントの評価も大きくはこのような諸問題の内に算入しておきうる——。

念のために繰り返しておくが，私は，このような文脈のなかにエールリッヒ法学を——「生の哲学」の法学版として——位置づけることができるし，法哲学的・法思想史的に特に重要なのは，そのことをも意識しつつヴェーバーをこのような文脈のなかで意味づけ直すことだ，と考えている。

さて，この論文執筆は，紙幅と現時点での力量との関係で，問題を解決することなく課題だけを増やす結果になった。しかし，方向性の自己了解だけは，それなりに明快になった。あくまでも過渡的な性格を持つ習作と寛容に見ていただければありがたい。

1) Ronald Beiner, *Political Judgement*, (Methuen, 1983), p. 11.（浜田義文監訳，『政治的判断力』，法政大学出版局，1988 年，15 頁）；vgl., Hans Georg Gadamar, Wahrheit und Methode, Grundzüge einer philosophischen Hermeneutik (J. C. B Mohr [Paul Siebeck], 1960), S. 16ff.（轡田収他訳，『真理と方法 I』，法政大学出版局，1986 年，26 頁以下）。
2) Beiner, *op. cit.*, pp. 11-12（浜田訳，前掲書，15-16 頁）；vgl., Gadamar, *op. cit.*, S. 17ff.（轡田他訳，前掲書，27 頁以下）。
3) Cf. Rudolf A. Makkreel, *Dilthey: Philosopher of the Human Studies* (Princeton University Press, 1975), p. 263, pp. 269-270.（大野篤一郎他訳，『ディルタイ——精神科学の哲学者』，法政大学出版局，1993 年，300 頁，307 頁）。
4) 長谷川晃，「法のクレオールと法的観念の翻訳」(本書所収)，5 頁。なお，法のクレオールとの関係で本論文の前提となる考察として，拙稿，「研究ノート：〈法のクレオール〉と主体的法形成の研究へのアプローチ(2)——司法を通しての法形成と法文化

の地平の融合・覚書」(北大法学論集 58 巻 4 号, 2007 年, 335-357 頁)。
5) Beiner, *op. cit.*, p. 25. (浜田訳, 前掲書, 35 頁)。
6) Beiner, *op. cit.*, p. 150. (浜田訳, 前掲書, 221 頁)。
7) Beiner, *op. cit.*, p. 150. (浜田訳, 前掲書, 221 頁)。
8) Max Weber, Gesammelte Aufsätze zur Wissenschaftslehre (GWL), S. 257. (森岡弘通訳,「文化科学の論理学の領域における批判的研究」; 同訳,『歴史は科学か』, みすず書房, 1965 年, 163 頁。
9) Max Weber, Die protestantische Ethik und der kapitaistische Geist (in; Gesammelte Aufsätze zur Relogionsoziologie I (GRSI) S. 182 Anm.) (大塚久雄訳,『プロテスタンティズムの倫理と資本主義の精神』, 岩波文庫, 1989 年, 325 頁)。
10) Georg Simmel, Kant: Sechzehn Vorlesungen gehalten an der Berliner Universität (in: Georg Simmel, Kant: Die Probleme der Geschichtsphilosophie (1905/1907))(in: Gesamtausgabe Bd. 9, S. 115.)(生松敬三訳,「カント」,『ジンメル著作集 4』, 白水社, 1976 年, 139 頁)。
11) Weber, GRSI, SS. 198-199. (大塚訳, 前掲書, 356 頁)。
12) Vgl., Weber, GRSI, S. 204. (大塚訳, 前掲書, 366 頁)。
13) 岩田靖夫,『アリストテレスの倫理思想』(岩波書店, 1985 年), 17 頁, 21-22 頁, 59-60 頁を参照。
14) Weber, GWL, S. 405. (林道義訳『理解社会学のカテゴリー』, 岩波文庫, 1968 年, 14-15 頁)。
15) Makkreel, *op. cit.*, p. 62. (大野他訳, 前掲書, 54-55 頁)。
16) Wilhelm Dilthey, Einleitung in die Geisteswissenschaften, Versuche einer Grundlegung für Studium der Gesellschaft und der Geschichte, Bd. I, in: W. Dilthey, Gesammelte Schriften, Bd. 1, 1922, SS. 53-54. (牧野英二編集・校閲,『ディルタイ全集 第一巻 精神科学序説 I』, 法政大学出版局, 2006 年, 63 頁)。
17) Vgl., Weber, GRSI, S. 30ff. (大塚訳, 前掲書, 39 頁以下)。
18) Weber, GWL, S. 38. (松井秀親訳,『ロッシャーとクニース』, 未来社, 1988 年, 79-80 頁)。
19) 三木清,「現代思潮」および「現代哲学思潮」(『三木清全集第四巻』, 岩波書店, 1967 年), 251 頁, 376 頁。

8. EUのなかのイギリスにおける憲法の主体的なクレオール

中村民雄

I　はじめに

　長谷川晃の提唱する法のクレオールは，「異なる法文化・社会の遭遇の際に生ずるさまざまな力の関係の内で，複雑に重なり合う社会的関係を通じて人々のさまざまな法的活動が掛け合わされながらあらたな法の創発へと向かって繰り返される，法秩序の形成と変容の根元的で普遍的な動態」と定義される[1]。

　EU[2]の法秩序(構成国とEUの複合法秩序[3])は，法のクレオールを観察する好条件をいくつか備えている。第一に，EUと構成国の異質な法が遭遇すべき制度になっている。制度化されているから，遭遇は恒常的で持続的である。構成「国家」の法と国家を超えてマクロ地域の法となるべきEU法が相補関係にも緊張関係(＝異質性)にも立つことは論をまたない。構成各国の法どうしも，英米法圏と大陸法圏などマクロの異質性が見られる[4]。

　　異質な法はEUの立法過程と実施過程で典型的に遭遇する。EUは域内市場の統合のために各国法の調和(＝改正)に立ち入る立法ができる。そのとき異質な各国法はEU立法の起草過程で遭遇し，それらの妥協やEU独自の利害も注入されて結果出来上がったEU立法はどの各国法とも異なる独自性をもつ。そのEU調和立法の実施を各国法は義務づけられ，法的な応接を迫られる。
　　異質なEU法と各国法は，EUの裁判制度を通しても遭遇する。先決裁定制度である。EU法は明確かつ無条件であれば各国の私人に直接に

権利を発生させる効果(直接効)をもち，しかも憲法を含むあらゆる各国法に，その制定の前後を問わずつねに優先する(EU 法の優位性)。そのような EU 法の各国での統一的適用を確保するために，EU 法の効力と解釈の問題を抱えた各国の裁判所は当該 EU 法問題を欧州司法裁判所に付託し，統一的な裁定を得て，終局判決に至ることができる(国内最上級審では付託が義務となる)。これが先決裁定手続である(旧 EC 条約 234 条，現 EU 運営条約 267 条)。これにより各国裁判所は EU 法と欧州司法裁判所に遭遇し，欧州司法裁判所は各国法と裁判所に遭遇することが制度として恒常化・持続化されることになる。

　第二に，EU 諸国もあらかじめ EU の設立を通して，EU 法と各国法の遭遇および EU 設立条約に掲げる範囲でのクレオールに同意している。クレオールが生じる状況を長谷川は，「拡大-接受」〔一方が流入し他方が順応する状況〕，「支配-抵抗」〔一方が抑圧し他方が抵抗する状況〕，「侵略-対抗」〔一方が圧迫し他方が不本意な応接をする状況〕に三分類する[5]。それに即していえば，EU 法と構成国法の関係は「拡大-接受」の状況となる「べき」だと(少なくとも EU 法上は)想定されている：EU 条約は，構成国の EU 条約誠実履行義務を定め(旧 EC 条約 10 条，現 EU 条約 4 条)，いくつかの構成国も憲法に EU 法の一般的受容規定を置く。もちろん法のクレオールは事実把握の視座である。現に生起する法の変成現象こそ観察対象となる。ゆえに「べき」の存否にかかわらず EU の法秩序の事実平面を眺めればよい。しかし EU の法秩序では事実平面に「べき」の法的圧力が働いているため，裁判官の事実認識が「べき」力により再構成されうるのである(具体例は後述する)。

　第三に，EU の法秩序では，法の形成主体として私人が国家と並び立つほど大きな役割を演じる。私人をその地位に立たせたのは EU 判例法である。EU の固有の裁判所(欧州司法裁判所，ECJ)は，1960 年代に EC 条約規定について直接効が発生しうることを認め，また EC 法の各国法に対する優位性原則を示した。1970 年代には直接効を EC 規則や指令などの二次立法にも認め，優位性原則を繰り返し判示して，判例原則として確立させた[6]。1980 年

代には，直接効の有無を問わず EC 法に各国法を可能な限り適合解釈すべきだと判断した。1990 年代には，構成国の EC 法違反行為により損害を被った私人は当該構成国に損害賠償を EC 法上請求できるとの法理も示した[7]。こうした EU 判例法を私人や構成国が正統な法の表明として受け入れてきた結果，私人は訴訟を通して EU 法の履行を推進し，時には EU の条約や立法の交渉当事者が予期しなかった法的結果まで実現できるようになった[8]。

以上のような好条件から，EU の法秩序では法のクレオールが観察しやすい。しかしこれは「好」条件ゆえに，それらを欠くような法秩序を含めて法のクレオール一般論を展開する際には，EU の事例を以って一般化することには注意を要するであろう。

それにしても，EU の法秩序形成に対する法のクレオールの視座は，従来の比較法学を超える新味をもつのであろうか。比較法学においてもすでに，EU 法の拡張と各国法の継受について，各国法の「収斂(convergence)」や「ヨーロッパ化(Europeanisation)」といった概念で記述する試み[9]があり，また拡張と継受のメカニズムを「法の移植(legal transplant)」や「法の交雑(legal cross-fertilisation)」というモデルで捉える試み[10]もある。これらは法の変化のプロセスを追う点で法のクレオールと同様の動態的な視座に立つ。

しかし，「収斂」「ヨーロッパ化」「移植」「交雑」といった視座での論稿の大部分は，その現象が起きる法外の圧力状況(拡張，支配または侵略など)まで考慮してはいない。これは非西欧諸国の経験した近代化過程を知る我々には物足りない。さらに，収斂や移植等は国家法の法としての変成ぶりを記述することが多く，その変成をもたらす国家以外の多様な主体の法言説への関心は薄い。トワイニングはこうした従来の比較法学の方法的限界を駄洒落で"Country and Western tradition"（国家と西欧中心の伝統）と評した[11]。

他方，法のクレオールの視座は，法形成の動態を西欧や近代以外の時空に広げて考察すべきことに自覚的であり，法の変成の場に働く法以外の圧力も視野に入れ，非国家主体を含む多様な主体が多様な回路により法形成へと言説を繰り返す実態を捉えようとする。つまり比較法学にとって法のクレオールは，異質な法の遭遇と変成プロセスを解明するために必要な，新事実の発

見のための視座を提供する。その発見に成功し，法変成の動態的な過程への理解が深まるなら，法変成の機序に関する仮説形成にも貢献できよう。

　本章では，クレオールの視座を新事実発見のために活用し，法変成プロセスの立体的・多面的な活写を試みる。そこで本稿では，EU の法秩序における法の変成についても，「拡大-接受」の状況だけでなく，「支配-抵抗」や「侵略-対抗」に相当すると思しき状況があれば考察の対象に入れ，また国家主体だけでなく非国家主体(特に EC 法上の権利を行使する私人)の法変成を求める言説にも注目して考察を進める。ただし EU の法秩序は 27 の各国法と EU 法の広範にわたるので対象を絞る。一般にクレオール現象は，出会う法どうしの異質性が大きいほど明瞭に観察できるであろう。そこで大陸法圏の諸国が主流の EU のなかで異質性が高いと目される英米法圏のイギリスの，特に憲法を取り上げる。EU 諸国内で唯一不文憲法の国であることの異質性が，たんに成文ではないという形式的な意味を超えて，憲法の観念の仕方そのものの違いにまで及んでいることも，行論から次第に見えてくるであろう。また本章で取り上げる憲法問題は，イギリスのあらゆる分野の実体法の正統性と運用のあり方を規律する根源的な問題であり，その重みはきわめて大きい。

II　イギリス憲法における EU 法の受容[12]

(1)　国会主権の原則と EU 法の優位性——異質な法の遭遇

　イギリスは 1973 年に EC に加盟した。このときから「EU 法の優位性」を掲げる EU 法と遭遇することになった。しかし「EU 法の優位性」原則は，イギリスのコモン・ローの(不文の)憲法原則である「国会主権の原則」と両立しないのではないかと，加盟以前から国会や学界で論争になっていた。

　19 世紀後半の憲法学者ダイシー(1835-1922)が説き，イギリスの裁判所もそれをコモン・ローの適切な叙述と認めてきた「国会主権の原則」によれば，国王・貴族院・庶民院の三者からなる「国会」だけが，つねにどの会期においても法的に無制限の立法権をもち，国会以外の何人も(ゆえに裁判所も)，国

会の立法を無効としたり適用を拒否したりできない，というのである[13]。したがって，前の国会の立法は，後の国会の立法により抵触がある範囲で覆される。イギリスの裁判所は，抵触が明示的に起きる場合だけでなく，黙示的に起きる場合にも後法による前法の改廃を認めてきた。また国際法と国内法の関係について裁判所は，内閣が締結する国際条約で国民の権利義務に影響するものは国会の受容措置がなければ国内法的効力を持たないと判断していた(二元論)[14]。

他方，「EU法の優位性」の原則によれば，EUの構成諸国は，EU条約に掲げる事項に関する統治の主権的権利をEUとの関係で制限または移譲して共通機関EUを設立し，それに立法・行政・司法の統治権を認めたのであるから，EU条約(基本法)だけでなくEU機関において適法に採択されるEUの立法(派生法)も，つねに各国の共通法かつ上位法として各国法の一部をなすものとなり各国内で直接の法源となる(一元論)。そう考えないと共同体はEU設立後に構成国が一方的に反共同体的な国内立法をしたとき統一を保てず瓦解する[15]。EU法は各国法の上位法ゆえに，直接効があるEU法は，各国法とEU法の制定の前後を問わず，またどの階位の各国法かを問わず，あらゆる各国法に優先して適用されるべきである。またEU法は上位法であるから，EU法に直接効がなくても，国内法をEU法に適合的に解釈すべき義務が生じる(間接効)[16]。

(2) 加盟時の立法者の対応と残る問題

この原則的な対立をめぐりさまざまの学界の議論があったが[17]，イギリス国会は，EU加盟直前にEU条約を批准し，直接効の法理と「EU法の優位性」も将来にわたり一般的に受容する立法をした(European Communities Act 1972 (c. 68)〔1972年EC加盟法〕)。

しかしイギリス憲法にとっての難題は，1972年EC加盟法をそのように制定したところで，当の受容法が後の国会の立法により(明示的にも黙示的にも)改廃されうる(と裁判官が考え続ける)ならば，EU法の優位性を保障できないところにあった。1970年代当時，学界の通説であったH・W・R・ウェ

イドによれば，法的に無制限の国会がどの会期にも存続するというコモン・ローの「国会主権の原則」は，国会の立法の効力や優先関係を決めるメタ・ルールである。それは国会の立法に先立つ根本規範であり，かつコモン・ローのなかでも特殊な規範でありＨ・Ｌ・Ａ・ハートのいう「承認のルール」である。すなわち1688/89年の名誉革命で樹立された統治体制を法的に正統と見るという裁判官の政治事実認識と法的判断が渾然一体となったコモン・ロー規範であり，それは裁判官の胸の内にのみ宿るから，国会の立法をもって変更することはできない，というのである[18]。イギリスの貴族院や控訴院を代表するような有力裁判官も，この当時，講演や判決の傍論で，1972年EC加盟法があっても，後の国会がEC法に違反する立法をしたときは，（EC法ではなく）後の国会の立法を適用しなければならないと述べていた[19]。

(3) 1970-80年代の裁判官の対応

もっともEC加盟後の1970-80年代の裁判において，イギリスの裁判官は，EU法とイギリス法の抵触を争った諸事案に接しても，可能な限りイギリス法をEU法に適合解釈して，憲法問題を回避していた[20]。適合解釈の最優先を力説していた，デニング記録長官(Master of the Rolls：控訴院長官)のEU法「満ち潮」発言は，クレオールの視座との関係で興味深い。

>「〔EC〕条約はイギリス本土とその人民だけに関する問題には関与しない。これはまだイギリス法が扱う。…しかしヨーロッパの要素を含む問題となると，<u>〔EC〕条約は満ちて来る潮のようである(like an incoming tide)。押し返すことはできない</u>。国会は〔EC〕条約が今後は我が国の法の一部だと布告した。それは制定法と同等の効力をもつ。根拠規定は1972年EC加盟法2条1項である。」[21]（下線筆者）

これは判決の傍論であるが，国会がEC加盟を決めた以上，イギリス法においてもEC法の存在をもはや否定できず（自然現象として受け入れるしかない満

ち潮への比喩)，基本的に EU 法とイギリス法の関係は「拡張-継受」(満ちて来る潮)の図式で甘受せねばなるまい(押し返せない)という EU 法観である。

1980 年代末になると，しかし，ついに裁判所も EU 条約に適合解釈が不可能な国会立法に接し，憲法問題に正面から取り組まざるをえなくなった。ファクタテイム事件である[22]。

この事案では，EU が資源保護に当たる北海についてイギリスに配分した漁獲割当があり，各国割当は当該各国で登録した漁船のみ利用できた。スペイン人がイギリスに設立した会社を通してイギリスの漁船登録をし，イギリス割当分を使った漁労をし，獲た魚はスペインに輸出した。これをイギリスの漁業者が「割当破り(quota hopping)」と非難して国会に立法措置を求めた。国会は 1988 年に商船法を改正して，イギリスの漁獲割当を使えるイギリス漁船の登録資格を定住イギリス人または定住イギリス人が 75%以上株式を有する会社に限定した。スペイン人が 100%株式を保有するイギリス設立の原告漁業会社は，このため漁船登録ができず廃業の危機に瀕した。そこで原告は，直接効のある EU 法上の権利(国籍の差別を受けずに域内のどこにおいても会社を設立する自由(旧 EC 条約 52 条・現 EU 運営条約 49 条))を 1988 年法が侵害すると訴え，あわせて 1988 年法の原告に対する適用差止めの仮処分も申請した。(ここでは，割当は自国民の漁業のための獲得物と考えるイギリス国会の発想と，割当は EU 諸国・諸国民の共有物で，各国割当は運用管理の各国分担にすぎず，EU 市民はどの国でも漁業ができると考える EU 法の発想が対立している。)

権利侵害があるかどうかの本案は下級審が欧州司法裁判所の先決裁定を求めた。仮処分の点だけ貴族院まで上訴され，貴族院は，イギリスのコモン・ロー上，裁判所は国王とその家臣(現代では内閣・行政府)に対する差止命令権限をもたないので，1988 年法を執行する行政府に対する仮差止命令はできないと答えた。しかし別途，EU 法上の権利を実効的に保障するための仮の救済を各国裁判所が与える EU 法上の義務も存在しうるので，その存否を問うとして，欧州司法裁判所に先決裁定を求めた[23]。欧州司法裁判所はその義務を肯定し[24]，貴族院は仮差止を認めた[25]。その後本案で EU 法上の権利侵害が確定した[26]。

この事件を「国会主権の原則」と「EU法の優位性」の対立に引きつけていえば，貴族院は結局，EU法に基づいて国会立法の適用を拒否したことになる。原告一人への仮差止も，EU法上の権利侵害が確定すれば，原告と同等の地位の人々へも拡張して一般的に1988年法の適用拒否とせざるをえない。またイギリス法上は存在せずEU法上存在する仮差止が認められるのは1972年EC加盟法を通してであるから，1972年の国会が1988年の国会を仮差止の範囲で拘束することにもなる。これらはダイシー流の「国会主権の原則」に反するであろう。

　それゆえ，仮処分に関する貴族院の諸判決で，ブリッジ裁判官は憲法問題に言及した。

　〔イ〕「1972年EC加盟法2条4項によって，1988年法は直接援用可能な〔EU法上の〕権利に従うように解釈され効力をもち，そのような権利は1972年EC加盟法2条1項によって，法として承認され……る。これはあたかも<u>1988年法に，イギリス漁船の登録に関する規定はECのあらゆる構成国の国民のEC法上の直接援用可能な権利を害することがないものとする，という規定が挿入されたのとまったく同一の効果をもつ。</u>」[27](下線筆者)

　〔ロ〕「EC内においてEC法が構成国法に優位することがEEC条約に必ずしも内在するものではないとしても，<u>明らかに欧州司法裁判所はイギリスがECに加盟する以前に判例でこの優位性をすでに確立していた。したがって，国会が1972年EC加盟法を制定したときに受け入れた主権のいかなる制限も，完全に自発的なものであった。</u>1972年EC加盟法の文言からして，イギリスの裁判所は…直接適用可能なEC法と抵触すると判断された国内法のあらゆる規範を覆す義務を負っていることがつねに明らかであった。…したがって，EC法が適用される分野において，EC法に優位性を与えることはなんら新奇なことではない。また，EC法上の権利を保護するために仮の救済を与えることが適当な事案に

おいて，……当該救済の付与を国内法に妨害されないとイギリスの裁判所が述べることは，前述の優位性を承認することの理論的な帰結に他ならない。」[28]（下線筆者）

　ブリッジ裁判官は，引用〔イ〕において，1972年EC加盟法の規定が1988年法に「挿入された」のと同等効果と構成した。そうすれば前法と後法の抵触はなく，後法自身が制約を内在させていると解釈することになる。むろんこれはフィクションである。従来風にいえば，後法（1988年法）が前法（1972年法および受容したEU法）を少なくとも〈黙示的には〉改廃しないことを認めたことになる。そして引用〔ロ〕において，ブリッジ裁判官は，「挿入」のフィクションが正当化されるのは，1972年の国会が「EC法の優位性原則」をすでに知っており，それを「完全に自発的」に「受け入れた」からだと契約法風に説明している。法のクレオール流にいえば，国会が明文で抵抗の意思を示さない限り，裁判所はEU法を「支配−抵抗」の図式ではなく「拡張−継受」の図式で捉えるというのである。本件の国会が意図的に外国人と外国人が資本支配する会社を排除する動機から立法したにもかかわらず，特定のEU法に「抵抗」する意思が明確であったにもかかわらず，である。

　ブリッジ意見が残した論点は，EU法の適用があるべき事案で，後法が〈明示的に〉前法（1972年法および受容したEU法）を改廃すると認めるかどうかである。ブリッジ意見は「挿入」推定を国会の（EC加盟契約）意思を根拠に正当化した。それを推すなら，後法が〈明示的に〉特定のEU法に反する意思やEU脱退の意思や1972年EC加盟法廃止の意思を示すなら，もはや「挿入」論は通用しない（のでイギリス国会の後の立法が適用されEU法は適用されない）ということにもなりそうである。

　ともあれ，もはやどの会期の国会もまったく無制限の立法権をもつという強度の「国会主権の原則」は修正された。そして，EU法の優位性を明示的に覆す国会立法がない限りは，直接に優先適用されるEU法による法的制限を受けるという弱度の「国会主権の原則」へと修正されたといって差し支えないであろう。事実，その後，貴族院は別件のEOC事件で，1978年の国会

制定法のEC条約規定への適合性を審査し，自ら国会制定法のEC法違反を宣言した[29]。これもまた，強度の「国会主権の原則」においては認められるはずのない裁判所の権限行使であった。ダイシー流の「国会主権の原則」理解に立つH・W・R・ウェイドも，ファクタテイム事件判決により「憲法革命」が起きたと評釈した[30]。

(4) 立法者の対応

国会もまた，以上の貴族院判決の新機軸(国会主権の弱度化)を受け入れた。ファクタテイム事件で最終的に権利侵害が確定すると，国会は1993年に1988年法を改正した[31]。またEOC事件の判決後，国会は1978年法を改正した[32]。

もっとも，EUとの関係でいまだに強度の国会主権に立つかのような発言も時には見られる。たとえば2004年3月のイギリス国会でのEU憲法条約の草案の審議において，草案の「EU法の優位性」の明文規定がイギリスの国会主権を侵害しないかとの質問に対して，オブライエン通商投資大臣は次のように答弁した。

「EU法の優位性は確立した原則でありまして，過去30年にわたり国会主権の原則と並び立ってまいりました。今回提案されている〔憲法〕条約はこれをいささかも変えるものではありません。…[A]この新条約の諸規定にイギリス法上の効力を与えるには，国会がそれを承認しなければなりませんし，国会が望むなら，それを承認する立法を否決することもできます。1972年のEC加盟法を覆すことさえ国会はできるわけです。…[B]イギリスが条約上負っている義務に反する国内立法をする権利はいつも国会にあるのです。」[33]([A][B]および下線は筆者付加)

発言の[A]の部分は，弱度の国会主権の中核に「究極(ultimate)の」国会主権(国会が明示的にEUを脱退し，あるいは明示的に1972年EC加盟法を覆す立法権力)が残る趣旨をいっている。これは従来の判例でも暗黙裡に承認されてきた。

問題は発言[B]である。これは法的には不正確である。1990年代末までの判例と国会実務の到達点からして，イギリスがEU条約上負っている義務にもはやく黙示的に〉違反する立法をする権利は(EUに加盟する限り)ないというべきであるが，大臣の国会答弁は明示・黙示の区別に触れず「いつも」国会主権が存続すると述べている。この発言の真意は量りがたい。ただし，EU憲法条約の締結を進める政府の立場でなされた発言であることを考慮するなら，ヨーロッパ統合懐疑派議員からの攻撃をかわすために，政治的に大きく出た発言とも見うる。いずれにせよ国会が，ファクタテイム事件やEOC事件の貴族院判決を受け入れて(1972年EC加盟法よりも後にできた)EU法違反の制定法を改正した実務が重要な意味を持つ。国会と裁判所は，1990年代に，国会が黙示的に特定のEU法離反の制定法をつくっても「EU法の優位性」は覆らないものと認め，「国会主権の原則」を強度から弱度へと修正した。

(5) 2000年代の私人の反発と裁判官の対応

しかし，個々のEU立法に対する反発は，イギリスの国会や国民に間歇的に残り，時には私人の国内法廷闘争となり，EUではイギリスの政治的抵抗となって現れた。

典型例は，「メートル法殉教者(Metric Martyrs)」事件である[34]。EUは，域内市場での商品の度量衡表示をメートル・キログラム法で統一する指令を1979年に制定した[35]。イギリスについては実施猶予期間を設け，その間はメートル・キログラム法を主位表記とし，ヤード・ポンド法を従位表記として主位表記の大きさ以下で併記することを認めた。猶予期間はイギリスの要請により再三延長された(直近では2009年末まで延長されていた)[36]。その間にイギリス国会は1985年の立法で，ヤード・ポンドとメートル・キログラムを同等の法定単位と定め，施行規則でEUの度量衡指令を実施し，違反に罰則を設けた[37]。

本件の被告人らは青果商であり，2000年に青果をヤード・ポンド法だけで表記かつ計量販売した(＝メートル・キログラム法を併用しなかった)ため，1985年法施行規則違反の罪で起訴されたが，施行規則が無効ゆえ無罪と主張した。

被告人らの主張では，1985年法がメートル・キログラム法とヤード・ポンド法を同等と規定し，個人に単位法の選択の自由を与えている点で，単位法の主従を特定し併記を義務づける EU 指令に黙示的に抵触している。「国会主権の原則」により後法は前法を黙示的にも改廃するから，EU 指令を国内法として受容する 1972年 EC 加盟法は後法(1985年法)により黙示的に改廃され，ゆえに EU 指令は国内法的効力を持たない。しかも EU 指令を実施する施行規則も本体の制定法規定に反することはできないので無効だ，というのである。しかし原審は有罪判決を下し，高等法院も上訴を棄却した。この刑事裁判は世間の耳目と同情を集め，やがてマスコミは被告人らを「メートル法殉教者」と呼ぶようになった。(ちなみに，イギリス政府も EU の度量衡単位統一政策には反発しており，1979年指令が両単位の併記を猶予期間中にのみ認めたところを，EU 政治において再三猶予期間の延長に持ち込み，本件判決後ではあるが，2009年に併記を無期限に認めるよう指令を改正させることに成功した[38]。)

　高等法院で上訴棄却の法廷意見を述べたローズ裁判官は，ファクタテイム事件(1990/91年)のブリッジ意見がすでに 1972年 EC 加盟法については，後法による黙示的改廃を受けないと判断しているので被告人らの主張は通らないと述べる(判決59-61段)。そのうえで，ローズ裁判官は新たな理由も追加する。いわく，ファクタテイム事件以後も発展したコモン・ローは 2000年代の現在，「基本的ないし憲法的権利(a fundamental or constitutional right)」を認めるまで成熟した。ゆえに国会立法にも「通常の(ordinary)」制定法と「憲法的(constitutional)」制定法の区別があってしかるべきである。そして憲法的制定法は，それを改廃する立法者の現実の意思を明確に示す証拠(その旨の明文や一義的に明確な文言)が後法にない限りは，後法から改廃されないと考えるべきだ，と(判決61-63段)。同裁判官によれば，憲法的制定法とは，「市民と国家の法的関係をある程度一般的に包括的に規律するもの」または「基本的憲法的権利の範囲を拡大または縮小するもの」である。1689年の権利章典や 1972年 EC 加盟法や 1998年人権法などがこれに当たる(判決61段)。

　進んでローズ裁判官は，EU 法とイギリス法の関係についても言及した。いわく，その関係は四つの命題に集約できる。①EU 法が作り出すあらゆる

具体的な権利義務は，1972年EC加盟法によりイギリス法に受容され，イギリス法において最上位の規範となる。②1972年EC加盟法は憲法的制定法であり，黙示的には改廃されない。③憲法的制定法という分類はコモン・ローが与える分類である。④ゆえにイギリスとEUの関係の法的基盤は最終的にはイギリス法にある(判決69段)。命題の①と②はEU実体法の優位性を保障し，命題の③と④は，EU実体法の優位性を認める法的根拠を国会が与えるという意味で国会の優位性を保障する。ゆえに「EU法の優位性」と「国会主権の原則」はそれぞれの適切な意味においてバランスが取れ，調和的関係に理解できるのである，と(判決70段)。

　以上のローズ裁判官の意見は，大部分が傍論であり現在のところ一人説である。とはいえ，従来の判例の到達点をさらに「EU法の優位性」の受容に向けて延長しつつ，イギリスの「国会主権の原則」に調和的に理解するコモン・ロー側のあらたな論理形成である。

　その論理の骨子を整理すれば，
・弱度の「国会主権の原則」が維持されることを前提にするが，
・1972年EC加盟法を「憲法的」制定法として別格扱いにし，
・従来，前法後法関係で論じられてきた抵触に，「実体法」上の抵触と，「憲法的」抵触との二種類があることを区別し，
・「通常の」制定法とEU法との「実体法」上の抵触は，(1972年EC加盟法という「憲法的」制定法が後の「憲法的」制定法により明示的に改廃されない限り)「EU法の優位性」により解決する，というのである。

　この論理の新機軸は，「基本的ないし憲法的」という概念をコモン・ローに導入したところにあった。2000年代のイギリスでは，もはやEU加盟か脱退か，あるいはEU法の優位性をおよそ認めるか否かといった根本論争ではなく，EU加盟を前提にしつつ特定のEU実体法に反発する条件闘争的な紛争に対する安定的な法論理が求められていた。「拡張-継受」を基調としつつ散発的に生じる「支配-抵抗」を，「拡張-継受」状況として法的に再構成するようなあらたな論理形成が求められた。

　ローズ裁判官の論理が，大陸法圏の憲法の発想からは新規に見えないもの

の，コモン・ローの視点からはそう見えるのは，彼の論理の先に，これまでのコモン・ローの憲法判例にないあらたな法的展開が暗示されているからである。ローズ裁判官は，先の判決の4命題に続けて，コモン・ローにおいて「基本的・憲法的」なる概念を認めることは，従来の判例にはなかったあらたな論理に結びつきうることを示唆した。

> 「いずれにせよ現実世界では決して起きないことに疑いはないが，万一ヨーロッパの措置がイギリス法の保障する基本的または憲法的権利に反するように見えるときは，1972年EC加盟法の一般的文言が，当該措置を受容して国内法に優先する効果を与えるに足りるものであるかどうかは問題になろう。しかし，それは本件からかけ離れた問題である」(判決69段)

　要するに，EU実体法に照らしてイギリス国内立法の適用拒否をすることができるなら，逆にイギリスのコモン・ロー上の「基本的または憲法的権利」に照らしてEU実体法の適用拒否もまたできるはずだ，これが「基本的または憲法的」権利論・制定法論のもつ潜在力だ，とローズ裁判官はいいたかった。ここにコモン・ロー憲法の発展と質的転換を図ろうとする一裁判官の主体的な法のクレオールの試みを読み取ることができる。

　その点を知るために，いま一度，ローズ意見以前の「国会主権の原則」と「EU法の優位性」をめぐるイギリスの判例を通覧してみると，イギリスにおいてEU法の優位性を認める範囲の決定は，すべて後法が1972年EC加盟法を改廃するか否かという視点から，つまり制定の前後関係を決め手としていたことに気づく。これは手続的，形式的，非実体的な議論であった。どの事件をとっても，船舶登録権やヤード・ポンド法選択の自由はイギリス人の古き良き権利であるといった実体的な議論ではなかった。そもそもダイシーの「国会主権の原則」はまさに(実体的にも手続的にも)法的に無制限の立法権を想定するところに本質があった。しかもH・W・R・ウェイドのように，「国会主権の原則」をH・L・A・ハートのいう「承認のルール」と捉

えて法実証主義の法秩序観を持ち込んでしまうと，国会といえども破れない実体的権利を憲法は保障するといった発想からますます遠ざかる[39]。少なくともダイシーにおいても，コモン・ローのもう一つの憲法原則である「法の支配」を除けば，特定の実体内容を基本権や憲法的の権利として格別に保障するような発想は出てきにくい。ところが，ローズ意見は，まさに一定のコモン・ロー上の実体権が「基本的」ないし「憲法的」権利としてあるといい，それを侵害するような EU 法には優位性を認めないことも論理的にはありうると示唆する。これは特定の実体権を最高法規と想定する憲法の構想であり，イギリス憲法の質的な転換というべきであろう。

ローズ裁判官の憲法論が，本質的に形式的なダイシーの「国会主権の原則」から，特定の実体権の格別保障的な憲法へと質的な転換を目指そうとしていることは，彼が裁判外で講演したところからも知れる。1994 年の講演をもとに 1995 年に発表した論文[40] で彼は，今日のイギリス憲法は，民主主義政体を維持するための憲法でなければならず，そのためには言論・表現の自由がとりわけ保障されるべきだという。そこで，伝統的な「国会主権の原則」を憲法公理として無批判に鵜呑みにする態度を批判し，現代のイギリス法には，欧州人権条約に掲げるような基本権やコモン・ロー固有に認めてきたさまざまの基本的・憲法的権利があることを認め，裁判所が時の政府の立法による侵害から基本的・憲法的権利を守ることこそ，民主主義政体と法の支配を保障する裁判所の固有の役割であると主張する。また EU 法については，国会が一定の統治権限を EU に「委任(delegate)」したにすぎず，ゆえにイギリスにおいて EU 法が当然に上位法なのではなく，国会がそういう地位を恩恵(grace)で認めている間だけそうだと述べている。

このような実体権的憲法論をとるローズ意見は，今日まで一人説である。しかし「支配‐抵抗」の図式の訴訟事案でも，EU 法に遭遇するイギリスの憲法原則を「拡大‐接受」の図式で応接させようと主体的に取り組んだ一人の裁判官の法のクレオールによる法変成の試行例であるといえよう。振り返ってみれば，ファクタテイム事件のブリッジ意見とて，実体権のレベルでは「支配(EU 法上の自由)‐抵抗(イギリス人漁民の利益保護)」の図式だったから，

それを「拡大(EU 法)－接受(イギリス憲法の適応)」の図式で応接しようとして主体的に裁判官が取り組んだ事案としてパラレルに捉えることができる。その際，ブリッジ意見は，伝統的な「国会主権の原則」の骨格を残しつつ，強度の伝統理論を弱度にする法の変成案(「挿入」論)を提唱した。今日でも，伝統理論に近いブリッジ意見の方が，コモン・ロー憲法の現状を示すものとして，判例・学説で語られている。

(6) 1960-2000 年代までの学者の対応[41]

　EU 法に遭遇してイギリスのコモン・ロー憲法の変成を促す主体は，国会・裁判所・訴訟当事者以外にはいなかったのだろうか。イギリスでは 19 世紀まで法曹団体が自主的に法曹を養成していたが，20 世紀以降，イギリスでも大学での法学教育が次世代法曹の基礎教育となってきた。そこで今日では学者も，著述(教科書やモノグラフや論文)をとおした法のクレオールの主体として数えることができる。特に教科書は，法曹養成にもっとも大きく貢献する。

　EU 法との遭遇については，イギリスの憲法(または「憲法行政法」)の教科書は，2000 年代初期の現在も，コモン・ローの現時点での到達点を記述するものが大部分であり，理論を体系的に展開して法の発展すべき方向を示そうとする教科書は少ない。

　たとえば，イングランド・ウェールズの代表的な憲法教科書として 1950 年代から 1990 年代にかけて長く定評のあった E・C・S・ウェイド(1895-1978)の教科書[42]やフード・フィリップス(1907-1986)の教科書[43]は，ダイシーの「国会主権の原則」を記述し，EU 法(当時 EC 法)はそれと両立しがたいという立場で判例の展開を整理している。また 1980 年代から現在まで定評があるコリン・ターピンの教科書[44]も，EU の機関や EU 法の基本原則を欧州司法裁判所の判例を交えて紹介しつつ，イギリス憲法については，本章で見た一連の判例を紹介し，ファクタテイム事件のブリッジ意見が現在のイギリスの修正された「国会主権の原則」の立場を示すと記述し，特に理論的な分析や批判的な検討には立ち入らない。

やや趣が異なるのは(E・C・S・ウェイドと同様に定評のあった)ド・スミス(1922-1974)の教科書[45]であった。1973年の第2版でド・スミスはEC機関を比較的くわしく紹介し、EC法の性質からしてイギリスにおいて直接適用されるが、そのために1972年EC加盟法を国会が制定した。これは伝統的な「国会主権の原則」からすれば「新機軸(innovation)」であるが[46]、イギリスが第二次大戦後、植民地の独立やEC加盟という戦前の統治体制からの根本的変化を受けている以上、コモン・ロー裁判官の現状認識も変化しうると醒めた見方をした[47]。ド・スミスは2版の後に急逝し、その見方を理論化せずに終わった。

もっとも異彩を放っていたのは、スコットランドの憲法学者J・D・B・ミッチェルの教科書[48]である。ミッチェルによれば、「国会主権の原則」は存在自体が疑わしい。現在のイギリスとその国会は1707年のスコットランドとイングランド・ウェールズとの合邦条約の所産であり、誕生時から合邦条約による制約を受けている。ゆえに法的に無制限の立法主権を持つなどとそもそもいえない。その立場から見れば、どの国会も法的に無制限の立法権を持つという法理は、立法権力の真空状態を生むような法的制約を防ぐところに真の狙いがあると再解釈できる。ゆえに立法権力の真空状態を生まないように立法権の一部を他の機関(たとえばEU)に移譲することができるなら、それは可能というべきである。そしてその場合、国会も立法権力の法的制約を課されることになり、移譲した範囲については移譲先の機関(たとえばEU)の立法の優先性を受け入れることになる、というのである。

そして彼は別の論文[49]では、成文憲法を持つフランスやドイツの憲法理論ではよく知られた「憲法制定権力(constituent power)」とそれにより「つくられた権限(constituted power)」という概念区分を導入し、「国会主権の原則」の脱構築を試みた。イングランドでは、1688-89年の名誉革命、1707年のスコットランド・イングランド合邦、1931年の北アイルランド併合など、近代以降の政体形成すべてをイングランド議会が行ったために、あらたな政体をつくりだす「憲法制定権力」が議会にあるという点と、国会は後の国会を拘束できないという法理が混同された。しかし後者は立法権力の真空状態を

防止するための法理にすぎない。1973年のイギリスのEC加盟とは，議会の「憲法制定権力」が発動された政体の変更であり，1972年EC加盟法はそれを確認する文書である。ゆえにEC加盟後の国会は「つくられた権限」しか有さず，1972年EC加盟法に拘束される。なおこの政体変更で，EC条約に定める範囲の「つくられた権限」はECに移譲されたが，それによって立法の真空状態が生じるわけでもない，というのである。ミッチェルの議論は，しかし，北辺の異端説としてイングランドの学界と判例からは黙殺された。

III　む　す　び

　法のクレオールの視座から見えるものは何か。イギリスの憲法が，コモン・ローの法認識・形成の手法と，本質的に形式的な憲法原則との組み合わせからなっている姿である。

　コモン・ローの法形成手法は，そもそも立法者(法の定立者)を一元的に想定しない。具体的な紛争の実践的な正義にかなう解決を目指しつつ，訴訟当事者と裁判官がより一般的な法理を探し求める作業が基礎にあり，それに国会も制定法により時折介入する。さらには今日ではEUが上位法をつくって張り出してくる。これらの多元的な政体規範の形成と維持のプロセスが最終的に裁判所で調整されるというのが現在のイギリスのコモン・ローの手法である。

　そこにダイシーの定式化したコモン・ロー憲法原則が加わった。コモン・ローの「国会主権の原則」は，裁判所が国会の意思を，その意思の実体内容を(法の支配を否定しない限り)尊重するという，すぐれて形式的な，非実体的な憲法原則であった。そこには基本的な権利で特に保護に値するものといった，実体権の性質分類はほとんど想定されていない。

　しかしEU法は「EU法の優位性」により，EU実体法を，イギリスのあらゆる法よりも優先して実効的に保護するようにイギリスの裁判所に命じる。イギリスの裁判所はこの命令を国会の意思の前後関係に置き換えて形式的な

憲法論の枠組みで理解しようとして混乱する。そこで大陸法風の実体権的憲法観念や憲法制定権力理論を輸入し，混乱を収拾し伝統コモン・ロー憲法原則の変質を促そうとする裁判官や学者も現れるが孤立する。結局得られた均衡点は，国会が明示的に反EUの意思表示をしない限りはEU法を受け入れるという，再び形式的な憲法原則（弱度の「国会主権の原則」）であった。(本章ではもはや触れる紙幅がないが，EU次元の政体形成においても，イギリスは自国憲法に譲れない実体原則があるのでEUもそれを尊重すべしという議論はせず，むしろ特定のEU政策事項について賛成できないとき，それからオプト・アウトする権利を獲得するという態度を取る。）このようにEU法とイギリス憲法のクレオールは，イギリスのコモン・ロー憲法を支える，法認識の手法に対しては変容をもたらさないまま，その形式的憲法原則の一部修正として現れた。このようなコモン・ロー憲法をもつイギリスにおいて，特定の実体権を厚く保護するタイプの成文憲法を提唱することは，憲法なる法の認識と形成の手法を変革させることまで伴うのであり，いかに伝統断絶的に映るかは，多様な法主体の法言説の組み合わせから立体的に実感できるであろう——まさに，この立体的な実感こそ，法変革に向けての多様な主体の法創造活動に目を向ける法のクレオールの視座が能く掘り起こし，提示できるものといえよう。

とはいえ変革は不可能でもない。EU法が所轄事項を拡大する今日，また1998年人権法を通して欧州人権条約を国内受容した今日，イギリスにも実体権的な憲法を観念すべく圧力がかかっている。たとえH・W・R・ウェイドのように裁判官の政治事実認識がコモン・ロー憲法原則として表現されると考えたとしても，国会が重大な新しい政治事実をつくりだせば憲法原則も変化しうる。将来の国会が，上位の政体規範と明示して特定の実体権を厚く保護する成文憲法をつくるならば，いわんやそれを国民投票で承認させるならば，それをあらたな政治事実として裁判官も法的に認識する可能性はある。それを「憲法革命」と呼ばずに，より法連続的に説明しようとするとき，大陸法の憲法観念や憲法理論がイギリスでも脚光を浴び，あるいはEU法の優位性に従ったイギリスの裁判所のEU実体法適用事例が「先例」として引用され，実体的な基本権の概念がコモン・ローに内在していたといった説明が

引き出されるであろう。憲法が成文化され，憲法の基本概念の構築が裁判官の手から離れるにつれ，裁判官も憲法認識の手法を変えていくであろう。

1) 長谷川晃，「法のクレオールと法的観念の翻訳」(本書所収)，5-6 頁。
2) 本章では EC と EU を同義に用いるが，法的に区別すべきとき，また歴史的叙述に正確を期すときは，EC と EU を区別する。EU の略歴を記せば，1951-1992 年は EC だけ，1993-2009 年は EC と EU の並存，2010 年より EC と EU が統合し EU に一本化した。
3) EU の法秩序を，構成国の法秩序と EU 機関の展開する法秩序の複合した全体，つまり構成国と EU の複合法秩序として捉えるべきことは他で詳論した。中村民雄，「動く多元法秩序としての EU——EU 憲法条約への視座」(同編，『EU 研究の新地平——前例なき政体への接近』，ミネルヴァ書房，2005 年，197-246 頁)；同，「多元的憲法秩序としての EU——欧州憲法条約への視座」(聖学院大学総合研究所紀要 32 号，2005 年，83-124 頁)［大木雅夫・中村民雄編，『多層的ヨーロッパ統合と法』，聖学院大学出版会，2008 年，231-272 頁］を参照のこと。
4) *See generally*, Konrad Zweigert & Hein Kötz, *An Introduction to Comparative Law*, 3rd ed. (Oxford University Press, 1998); René David, Camille Jauffret-Spinosi, *Les grands systêmes de droit contemporains*, 11e éd. (Dalloz, 2002)；五十嵐清，『比較法入門(改訂版)』(日本評論社，1972 年)；大木雅夫，『比較法講義』(東京大学出版会，1992 年)。
5) 長谷川，前掲論文，第 II 節，特に 9 頁以下。
6) ただし指令の直接効は私人が構成国に権利を主張する垂直関係でのみ発生するとした。指令は私人にではなく構成国にその国内実施義務を課すにとどまるので私人対私人の水平関係にまで直接効を認めるのは私人に不公平であり，他方，構成国に自らの義務不履行を私人に抗弁することを許すのは正義に反するからという理由である。
7) Joined Cases C-46/93 and C-48/93 Brasserie du Pêcheur and Factortame [1996] ECR I-1029.
8) たとえば，中村民雄，「研究ノート：〈法のクレオール〉と主体的法形成の研究へのアプローチ——EU 法による法主体の多元化：「国民」の社会保障と「EU の市民」の自由と平等」(北大法学論集 58 巻 3 号，2007 年，307-334 頁)では，その具体例として，公的医療給付を取り上げた。EU 市民の自国の公的医療が著しく遅延している場合，自国の事前許可を得ずに他の構成国の公的医療において，自国相当の内容と金額までは医療を受ける権利が EU 市民にはあるという判例法が EU 条約の「解釈」として形成された。EU 市民に対する公的医療提供に関する EU 立法は，事前許可を義務的な要件としていたにもかかわらず，である。
9) *E.g.*, Basil Markesinis ed., *The Gradual Convergence: Foreign Ideas, Foreign*

Influences, and English Law on the Eve of the 21st Century (Clarendon Press, 1994); Francis Snyder ed., *The Europeanisation of Law: The Legal Effects of European Integration* (Hart, 2000); Jürgen Schwarze ed., *Administrative Law under European Influence: On the convergence of the administrative laws of the EU Member States* (Nomos, 1996); Jürgen Schwarze ed., *The Birth of a European Constitutional Order: the interaction of national and European constitutional law* (Nomos, 2001).

10) *E.g.*, Alan Watson, *Legal Transplants* (1st ed. Scottish Academic Press, 1974; 2nd ed. University of Georgia Press 1993); Jan M. Smits, "On Successful Legal Transplants in a Future Ius Commune Europaeum" (in: Andrew Harding & Esin Örücü eds., *Comparative Law in the 21st Century* (Kluwer Law International, 2002), pp. 137-154; John Bell, "Mechanisms for Cross-fertilisation of Administrative Law in Eurpe" (in: Jack Beatson and Takis Tridimas eds., *New Direction in European Public Law*, Hart, 1998, pp. 147-167.)

11) William Twining, *Globalisation & Legal Theory* (Butterworths, 2000), pp. 184-189.

12) この節の(1)〜(3)と(6)の詳細は，中村民雄，『イギリス憲法とEC法——国会主権の原則の凋落』(東京大学出版会，1993年)。

13) A. V. Dicey, *An Introduction to the Study of the Law of the Constitution* (Macmillan 1st ed. 1885; 8th ed. 1915).

14) 詳細は，中村，前掲書(注12)，4-6頁。

15) Case 26/62 Van Gend en Loos [1963] ECR 1; Case 6/64, Costa v. ENEL [1964] ECR 585; Case 106/77, Simmenthal [1978] ECR 629; Case C-213/89, Factortame [1990] ECR I-2433.

16) 詳細は，中村，前掲書(注12)，10-19頁。

17) 詳細は，中村，前掲書(注12)，33-74頁。

18) H. W. R. Wade, "The basis of legal sovereignty" (1955) 13 Cambridge LJ 172; *ditto*, *Constitutional Fundamentals* (Stevens, 1980; revised ed. 1989).

19) *E.g.*, Lord Diplock〔貴族院判事〕, "The Common Market and the Common Law" (First Lord Upjohn lecture) (1972) 6 Law Teacher 3; Lord Denning〔控訴院記録長官〕in Felixstowe Docks and Railway Co v. British Transport Docks Board [1976] 2 CMLR 655 (CA).

20) *E.g.*, Macarthys Ltd. v. Smith [1979] ICR 785 (CA); Garland v. British Rail Engineering Ltd. [1983] 2 AC 751 (HL, 1982); Pickstone v. Freemans plc [1989] AC 66 (HL).

21) H. P. Bulmer Ltd. v. J Bollinger SA [1974] 2 All ER 1226 at 1231 per Lord

Denning, M. R.
22) R. v. Secretary of State for Transport, ex p. Factortame Ltd. [1990] 2 AC 85 (HL, 1989), [1990] ECR I-2433 (ECJ), [1991] 1 AC 603 (HL, 1990), [1991] ECR I-3905, [1996] ECR I-1029, [2000] 1 AC 524, [2001] 1 CMLR 47 (HCt).
23) R. v. Secretary of State for Transport, ex p. Factortame Ltd. [1990] 2 AC 85 (HL, 1989).
24) C-213/89, R. v. Secretary of State for Transport, ex p. Factortame Ltd. [1990] ECR I-2433.
25) R. v. Secretary of State for Transport, ex p. Factortame Ltd. [1991] 1 AC 603 (HL, 1990).
26) C-221/89, R. v. Secretary of State for Transport, ex p. Factortame Ltd. [1991] ECR I-3905.
27) R. v. Secretary of State for Transport, ex p. Factortame Ltd. [1990] 2 AC 85 at 143C per Lord Bridge.
28) R. v. Secretary of State for Transport, ex p. Factortame Ltd. [1991] AC 603 at 658G-659C per Lord Bridge.
29) R. v. Secretary of State for Employment, ex p. Equal Opportunity Commission [1995] 1 AC 1 (1994, HL). (the Employment Protection (Consolidation) Act 1978(c. 44)が, 整理解雇給付の受給資格をフルタイム労働者は勤続2年, パートタイム労働者は勤続5年としていた。フルタイム労働者の圧倒的多数が男性, パート労働者の圧倒的多数が女性という社会的事実があった。貴族院は1978年法の規定が, 間接差別も禁じるEC条約119条[男女労働者の同一賃金原則]に違反すると宣言した)。
30) H. W. R. Wade, "What Has Happened to the Sovereignty of Parliament?" (1991) 107 L. Q. R. 1-4, at 4. See also, H. W. R. Wade, "Sovereignty: Revolution or Evolution?" (1996) 112 L. Q. R. 568-575.
31) Merchant Shipping (Registration, etc.) Act 1993 (c. 22)による改正。
32) Employment Rights Act 1996 (c. 18)による改正。
33) House of Commons Debate (on EU Constitution) 24 Mar 2004. Hansard: H. C. vol. 419, col. 318WH (Mr. O'Brien).
34) Thoburn v. Sunderland City Council [2002] EWHC 195 (Admin), [2003] Q. B. 151, [2002] 4 All E. R. 156, [2002] 1 CMLR 50.
35) Directive 80/181/EEC [1980] OJ L 39/40.
36) Council Directive 89/617/EEC [1989] OJ L 357/28; Directive 1999/103/EC [2000] OJ L 34/17.
37) Weights and Measures Act 1985 (c. 72).
38) Directive 2009/3/EC [2009] OJ L 114/10.

39) Paul Craig, "Sovereignty of the United Kingdom: Parliament after Factortame" 11 YEL (Oxford University Press, 1992) 221-255 at 255.
40) John Laws, "Law and Democracy" [1995] Public Law 72. *See also*, John Laws, "Is the High Court the Guardian of Fundamental Constitutional Rights?" [1993] Public Law 59; *ditto*, "Judicial Remedies and the Constitution" (1994) 57 M. L. R. 213.
41) 詳細は，中村，前掲書 (注12)，37-66頁。
42) E. C. S. Wade, *Constitutional law* (Longmans, 1st ed. 1931; 2nd ed. 1935; 3rd ed. 1946; 4th ed. 1950; 5th ed. 1955; 6th ed. 1960; 7th ed. with A. W. Bradley 1965; 8th ed. with A. W. Bradley 1970; 9th ed. by A. W. Bradley 1977; 10th ed. by A. W. Bradley 1985; 11th ed. by A. W. Bradley and K. D. Ewing 1993).
43) Owen Hood Phillips, *The Principles of English law and the Constitution* (Sweet & Maxwell, 1939); *The Constitutional Law of Great Britain and the Commonwealth* (Sweet & Maxwell, 1st ed. 1952; 2nd ed. 1957); *Constitutional and Administrative Law* (Sweet & Maxwell, 3rd ed. 1962; 4th ed. 1967; 5th ed. 1973; 6th ed. 1978; 7th ed. 1987 by O. Hood Phillips and Paul Jackson; 8th ed. 2001 by Paul Jackson and Patricia Leopold).
44) Colin Turpin, *British Government and the Constitution: Text, Cases, and Materials* (Weidenfeld and Nicolson, 1st ed. 1985; 2nd ed. 1990; 3rd ed. 1995; 4th ed. 1999; 5th ed. 2002; 6th ed. 2007 with Adam Tomkins).
45) Stanley Alexander de Smith, *Constitutional and Administrative Law* (Longman, 1st ed. 1971; 2nd ed. 1973; 3rd ed 1977 revised by Harry Street, Barbara de Smith, Rodney Brazier; 4th ed. 1981 and 5th ed. by Harry Street and Rodney Brazier; 6th (1989), 7th (1994) and 8th ed. (1998) by Rodney Brazier).
46) *Id*. 2nd ed. p. 43.
47) *Id*. 2nd ed. pp. 72-81. *See also*, S. A. de Smith, "The Constitution and the Common Market: A Tentative Appraisal" (1971) 34 M. L. R. 597.
48) J. D. B Mitchell, *Constitutional Law* (W. Greens & Son, 1st ed. (1964) at 62; 2nd ed. (1968) at 77-78). *See also*, J. D. B. Mitchell, "What Do You Want To Be Insecrutable For, Marcia? Or the White Paper on the Legal and Constitutional Implications of United Kingdom Membership of the European Communities" (1967-68) 5 C. M. L. Rev. 112.
49) J. D. B. Mitchell, "What Happened to the Constitution on 1st January 1973?" (1980) Cambria L. Rev. 69.

9. 米国憲法訴訟の"外部"へのまなざし[†]

会沢　恒

I　はじめに

　2000年代に入ってからのアメリカ合衆国では，憲法上の論点の判断に際し，裁判所(なかんずく合衆国最高裁)が外国の法実行や国際的な法源へ言及することの可否をめぐって，論争が繰り広げられた。筆者はこの論争につき紹介・検討してきた[1]が，本章はその総括である[2]。

　本章は，法のクレオールをめぐる共同研究の一部である[3]。「クレオール」の語の原義である植民地と宗主国との緊張関係という契機を重視するとすれば，自他ともに認める大国である現代アメリカの，それも法律家というエスタブリッシュメントの間の論争を論じる本章は，いささか的外れなものとも考えられるかもしれない[4]。しかし，本章の主題たる論争は，その"外部"のコンテクストを意識したうえでの，〈アメリカ〉という現象をめぐる自己認識に関するものである。語を広く解し，この「"外部"との緊張関係の認識」という契機を「クレオール」のコンセプトの内に含めることも可能であろう。本章の視角は，アメリカ国内(の司法部)が"外部"を見る際の(憲法)理論的および実務的な制約ないし自由度(裏を返せば可能性)というものである。本章を含む筆者の検討は，法のクレオールにおけるアクターの主体性の契機の検討に際して，憲法訴訟とそれを判断する司法部という具体的な局面に着目するケース・スタディとしての位置づけを有するものである。

　本章の射程を確認しておくと，まず，問題となる憲法訴訟は主としてもっぱら国内的論点に関わるものについてであり，事案との関係で国際的な事件の状況や条約の解釈を伴う事件についてはさしあたり射程から外す。次に，

参照の対象となるのは，(アメリカから見て)外国の法がまず問題となるが，これには具体的な立法や判決に加え，(死刑の執行のような)法実行を含む。また，条約に代表される国際法も俎上に上るが，本章の取り扱う論争との関係では外国法と狭義の国際法との差異はかならずしも明確に区別されない。また，国際法が司法部を含む合衆国を拘束しているかが論点なのではなく，あくまでも，合衆国最高裁が連邦憲法の解釈に際し，その検討の資料として国際法(や外国法)を参照することの可否が争われている。

以下，第II節ではまず，論争のきっかけとなった2000年代前半の諸判決を概観したうえで，それらに先行して国際的なソースを参照した事例を適示し，さらに2000年代後半の動向を紹介する。続いて第III節では，アメリカの自己イメージをめぐる対抗軸の上にこの論争を位置づける。

II 連邦最高裁による実務の展開

(1) 論争の始まり[5]

この論争の直接の引き金を引いたのは，同性愛行為に対する刑事罰の合憲性が問題となった2003年のLawrence v. Texas判決[6]だといえる。そこから遡る形で2002年のAtkins v. Virginia判決[7]が注目され，同判決に連なる，刑事罰の均衡・適切さをめぐる第8修正関連[8]の判決群に焦点が当たることとなった。

Lawrence判決は，私的な空間における同意ある成人間の同性愛行為に対して刑事罰を科すテキサス州法を，第14修正のデュー・プロセス条項[9]に照らして違憲と判断したものである。この論点については以前，Bowers v. Hardwick判決[10]が合憲判断を下していたが，これを明示的に覆した。その際，同判決のBurger同意意見が「西洋文明の歴史とユダヤ—キリスト教的道徳・倫理基準」に言及していたことから，これに対する反駁がなされている。具体的には，イギリスの立法や同判決前後のヨーロッパ人権裁判所の判例を摘示するとともに，国際的な人権NGOが提出したブリーフを引用する形で間接的に諸外国の動向を参照して，Burger意見はより最近の動向を

反映しておらず，Bowers 判決後もその判断は諸外国でも従われていない，と論じている。なお，こうした諸外国の動向への言及は，アメリカ国内における諸州等の動向と並列する形で提示されていることにも留意されるべきである。

これに対し，Lawrence 判決の Scalia 反対意見は法廷意見を批判するなかで，Bowers 判決法廷意見は「より広い文明」には依拠していない，ソドミーの刑事的禁止を維持している多くの諸国が無視されている，最高裁は「外国のムードや流行やファッションを，アメリカ人に対して押しつけるべきではない」[11]，としている。

Atkins 判決は，精神遅滞者に対する死刑の執行が第 8 修正の「残虐で異常な刑罰」の禁止に該当するとした事件である。当該論点については 1989 年の判決[12] で合憲判断がなされていたが，その後の諸州の立法がかかる死刑を認めない方向にあること，新規の立法をしていない州でも実際に精神遅滞者に対する死刑執行は稀であることが指摘されている。この点に関する脚注のなかで，学界・宗教界といった専門家の見解および世論調査と並ぶ形で，本件で問題となったような死刑の執行が国際社会において圧倒的に否定されていることを法廷意見は適示している。これに対し，Rehnquist 反対意見および Scalia 反対意見は，第 8 修正で問題となる現代アメリカにおける品位のあり方の判断に当たって参照が許されるのは立法例および陪審による法適用のみであり，国際的な見解の状況等は関連性を有さない，と批判している。

論争の深化を踏まえ，トランスナショナルな典拠の参照に賛成／容認する側・反対する側の双方が紙幅を費やして立ち入った議論を展開しているのが，2005 年の Roper v. Simmons 判決[13] である。本件では，犯行時に 16〜17 歳の少年犯罪者に対する死刑の執行の合憲性が問題となった。違憲判断を下した法廷意見は，三つの要素からなる判断枠組みを採用する。第一に，アメリカ国内の諸州の立法動向が少年犯罪者に対する死刑を(緩慢ながらも)廃止する方向にあることを指摘し，第二に，刑罰理論の面からもかかる死刑を正当化できないとする。これらの論拠から，第 8 修正は 18 歳未満の者に対する死刑を認めていない，と一応結論したうえで，法廷意見は第三の要素，すなわ

ち国際的な動向に言及する。近年，未成年者に対して死刑を執行した国々は少数にとどまり，未成年者に対する死刑を禁ずる条項を含む児童の権利条約はアメリカとソマリアを除き全世界で採択されていること，イギリスにおいて少年犯罪者に対する死刑が廃止されたのは全面廃止に数十年先行していたことを指摘する[14]。そのうえで，少年犯罪者に対する死刑に反対する国際的見解は圧倒的であり，この事実が最高裁の判断を拘束する，コントロールするものではないが，第一・第二の要素から得られる違憲との結論を裏書きする，「確証 confirmation」を与える，としている。

　これに対し Scalia 反対意見は，さまざまな論点を提出して法廷意見による外国法・国際法の参照を批判する。すなわち，児童の権利条約を米国は批准していないこと，少年犯罪者に対する死刑という論点を個別に取り上げるのではなく各国および米国の法制度全般のコンテクスト——特に米国においては陪審制の運用が特徴的であること——のなかに位置づけられるべきこと，アメリカ法と他の国々の法との差異に鑑みると前者が後者と調和すべきとの考え方は拒絶されるべきこと，原意主義の立場からは現代イギリス法も関連性を有しないこと，裁判官の直観と合致する場合には外国法を援用し，さもなければ無視するというのは一貫性に欠けること，といった諸点である。他方，O'Connor 反対意見は，Scalia と異なり外国法等を参照すること一般には許容的であるとしながらも，本件では違憲とする方向でのコンセンサスをアメリカ国内において見出しえない以上，国際的な動向は違憲との結論を導くものではない，としている。

(2) 遡　　行

　一連の判決およびそこでのトランスナショナルなソースに対する言及に対し，批判者のなかに，かかる参照は最高裁（の一部の裁判官）が正統性なく突如始めた新規な実務である，と述べる者があった。そこで，検討の焦点として，前項で触れた事例に先行する最高裁による外国法等の参照の事例が浮上することとなった。諸研究は一致して，従前より最高裁はトランスナショナルな典拠を参照してきていることを確認している[15]。この事実自体については，

少なくともアカデミックな論者の間では，かかる実務に批判的な者を含め，すでに合意が成立していると評してよい。

こうした実務についてもっとも蓄積のあるのが，罪責と刑罰の均衡をめぐる第8修正関連の事件群である[16]。なかでも死刑の適切さをめぐる事例が多いが，それに限定されない。20世紀後半以降の第8修正関連事件の審査においては，「成熟しつつある社会の進歩を示す，品位の発展的な基準」との指針が参照されることとあいまって，その内実を確定する際に諸外国の法実行や国際社会のトレンドへもしばしば言及されてきている[17]。議論の主戦場となったAtkinsやRoperといった判決は，論争的であろうとしたわけではなく，むしろ端的にかかる伝統の素直な延長であったと位置づけうる。

Lawrence判決は実体的デュー・プロセスに関する事件であったわけだが，この分野も比較的まとまった群を形成している。直近で外国法の実質的な検討を含むものとして，安楽死に関連してワシントン州の自殺幇助禁止立法を合憲としたWashington v. Glucksberg判決[18]がある。そこでは，自殺幇助禁止の普遍性を示すべく，各国の法規範それ自体について，カナダの判決を引用する[19]とともに，イギリスをはじめとして世界各国の法動向に言及している。加えて，オランダの安楽死立法の具体的な運用状況に言及し，制度的歯止めが設けられているにもかかわらず弱者に対する濫用を防ぎえていないと指摘している。他にも，Roe v. Wade判決[20]やMuller v. Oregon判決[21]といった，歴史上著名な諸判決でも，外国法や国際的な動向への言及がある。

他の人権条項にかかる事件においてもトランスナショナルな典拠への参照の事例は見られる[22]。さらに，国際的な法形成への関心の高い人権分野に比し，各国の独自性の強い統治機構関連事件でも，外国の状況に言及される事例がないわけではない[23]。

総じて，外国法を始めとするアメリカの"外部"への参照は，建国期以来の憲法訴訟の実務のなかで，絶対的な数が多いとはいえないにせよ，特に問題視されることもなく，最高裁はコンスタントに行ってきた[24]。もっとも，古い時期のトランスナショナルな典拠への言及はもっぱら合憲判断または違

憲判決における反対意見のなかに現れており，最高裁がこれに基づいて違憲判決を下したのは 20 世紀も後半に入ってから，1958 年の Trop 判決[25]が最初であるとも指摘されている[26]。批判論の淵源も少なくとも 19 世紀前半にまで遡ることができる[27]が，これが裁判所の外をも巻き込むほどの論争となったのは近時の現象である。この点，勝田は Scalia の最高裁裁判官就任 (1986 年) が一つの画期となったと指摘している[28]。反対論の基礎 (の一つ) に憲法解釈における原意主義があることは確かであり[29]，その中心的論客である Scalia の最高裁入りが論争の基盤を用意したことは確かであろう。しかし，Scalia は早い段階から外国法等の参照への批判も著わしている[30]一方で，詳細な外国法の検討を含む前述の Glucksberg 判決の法廷意見にも特に留保を伏さずに同調している。いわば 21 世紀に入ってから急速に対立が先鋭化した形である。私見からすると，こうした展開は，Lawrence 判決等の具体的な事件の事件処理に対する保守的な立場からの不満[31]をきっかけとして生じた論争を通じて，双方の立ち位置が再帰的に再編成された，と描写するのが適切であるように思われる[32]。

(3) その後の展開

2000 年代終盤に入っても，論争は収束していない。ここでは外国の法実行の参照が問題となったその後の事例について簡単に紹介する。いずれも第 8 修正との関係上，刑罰の実体的な均衡が争点となった事案である。

2008 年の Kennedy v. Louisiana[33] 判決は，国際的な動向が参照されなかった事例として興味深い。この事件では児童に対する強姦等に対して死刑を規定するルイジアナ州法の合憲性が争われた。法廷意見[34]は，Roper 判決と同様の，①各州の動向等から見出される「国民的コンセンサス」，②第 8 修正の目的についての独立の法理論的検討ないし道徳的・倫理的判断，という点に着目する枠組みを採用している。そして結論としても，近時，最高裁が Atkins, Roper とこの系譜の事件において死刑を限定する判断を続けて下していたことの延長として，本件でも違憲判断となっている。しかしながら，本章の主題である外国法その他の国際的な動向については本判決では

触れられていない。本件では，貴族院法官議員(Law Lords)経験者を含むイギリス人法律家グループがアミカス・ブリーフを提出しており[35]，そして口頭弁論ではStevens裁判官もこれに言及しているにもかかわらず，である。このStevensの発言自体，論争を意識した慎重なものとなっている[36]。そのうえで，最終的な判決テクストもトランスナショナルなソースに言及していない。このことは，かかる参照が政治的なバックラッシュを引き起こしたことに伴う，意識的な配慮のようにも見受けられる。

　しかし，2010年のGraham v. Florida[37]判決では第三の柱が復活し，最高裁は再び諸外国の動向に目を向けている。この事件では，被害者の死亡を伴わない犯罪(本件では強盗および強盗未遂)を未成年者が犯した際に，仮釈放の可能性のない拘禁刑が科されることの合憲性が問われており，いわばRoper判決とKennedy判決の交錯する論点に関わる。被告人は犯行時17歳であり，前科による拘禁刑の後の保護観察期間中であった。フロリダ州裁判所は被告人を有罪とし，法定刑の上限——終身刑プラス15年——の拘禁刑を命じた。フロリダ州は仮釈放制度を廃止しているため，終身刑を受けると恩赦以外に釈放される可能性はない。かかる事案に対して最高裁の法廷意見は，本章でも触れたAtkins, Roper, Kennedyという，カテゴリーに基づいて第8修正への適合性を審査する判例法の系譜に本件を位置づけたうえで，違憲と判断した。かかる刑罰を立法上許容している法域が少なからずあるとしても，実際の運用はフロリダ1州に集中していることに鑑みると「国民的コンセンサス」が存在しないとした。さらに，刑罰理論，未成年犯罪者の特性，仮釈放なき終身拘禁刑の重大性はいずれも，本件フロリダ州の量刑実務を「残虐で異常な」ものとするとしている。

　そのうえで，(これまでの言及がそうであったように)「他の諸国や国際社会の判断は第8修正の意味について決定的ではない」[38]，「こうした知見が当裁判所の判断をコントロールするものではない」[39]としながらも，「本法廷意見はグローバルなコンセンサスに言及／配慮(note)する積年の実務(long-standing practice)を継続する」[40]と宣する。さらに，未成年者に対する仮釈放の可能性のない終身刑の実務を維持しているのは(Roper判決の場合と同様に)

米国のみであるとの状況が指摘される[41]。フロリダ州側を支持するアミカスが国際的コンセンサスを無視すべきと主張していることに対しては，本件の争点は，国際法やユス・コーゲンスが特定の量刑を禁じているかどうかではなく，当該刑罰が残虐で異常であるかどうかであるかであるとして退ける。国際社会の見解は拘束力を持つがゆえに参照されるのではなく，最高裁自身の判断（"our own conclusions"）についての確証を提供するためのものであるとの位置づけが（Roper 判決を参照しつつ）確認されている[42][43]。

III 「アメリカ」の自己イメージとトランスナショナルな典拠の参照

　結局，最高裁の構成員の交替もあったが，トランスナショナルな典拠の参照に賛成／容認する裁判官がかろうじて過半数を制しているものの，反対論に与する立場も根強い。むしろ，論争を通じて双方の立ち位置が確認された結果，対立構造が明確になったがゆえにこれが維持されたまま膠着状態に陥った，との感もある。

　すでに指摘したように，憲法理論との関連においては，本章で論ずる論争というのは，司法審査の正統性をめぐる現代の理論的な対抗関係の一つの応用問題である[44]。すなわち，一方で反対論のバックボーンには，採択時における憲法制定者のテクスト理解を決定的に重視する原意主義がある。他方，憲法判断（とりわけ違憲判断）をなすに際して外国の状況や国際的なトレンドの参照が有用であると考える前提には，時代のコンテクストのなかに憲法の意味を位置づけるべきだとの「生ける憲法」論がある[45]。

　ここでは，また別の側面，「アメリカ」の自己理解という軸から，件の論争を位置づけてみよう。トランスナショナルな典拠の参照に対する反発が根強くあるのはなぜか。にもかかわらず，最高裁による言及は一定の蓄積があり，現在でも（かろうじて，かもしれないが）そのような実務が維持されていることはどのように理解可能であろうか。

　（法）文化論的観点から「アメリカの独自性」を強調する立場の代表として，

Calabresi の見解を見てみよう[46]。彼は，植民地時代から20世紀までの「アメリカ例外主義」の言説を概観した後，いくつかの側面からこれを性格づける。すなわち，正負双方の面を含む個人主義の伝統，愛国心と楽観主義，社会的な平等主義と流動性，他方で経済的な面における自由放任主義，社会に占める宗教の位置の重要性と道徳主義，公共部門の小ささと民間慈善活動の隆盛，社会主義運動の不在と労働組合に対する反感，大規模な保守主義運動，高い出生率・移民・多様な人種といった他の西側諸国とは異なる人口動態，対外的に他の列強から隔絶されており，内部においても人口配置が分散している地理的環境，といった特徴が挙げられる。これらにより，ヨーロッパ諸国や他の民主主義国のみならず，北隣のカナダとも，「アメリカ」が異なったものとなっている，あるいは異なったものであると通常の「アメリカ人」は理解している，とする。そして，こうした「例外的アメリカ」の中心に位置づけられるのが合衆国憲法なのであり，それは宗教的な畏敬の態度と表現を以て言及されてきており，いわば「世俗的宗教」の中心に位置する。憲法の解釈をめぐる争いが（アメリカ的）道徳のあり方をめぐる争いに転化するのもこのためであるし，憲法解釈に際しての最高裁による外国法への言及が脅威として感じられるのも，特別な国に住む，特別なミッションを持った特別な人々であるとの認識が「アメリカ人」であるとの感覚に含まれているからである。一般の人々の感覚に従えば，世界の趨勢に従わないことこそが自然なのであり，外国法を参照することは最高裁裁判官のエリート主義である，とCalabresi は論じる。

　しかし，また別の「アメリカ」理解もある。たとえばResnik は，連邦政府が国際的な動向に同調する姿勢を示さない場合であっても，他のアクターが受容に積極的である場合があることを指摘する[47]。州立法部・司法部がその広範な法形成権能を行使して，国際的なトレンドに沿った立法・判例法を形成することがありうる。また彼女はとりわけ，州より下のローカルなアクターの行動を強調する。女子差別撤廃条約につき，カーター政権が署名はしたものの批准はされていない。これに対し，（諸々の人権NGOに呼応する形で）各地の市議会等が連邦政府に批准を促す決議をなしており，さらに進ん

で，同条約の趣旨を条例化し，あるいはその他の形で政策に取り入れている都市もある。あるいは環境問題に関し，米国政府は京都議定書から離脱したが，いくつかの都市は同議定書に沿って地域の排出ガスをコントロールする条例を制定している。また，州知事・市長・都市といったさまざまなレベルで地方自治に携わるアクターの全国団体が，国際的なプログラムを展開していることも指摘される。このような指摘に照らすと，Calabresi やその参照する論者が指摘するような「アメリカ例外論」とは異なった，「アメリカ」による世界への向き合い方を見出すことができる。無論，Resnik が例として挙げる地方自治体は特定の(「リベラル」であるといいうる)自治体・地域に限られることも留意すべきであり，こうした動きがアメリカ全体のトレンドであると評価することは困難であろう。「アメリカ」それ自体が多様なのである。

　アメリカ内部の多様性，および民主主義を基調とした憲法観を念頭に置くと，本章の取り扱う論争にまつわる，いくつかのアスペクトを適切に説明できる。第一に，2000 年代に批判論者に回る(保守派に属する)裁判官が，直前期の Glucksberg 判決では特に困難を抱えることなく外国法を分析に含んでいる点についてである。Glucksberg 判決(や Bowers 判決)と，Atkins, Lawrence, Roper といった諸判決との，単純かつ最大の差異は，前者は合憲判断であるのに対して，後者は違憲判断であることである。合憲判断に際して外国の状況を肯定的に参照するとすれば，国内の民主的な決定と国外の動向とが同一の態度を示していることになり，司法部の判断はこれにもう一枚，同種のカードを加えたのみということになる。他方，違憲判断，すなわち国内の民主的決定を覆すために外国を肯定的に参照するとすれば，国内と国外との異なった見解に対して裁判所が国外のそれの側に立つことを(象徴的に)意味する。加えて，(本章でも言及する諸判決がそうであるように)憲法判断の対象となっている法実行が州法であるとすれば，違憲判断は特定の政策オプションを州から奪ってアメリカ国内の多様性を封じる，という側面を持つことにもなる。二重の意味において，違憲判断に際して外国法を参照することが一定の反発を招くことも理解できないことではない。

関連して第二に，最高裁が国際的な動向を参照して違憲判決を下すに際しては，いきなりトランスナショナルな典拠に飛びついたりはしない，という点についてである。それに先立ち，最高裁は，問題となっている州以外の法域の動向等，米国内でも一定のモーメントがあることを摘示しそこから「一応の結論」を導いたうえで，それを「確証」するために外国法を参照している[48]。このことは一方で，デモクラシーの契機に配慮しているためであろうし，他方で，問題となっている州法が特異なものであるとすることによって，違憲判断が必ずしも多様性の契機を害するものではない，とするものであろう[49]。

このような，国際的な動向を無視するではなく，他方で国際的な動向にもっぱら依拠するでなく，あくまでもアメリカ内部の事情を踏まえたうえでトランスナショナルなソースを参照しようという，現時点における最高裁の多数派の実務は，こうした参照を支持する論陣を張ってきた代表的な論客の一人であるJacksonが，拒絶でも追従でもない「関与」と呼ぶ態度に近いだろう。彼女が一連の議論をまとめる形で著わした近著[50]の議論を紹介して，本章のまとめに代えたい。

Jacksonは，司法部等の憲法解釈者が国際的な法的環境に対してとる態度を，「抵抗 resistance」，「収斂 convergence」，「関与 engagement」に分類している[51]。「抵抗」の態度の下では，特定の国家的法共同体において採択された法規範のみが法解釈において考慮されるべきであるとされ，ゆえに憲法解釈において外国法や国際法は懐疑や疑念を以て応接されることとなる。これとは反対の極に位置する「収斂」の態度の下においては，権利や価値に関する普遍主義的な理解を前提に，国際的な規範を実装する場として，あるいは逆に国際的な規範の収斂に向けた一構成要素として，憲法を含む国家法を位置づける。両者の中間としての「関与」の態度においては，問題となる争点について国内的な言説の範囲では帰結がオープンであることを前提に，そのようにすることがドメスティックな憲法理解を改善することを想定してトランスナショナルな規範を考慮に入れるが，結果として両者が調和するか差異が示されることになるかについてはオープンである[52]。

そのうえで Jackson は，合衆国最高裁のとるべき態度としては「抵抗」も「収斂」も不適当であるとする。グローバル化の進んだ現代においては完全な法の自律性という考え方は維持しがたく，利用可能な知見を無視しこれに「抵抗」の態度をとることは，むしろ比較法的直観を隠蔽することになるとする[53]。他方，普遍的な人権や価値について真に合意の成立している範囲は限定的であるし，国家の独自性の表出としての憲法の機能を無視しているとして，「収斂」のアプローチもまた退ける。これに対し，合衆国憲法の条項が国際的に幅広く受け入れられている人間の価値に言及している場合や，同様の問題への対応のあり方の帰結がどうなるかを理解するためには，比較法・国際法から得られる知見を考慮する「関与」のアプローチが有用である。たとえ国際的なトレンドとは異なる結論に至ることになるとしても，その意義と特徴は外国の状況を考慮することにより明確化されうる。最高裁が実際に長年にわたってトランスナショナルな情報を参照してきていることは，熟慮を伴う「関与」が，米国の憲法的自己理解に貢献し，裁判官が多様な視点を考慮することで公平性を確保し過誤を防止する契機を提供していることを示唆する，としている。

「関与」のアプローチは，国内的規範と国際的動向の双方を，一方を他方に従属させることなく両睨みで「対話」を試みようというものである。これを実際に実行するに当たっては，国際的な情報を参照することでよりよい判断が可能となる論点の確定，参照対象となる外国法等の同定，参照する外国法等のそれ自体およびそのコンテクストの正確な理解といったものがカギとなってくる。これはすなわち，地に足の着いた比較法研究の重要性ということに他ならない。

このような観点からすると，最高裁による参照のなかでコンテクストに入り込んだ比較法理解を試みているものとして筆者が個人的に評価しているのが，逆説的だが，Roper 判決の Scalia 反対意見(のある部分)である。そこで彼は，外国では一定の犯罪につき唯一の法定刑が死刑とされている場合があるであろうし，そのような状況下では未成年者に対する死刑のカテゴリカルな禁止というのは「良いアイディア」であろう一方で，米国では(裁判官では

なく)陪審があらゆる個別事情を考慮して死刑を科すかを判断している，と論じている[54]。一連の論争は，比較法研究と実務との関わりについてのものでもある。

IV 結

　本章は，連邦最高裁が，憲法上の論点の判断に際して外国法・国際法を参照することの可否をめぐる論争について検討した。論争が本格化したのは21世紀に入ってからであるが，実際には最高裁は独立期以来，米国外の状況を参照してきた。一連の論争を通じて賛成・許容論者と反対論者とがそれぞれの立場を再帰的に再編成した結果，現時点では膠着状態の下で賛成／許容の立場がわずかに最高裁を制している。憲法理論の観点からすると，この論争は憲法解釈のあり方および司法審査の正統性をめぐる対抗関係の応用問題である。法文化論的な観点からは，〈アメリカ〉の独自性・例外性を重視する論者が反対論に回ることが多いが，これは唯一の〈アメリカ〉理解ではない。〈アメリカ〉の内部自体の多様性，および民主主義に軸足を置いた憲法理解が，本件の問題のいくつかのアスペクトを適切に説明できる。こうした条件下で行われている最高裁の実務は，国内的規範と国際的動向の双方を，一方を他方に従属させることなく両睨みで「対話」を試みようとするものとして把握できる。

　トランスナショナルな典拠に対する態度についてのJacksonによる「抵抗」「収斂」「関与」の3分法は，「法のクレオール」プロジェクトにおける共通枠組みとして長谷川のいう，「抑圧の場における支配−抵抗関係」，「流入の場における拡大−接受関係」，「圧迫の場における侵略−対抗関係」の場面区分[55]とも相似形をなすものとして把握することが可能であろう。本章は現代アメリカの実務をJacksonにならい「関与」として理解するわけだが，これを長谷川の枠組みに載せれば(日本の近代化過程とも比定される)「侵略−対抗関係」に比定することとなる。現代アメリカの直面する状況を「侵略−対抗」と呼ぶのはいささか奇妙かもしれないが，これは冒頭で「クレオール」

のコンセプトを拡張したことに関わる。換言すれば，植民地的地位から(一旦)開放されて(一応)独立した憲法体制を確立した状況下において，直接的には司法部が，より一般化すれば〈法〉に関わるアクターが，"外部"とどう向き合うかを分析するに際し，必要な変奏だ，ということである。

† 本章の草稿に対し，勝田卓也准教授(大阪市立大学)より有益なコメントを頂戴した。記して謝意を表す。もちろん残存する誤りは筆者に帰属する。
1) 会沢恒，「外国法・国際法の参照とこれをめぐる論争」(比較法研究71号，2009年，119頁)；同，「連邦最高裁による外国法参照の歴史―― Steven G. Calabresi and Stephanie Dotson Zimdahl, *The Supreme Court and Foreign Sources of Law: Two Hundred Years of Practice and the Juvenile Death Penalty Decision*, 47 Wm. & Mary L. Rev. 743 (2005)」(アメリカ法2009-1号，2009年，142頁)；會澤恒，「憲法裁判におけるトランスナショナルなソースの参照をめぐって――現代アメリカ法思考の開放性と閉鎖性」(北大法学論集58巻4号，2007年，490頁)，参照。
2) 他にこの問題について論じている文献として，勝田卓也，「ブラウン判決とローパー判決をつなぐもの――アメリカ南部の法文化と最高裁」(法学雑誌(大阪市大)56巻3・4号，2010年，690頁)；同，「死刑をめぐる憲法判断における外国法参照の意義―― Roper v. Simmons事件判決(2005)を手掛かりとして」(比較法研究71号，2009年，112頁)；長谷部恭男，「憲法の imagination ⒁特殊な国，アメリカ」(UP 37巻5号，2008年，32頁)；木下智史，「グローバル化の中のアメリカ立憲主義」(『岩波講座 憲法5 グローバル化と憲法』，岩波書店，2007年，155頁)も参照。
3) この共同研究については，長谷川晃，「はじめに」(本書所収)，i-ii頁を参照。
4) もちろんこのことは，現代アメリカの関係する諸々の局面において，政治・経済・社会的に植民地的"周縁化"の問題が存在しないことを意味せず，取り上げて検討すべき論題もあろう。が，さしあたって本章の主題ではない。
5) 詳細な検討は會澤，前掲論文「憲法裁判におけるトランスナショナルなソースの参照をめぐって」参照。また，勝田，前掲論文「死刑をめぐる憲法判断における外国法参照の意義」；村上正直，「国際人権法と合衆国の国内裁判所―― Roper判決の国際法上の意義」(比較法研究71号，2009年，126頁)も参照。
6) 539 U. S. 558 (2003).
7) 536 U. S. 304 (2002).
8) U. S. CONST. amend. VIII(「過大な額の保釈金を要求し，または過重な罰金を科してはならない。また残酷で異常な刑罰を科してはならない。」).
9) U. S. CONST. amend. XIV, §1(「州は，何ぴとからも，法の適正な過程によらずに，その生命，自由または財産を奪ってはならない。」).

10) 478 U. S. 186 (1986).
11) 539 U. S. at 598.
12) Penry v. Lynaugh, 492 U. S. 302 (1989).
13) 543 U. S. 551 (2005).
14) なお，第一の要素の判断のなかでも国際人権規約への言及がある。
15) *See, e.g.*, Steven G. Calabresi & Stephanie Dotson Zimdahl, *The Supreme Court and Foreign Sources of Law: Two Hundred Years of Practice and the Juvenile Death Penalty Decision*, 47 WM. & MARY L. REV. 743 (2005)（その紹介として会沢，前掲論文「連邦最高裁による外国法参照の歴史」）。
16) *See* Thompson v. Okla., 487 U. S. 815 (1988); Enmund v. Fla., 458 U. S. 782 (1982); Coker v. Ga., 433 U. S. 584 (1977). 一連の判決の整理・検討として，勝田，前掲論文「ブラウン判決とローパー判決をつなぐもの」；勝田，前掲論文「死刑をめぐる憲法判断における外国法参照の意義」を参照。
17) この指針を打ち出した Trop v. Dulles 判決（356 U. S. 86 (1958)）自体，国際的な典拠を参照している。
18) 521 U. S. 702 (1997). 法廷意見を執筆したのは数年後に Atkins 判決で外国法の参照を痛烈に批判する Rehnquist である。彼はこれに先立ち，妊娠中絶に関する Casay 判決の一部結論同意・一部反対意見のなかでもドイツおよびカナダの状況に言及している。Planned Parenthood v. Casey, 505 U. S. 833, 945, n. 1 (1992) (Rehnquist, C. J., concurring in the judgment in part and dissenting in part). 彼が米国裁判所における比較法の受容可能性を示唆したとするコメントもしばしば言及される。William H. Rehnquist, *Constitutional Court——Comparative Remarks* (1989), in GERMANY AND ITS BASIC LAW: PAST, PRESENT AND FUTURE——GERMAN-AMERICAN SYMPOSIUM 411 (Paul Kirchof & Donald P. Kommers eds., 1993). だが，これは比較憲法に関心を持つ聴衆を前にした講演であるということを割り引く必要があるだろう。
19) *Glucksberg*, 521 U. S. at 710 (citing Rodriguez v. British Columbia (Attorney General), 107 D. L. R. (4th) 342 (Can. 1993)). このカナダの判決自体，西洋民主主義諸国の立法を検討するものである。
20) 410 U. S. 113 (1973).
21) 208 U. S. 412 (1908). 同判決はいわゆる Brandeis ブリーフの起源として名高いが，そのなかで（しばしば言及される社会科学的データの適示と並んで）外国の状況について論じられており，最高裁もこれに明示的に依拠している。
22) *See, e.g.*, Grutter v. Bollinger, 539 U. S. 306, 344 (2003) (Ginsburg, J., concurring)（平等条項／アファーマティヴ・アクション）；Miranda v. Ariz., 384 U. S. 436 (1966)（刑事捜査法）。

23) *See, e.g.*, Prinz v. United States, 521 U.S. 898, 976 (1997) (Breyer, J., dissenting)（連邦制）；Youngstown Sheet & Tube Co. v. Sawyer, 343 U.S. 579, 651-652 (1952) (Jackson, J., concurring)（執行権）.
24) 付言すれば，外国法の参照の性格づけにも，いくつかのパターンがある。大きく分ければ，規範としての参照，すなわち外国法の規範内容それ自体が裁判所の関心の対象となる形の参照と，事実ないしデータとしての言及，すなわちある法制度の下で具体的にどのような状況が発生しているかを参照することで，当該訴訟における争点の判断の帰結を予想しようとするもの，とがある。また，外国法を肯定的・積極的に参照する事例が目立つが，外国法を否定的・消極的に参照する例もないわけではない。
25) *Supra* note 17.
26) Calabresi & Zimdahl, *supra* note 15, at 755, 846-850.
27) *Id.* at 784-785.
28) 勝田，前掲論文「死刑をめぐる憲法判断における外国法参照の意義」，114-115 頁。
29) 會澤，前掲論文「憲法裁判におけるトランスナショナルなソースの参照をめぐって」，2090 頁；木下，前掲論文。
30) *See* Prinz, *supra* note 23, 521 U.S. at 921, n. 11; Stanford v. Ky., 492 U.S. 361, 369, n. 1 (1989).
31) 本章の取り扱う論争においては，批判論の側に立つのは政治的には保守の立場をとる者が多い。だが，時期的に先行して同じく実体的デュー・プロセスの系譜に属する Glucksberg 判決が保守派の雄 Rehnquist によって執筆されたこと，Bowers 判決による「西洋文明の歴史とユダヤ―キリスト教的道徳・倫理基準」への言及に対応するためのものであったことに鑑みると，一連の論争の引き金を引いた Lawrence 判決におけるトランスナショナルな典拠の参照は，保守の側から誘発されたものだとのアイロニーも見出しうる。
32) 本文では，勝田が第二の契機としてより重視する，最高裁の結論が実際に外国法によって左右されている可能性があるという点（その傍証として法廷助言者による立論のモードの変化や裁判官の国際的な交流が指摘される）については正面から論じていない。勝田，前掲論文「ブラウン判決とローパー判決をつなぐもの」；勝田，前掲論文「死刑をめぐる憲法判断における外国法参照の意義」。筆者の所見は，トランスナショナルな典拠を参照する長年の伝統に照らすと，現代においてかかる言及をなしている裁判官は，特に意識してそうしている（いた）のではなく，従来からの実務を踏襲しているだけだと考えていたのではなかろうか，というものである（前掲注 31 の「アイロニー」の指摘もこの点に関わる）。それが，反対論に直面し，かかる実務の意義を再検討する必要に迫られた，というのが本文にいう「再帰的再編成」の趣旨である。
33) 554 U.S. 407 (2008). 紹介・検討として，会沢恒「Kennedy v. Louisiana, ―U.S. ―, 128 S. Ct. 2641 (2008)――児童を被害者とする性犯罪と死刑の対象犯罪の範囲」（ア

メリカ法 2009-1 号，2009 年，180 頁)参照。
34) Lawrence 判決・Roper 判決で法廷意見を執筆した Kennedy 執筆。
35) Brief for Amici Curiae of Leading British Law Associations, Scholars, Queen's Counsel and Former Law Lords in Support of Petitioner Patrick Kennedy, Kennedy v. Louisiana, 554 U. S. 407 (2008) (No. 07-343), 2008 WL 706791 (on file with author).
36) Transcript of Oral Argument at 41, Kennedy v. Louisiana, 554 U. S. 407 (2008) (No. 07-343), 2008 WL 1741235 (on file with author)(「このような論点についての国際的な論評を参照することはポピュラーではないことは承知していますが，イングランドの貴族院法官議員は……国際的な原則を論ずるアミカス・ブリーフを提出しています。……」)。
37) 130 S. Ct. 2011 (2010).　法廷意見を執筆したのは(またもや)Kennedy であり，Stevens, Ginsburg, Breyer, Sotomayor 同調。
38) Id. at 2033.
39) Ibid.
40) Ibid.
41) 具体的には，諸国の量刑状況に関する報告書等を参照している。また，(米国とソマリアのみを除いた全世界が批准している)児童の権利に関する条約 37 条(a)項が「締約国は」「死刑又は釈放の可能性がない終身刑は，十八歳未満の者が行った犯罪について科さないこと」「を確保する」としていることも適示されている。
42) 130 S. Ct. at 2034.
43) Stevens 同意意見(Ginsburg, Sotomayor 同調)が，(憲法解釈一般についてかはともかく少なくとも)第 8 修正の解釈についての発展的(evolving)な性質を強調していることも，これまでの論争における立場と軌を一にする。Id. at 2036 (Stevens, J., concurring)(「社会は変化する。知識は蓄積する。我々は学ぶ。Society changes. Knowledge accumulates. We learn.」)。

　他方，Thomas 同意意見(Scalia 同調，Alito 一部同調)は，過去の判決のなかで議論は尽くされているとして，外国法の参照が関連性を有さないとの主張につき詳細な議論は展開していない。また，(実際の量刑実務ではなく)生命侵害を伴わない犯罪を犯した未成年者に仮釈放なき終身刑を科すことを許容している国は 11 あること，現時点においてはともかく，将来的にかかる刑罰を採用する民主主義国家がありうることが指摘されている。Id. at 2053, n.12 (Thomas, J., dissenting).　この他，Roberts の結果同意意見がある。
44) 會澤，前掲論文「憲法判断におけるトランスナショナルなソースの参照をめぐって」，2096-2094 頁，2090-2089 頁，2083 頁。もっとも，かかる参照への態度が多様な法理論上の立場と結びつきうるとの指摘として，see VICKI C. JACKSON, CONSTITU-

TIONAL ENGAGEMENT IN A TRANSNATIONAL ERA (2009).

45) さらにその先には，立憲主義と民主主義との緊張関係にかかるアポリアがある。Rubenfeld によるアメリカ的憲法観とヨーロッパ的憲法観との対抗関係を参照しつつこれを論じるものとして，木下，前掲論文；阪口正二郎，「立憲主義のグローバル化とアメリカ」(ジュリスト 1289 号，2005 年，35 頁)参照。

46) Steven G. Calabresi, *"A Shining City on a Hill": American Exceptionalism and the Supreme Court's Practice of Relying on Foreign Law*, 86 B. U. L. REV. 1335 (2006).

47) Judith Resnik, *Law's Migration: American Exceptionalism, Silent Dialogues, and Federalism's Multiple Ports of Entry*, 115 YALE L. J. 1564, 1626-1656 (2006).

48) 會澤，前掲論文「憲法裁判におけるトランスナショナルなソースの参照をめぐって」，2094-2093 頁参照。

49) これに対し，死刑をめぐる Roper 判決や先行する Atkins 判決においてはアメリカ国内の動向は実際には最高裁の判断にインパクトを与えるようなものではなく，国際的な動向(とそこからの批判)が，米国の「国益」を経由して，ヨリ決定的な要素となっていると論じるものとして，勝田，前掲論文「ブラウン判決とローパー判決をつなぐもの」参照。

50) Jackson, *supra* note 44.

51) なお，Jackson は合衆国憲法／最高裁の立場を重点的に論じるものではあるがこれに限定するものではなく，彼女の従前からの比較憲法の知見を反映して，米国以外の裁判所における「抵抗」や「収斂」「関与」の例についても俎上に載せている。

52) なお，この 3 分法は類型的なものではなく，より連続的に，その間に中間的な形態がありうることも想定されている。たとえば，「抵抗」の弱いバージョンとしての，消極的な事例としては外国法の参照を許容する場合や，合憲判断をサポートする際には許容する場合の如くである。

53) また，原意主義的態度よりは，ヨリ目的論的，あるいは多くの要素を考慮するアプローチが憲法解釈における主流であるともする。

54) *Roper, supra* note 13, 543 U. S. at 623-624 (Scalia, J., dissenting). 特定の法制度の背景事情にまで立ち入った分析は望ましいものであろうが，裁判所に望むのは困難かもしれない。だからこそ，間接的に情報を整理・提供する研究者の役割があるのであろう。

55) 長谷川晃，「法のクレオールと法的観念の翻訳」(本書所収)，第 II 節参照。

＊追記) 脱稿後，勝田卓也『アメリカ南部の法と連邦最高裁』(有斐閣，2011 年)に接した。

10. 近世前期の裁判物にみる上方都市の社会構造
——「民事裁判」をめぐって

桑原朝子

I 序

　古代における律令制の導入以来，前近代の日本法は，中国からさまざまな形の影響を受けてきた。そのなかには，律令の編纂に代表されるような狭義の法の受容・混淆ばかりではなく，中国の法文化の流入を契機として，従来の日本には見られない，法や裁判に対するあらたな意識が形成された例も存在する。本章では，こうした一例として，近世前期(17〜18世紀初期)に，中国の裁判・捜査の手引書や公案小説といわれる裁判小説の翻訳・翻案を通じて，それ以前の日本の文芸には類を見ない「裁判物」と呼ばれる名裁判話集が生み出されること[1]，そしてそのなかに，中国のテクストとは異なり，「民事裁判」の事例が少なからず含まれていることに着目する。

　もっとも，前近代の中国や日本の裁判については，刑事と民事を現在のような形で区別することはできない。滋賀秀三[2]によれば，春秋・戦国時代の境目から清朝滅亡に至るまでの「帝制時代」の中国の裁判においては，民事と刑事とは分化していなかった。すなわち，この双方について別立ての訴訟手続を制度として併置せしめることがなく，すべての裁判は——刑罰を結果する可能性を含んでいるという意味で——刑事裁判であったといってもひとまず誤りではないという。しかし，それは，民事的な事案が国家の法廷にもたらされなかったということではなく，たとえば清代の史料には，相続・婚姻・不動産・消費貸借などをめぐる，我々が普通に民事と意識する事案を例示的に総称する言葉として，「戸婚田土」ないし「戸婚田土銭債」の案という用語が頻出する。ただ，これらの事案は，私権の保護を主題とするという

観点からではなく，概して軽微な刑罰しか結果せず重要性が低いという観点から一つのカテゴリーとして区分されている，というのである。一方，近世の日本においては，訴訟手続は刑事事件を扱う吟味筋と主に民事事件を扱う出入筋とに分かれているものの，出入筋のなかに軽い刑事事件の一部も含まれていることに鑑みると，現在と同様の観点に基づく刑事と民事の区分があったとはいえず，むしろ清代中国に近い観点に基づいた二つのカテゴリーが存在したというべきであろう。

よって，本章では，明・清代において「戸婚田土」，宋代において「婚田債負」[3]，と呼ばれたような民事的な事案を扱う裁判を，仮に「民事裁判」と表記することとするが，近世前期の日本の裁判物においては，この「民事裁判」例が全体の半数近くに上り，殺人罪や強盗罪等を扱う刑事裁判がほとんどを占める中国の種本とは，明らかに異なる特徴を示すのである。

ただし，この点を，ただちに「日本的」特徴と位置づけることはできない。なぜなら，近世後期(18世紀後期以降)になると，裁判物は刊行され続けるものの，作品中の「民事裁判」例は激減し，中国の種本と同様，刑事裁判が圧倒的多数を占めるようになるからである。すなわち，「民事裁判」例の多さは近世前期の裁判物に特徴的な現象であり，それゆえ，この点には，これらのテクストを生み出した上方都市の社会構造が関係しているのではないかと推測される。本章は，こうした裁判物のテクストに表れた「民事裁判」への強い関心を支えていると思われる，この近世前期の上方都市の社会構造を解明することを目指す[4]。

II 日中の裁判関連テクストと「民事裁判」

近世前期の裁判物の成立に最も大きな影響を与えたテクストは，宋の官僚桂万栄によって編纂された，地方行政官を主な対象とする，裁判・捜査の手引書『棠陰比事』である[5]。中国では，古今の名裁判例を集めて裁判に携わる者の参考に供しようとする手引書が，遅くとも10世紀には編纂されていたことがわかっているが[6]，『棠陰比事』もそうした一書であり，春秋時代

から北宋までの名裁判例144事例を集め，2例ずつ一対にして並べるという構成をとっている[7]。

　日本においては，『棠陰比事』は，まず林羅山を中心とする儒家達によって，編者の意図したとおり裁判手引書として享受されたが，寛永年間(1624-44)前後に本書を翻訳した仮名草子『棠陰比事物語』が出版され，以後はこのテクストが，むしろ娯楽のための読み物として，町人を始めとする広範囲の人々の間に広まっていった。そして，これに触発されて，裁判話への関心が高まり，元禄2年(1689)には，裁判話のみを集めた裁判物の嚆矢である，井原西鶴の浮世草子『本朝桜陰比事』が刊行される[8]。この作品，およびこれに続いて宝永5年(1708)に刊行された『鎌倉比事』と，同6年に刊行された『日本桃陰比事』(数年後に『本朝藤陰比事』と改題[9])は，いずれも裁判話のみで構成され，そのタイトルからしても，『棠陰比事』を意識していることが明らかである。

　しかしながら，これらの裁判物は，その内容面において，『棠陰比事』から具体的な影響を受けたとは限らない。最も強い影響を受けたと見られる『本朝桜陰比事』においても，『棠陰比事』のいずれかの事例の翻案であるか，そこから着想を得たと考えられるものは，44話中，多く見積もっても4分の1程度[10]であり，これに続く他の作品においては，その割合はさらに低い。したがって，『棠陰比事』と近世前期の裁判物の間には，類似よりも差異が目立つが，なかでも顕著な点が，前述したとおり，「民事裁判」の割合の差である。

　『棠陰比事』においては，「民事裁判」は，全144例中，1割以下である。「民事裁判」の少なさ，裏を返せば圧倒的な刑事裁判の優位は，『棠陰比事』のみの特徴ではなく，これに先行する裁判手引書や，明代に流行した公案小説にも共通している。『棠陰比事』の成立した宋代の中国において，現実には「民事裁判」がけっして珍しくなかったことは，当時の判例集『名公書判清明集』に収められた多数の「民事裁判」関係の判決からも明らかであるが[11]，裁判手引書や公案小説の作者および読者として想定されるのは，基本的に裁く側の官僚になりうる層，換言すれば読書人層であり，彼らにとっ

ては，せいぜい軽微な刑罰を命ずるにとどまる「民事裁判」は，主たる関心の対象にならなかったものと考えられる。

　一方，近世前期の裁判物においては，「民事裁判」の比率は，44話からなる『本朝桜陰比事』と48話からなる『本朝藤陰比事』で半分弱，『鎌倉比事』では全48話中の3分の1強となっており，『棠陰比事』に比して非常な高さといえる。「民事裁判」の内容も多岐にわたるが，なかでは相続が最も目立ち，『棠陰比事』のごくわずかな「民事裁判」例から着想を得たと考えられる話もあるものの，種本は，不明であるか日本のテクストであることが多い。あとから刊行された裁判物が先行作品を翻案することも少なくないが，それ以外に，板倉勝重・重宗父子の京都所司代在職中の法令や裁判の記録とされる『板倉政要』[12]も，種本として頻繁に利用されている。17世紀後期の成立と見られる本書の巻6以下は，裁判説話の形式をとっており，現存の10巻本のテクストは63話を収める。この部分は，実録といいながらも『棠陰比事』の翻案なども含んでいて，実質上，文芸としての裁判物に近いが，そのなかには，4割を超える「民事裁判」例が含まれている。『板倉政要』や近世前期の裁判物には，版元や舞台が上方，なかでも京都であるものが多く，主に上方町人と想定されるその作者や読者が，「民事裁判」に高い関心を寄せたことが読み取れる。

　しかし，こうした関心は長続きしなかった。近世後期においても，『青砥藤綱模稜案』や『大岡政談』といった裁判物が江戸を中心に流行するが，これらには凶悪犯罪を扱う刑事裁判が多く[13]，「民事裁判」は数えるほどしか含まれていない。そして，近世後期の裁判物には，『棠陰比事』よりも公案小説を種本とするものが多いにもかかわらず，そのわずかな「民事裁判」例は，『棠陰比事』や近世前期の裁判物の翻案である[14]。このことは，近世後期以降，「民事裁判」に対するあらたな関心が生まれていないことを推測させる。「民事裁判」への関心の低下が，現実の訴訟の低調を示すものでないことは，元禄期(1688-1704)以降，訴訟が激増し，享保期(1716-36)には，江戸町奉行所の訴訟数が年間約4万件に及んでいた[15]ことなどから明らかであり，変化の要因は，作者・読者の中心をなす町人層の意識のレヴェルに関わ

るものと考えられる。

Ⅲ　町人のコミュニティーと「民事裁判」

　近世前期の裁判物には，「民事裁判」の多さのほかにも，中国の裁判関連テクストや近世後期の裁判物との顕著な相違がある。それは，当事者を取り巻くコミュニティー，なかでも「町」，すなわち通りを挟んで両側に店を出す商工業者の地縁的・自治的共同体に関する言及が目立つことである。

　むろん，中国の裁判手引書や近世後期の裁判物にも，親族や近隣の者など，当事者の周囲のコミュニティーへの言及が見られないわけではない。たとえば，『棠陰比事』の「劉相隣証」(67)は宋代のケースであるが，田地の売買の証書を作成する際には隣人達の立会いを要する，という慣行があったことを示している。また，『名公書判清明集』「戸婚門」には，土地の売買をめぐる親族どうしの争いや隣人どうしの境界争いに関する判決が頻出する[16]うえ，隣人が証言をしているケースも見られ，現実の宋代の社会において，地縁的ないし血縁的コミュニティーのあり方が，さまざまな民事紛争の発生，あるいは予防や解決に重大な影響を与えていたことを窺わせる。しかし，少なくとも『棠陰比事』の事例においては，特に地縁的コミュニティーが現れることはきわめて稀である。ただ，その稀な例が，わずかな「民事裁判」例と重なっているという点は，「民事裁判」と一定の条件を持った地縁的コミュニティーとのつながりを示唆するものとして注目される。

　『棠陰比事』が，地縁的コミュニティーをめぐる記述において，近世前期の裁判物と大きく異なる要因には，当事者よりも裁く側の観点から書かれていることや，裁判の舞台が特定の時代や地域に限定されていないということもあると考えられる。しかし，近世後期の裁判物については，そうした読者層や観点，舞台の相違という要素によっては，近世前期の裁判物との相違を説明できない。近世後期になると，舞台が上方から江戸に移る傾向はあるが，登場人物の多くも主たる読者も町人であり，江戸の町人社会も「町」によって構成されていたにもかかわらず，これに関する言及はほとんど見られない

からである。近世前期の裁判物と同様，親族や商家の使用人等は時々姿を現すが，地縁的な関係としては，数少ない「民事裁判」例においても，長屋の住人どうしの関係や大家と店子の関係が問題になる[17]程度である。

　これに対し，近世前期の裁判物や『板倉政要』には，「町の者」，「町内」，町運営の主体で家屋敷所有者からなる「町中」，あるいは町の代表者を指す「町年寄」等の語が頻出する。町の者達は，相続・婚姻・養子縁組等への立会い，借金や質入の保証，といった場面で現れることが多く，いずれのテクストにおいても，刑事裁判よりも「民事裁判」の事例のなかに，高い比率で出現する。よって，「民事裁判」例が相対的に少ない『鎌倉比事』には，町関係の用語も他の裁判物に比してかなり少なく，6分の1程度の事例にしか見られない。ただし，『鎌倉比事』は，『板倉政要』や『本朝桜陰比事』とは違って，鎌倉時代，すなわち町がまだ現れていない時代における裁判の話という設定になっており，むしろこの設定にもかかわらず，近世都市の町が紛れ込んで現れることに，当時の町人の意識における，町の存在の大きさとその裁判との結びつきの強さが窺えるともいえる。

　以上に述べた日中の相違，および近世日本における変化は，近世前期の裁判物に特有の「民事裁判」への強い関心が，当時の町人達の，町を中心とするコミュニティーをめぐる意識構造と深く関わっていることを推測させる。よって，以下では，主に近世前期のテクストどうしの比較を通じて，この町をめぐる意識構造を明らかにすることを試みる。

IV　近世前期の町をめぐる意識構造

(1)　『板倉政要』にみる町人のコミュニティー

　上記の問題について最も重要な手がかりを与えると思われるテクストは，町と「民事裁判」に関する記述を多く含み，また裁判物の嚆矢としてのちの作品にも大きな影響を与えた，井原西鶴の『本朝桜陰比事』[18]である。ただし，このテクストに表れる意識の特徴を浮き彫りにするためには，その前提として，『板倉政要』の巻6以降の裁判説話とその背景について見ておく必

要があると思われる。『本朝桜陰比事』では，いずれの話も，「むかし都の町に」起きたことを「御前」と呼ばれる人物が裁く形式をとるが，この「御前」は，17世紀初頭から半ばにかけての京都所司代板倉伊賀守勝重・周防守重宗父子を主たるモデルとしていると考えられ，『板倉政要』からアイディアを得たと思われる話も複数見られるからである。

『板倉政要』巻6の冒頭には，「伊賀守殿周防守殿両代之内，公事之訴訟其数難勝計，然間其内能捌之由，諸人褒称之分記之」とあり，実際には巻6以下がすべて現実の板倉父子の裁判であるわけではないにせよ，京都の人々が，所司代の裁判に関心を持ち，これに批評を加えることが珍しくなかったことは窺える。一方，所司代の側も，自らの裁判のあり方が京都町人の批判の目にさらされていると自覚していたことは，板倉勝重自身が，所司代在職中，掟書において，「成敗之事」，特に刃傷をなした者に対する処分については，罪の軽重や負わせた傷の様子を勘案して「諸人」に「嘲哢」されないように定めるべきである，と述べている[19]ことから明らかである。このような京都町人の批評眼に対する認識と警戒は，板倉に限らず幕府方の役人に一定程度共通のものであり，所司代は有能でなくては務まらない職であった。板倉重宗のあとを継いだ所司代牧野親成の後任探しが難航したのもそのためであり，後任候補をめぐって幕府関係者がやり取りした文書には，無分別な者が寺社奉行となったために寺社が迷惑しているのは構わないが，所司代となって「洛中町人」が迷惑したら公儀も苦労する，という記述が見られる[20]。

京都の町人にはたんなる強権的な支配では通用しないと考えた幕府は，町人が自発的に作り上げていたコミュニティーを支配機構に組み込んで利用する政策をとるが，これを推し進めたのが，まさに板倉父子であった。彼らの所司代在任中には，浪人やキリシタンの隠匿等の非違が発覚した場合に，十人組や町年寄，町中に対して連帯責任を問う，という町触が集中的に発せられており[21]，一町を超える行政担当者として，町を集めた町組を束ねる町代の権限強化も図られている[22]。また，『板倉政要』巻6以下では，町人のコミュニティーに関わる語として，「町年寄」と「十人与」(=十人組)が，刑事裁判例でも4分の1以上，「民事裁判」例では半数近くに現れるが，これ

らは，元来自治的共同体であった町を幕府側が支配する際に新設ないし再編した制度である。町年寄の方は，町の代表者かつ最高責任者であるが，町人が自発的に選出したとは限らない。16世紀にはいまだ固定的な代表者をもたない町もあったものの，17世紀には権力の側が支配の観点から町の代表者選任を推進し，明暦2年(1656)には所司代牧野親成によって，行政的手腕のある町年寄の選出を命じる触が出されているからである[23]。これに対し十人組は，支配者側の観点がさらに色濃く出た制度であり[24]，10戸を一組として相互に監視させ連帯責任を負わせることを目的として，慶長8年(1603)，全国に先駆けて京都町人に対して施行された[25]。相互監視や連帯責任を実効的なものとしたいという幕府側の意向により，基本的に親族どうしや富裕な者どうしを一つの組に入れないような形で編成された[26]ことから，地縁を基盤とするとはいえ，町人達が自発的に形づくっていたコミュニティーとの間には，齟齬が生じていたと考えられる。『板倉政要』の裁判説話では，このように支配機構に組み込まれた町年寄と十人組が，しばしば共同で，刑事事件の容疑者を裁判の場に突き出したり[27]，所司代に命じられて取調べに応じたり[28]，あるいは相続，婚約，養子縁組等に立ち会い[29]，または借金や質入の証人となる[30]などしており，裁判の場にもよく呼び出されているのが目立つ。

　町年寄は，『本朝桜陰比事』をはじめとする近世前期の裁判物にも現れるが，十人組が頻出するのは『板倉政要』においてのみであり[31]，これと対照的に，他の裁判物によく見られる「町の者」，「町内」，「町中」，といった語が『板倉政要』にはあまり出現しないことは，このテクストが，編者は不明であるものの，町人側よりも支配者側に近い観点で作成されたことを示していると思われる。所司代の治政の記録という形式をとる以上，こうした観点から編纂されるのは自然であろうが，その一方で，裁判説話の内容から，テクストの読者層には家持層の町人が含まれると考えられ[32]，また板倉が真実を見抜けずに不当な裁きをしたことを示す例[33]もわずかながらあることに鑑みると，このテクストを完全に一方的に支配者側の考え方を表したものと位置づけることも妥当でない。

支配者と町人の間で微妙な均衡をとるこのような見方は，町のあり方が問題となる「依孝心蒙宥免商民之事」(巻7の5)という話にも表れているように思われる。この話は，小科により閉戸させられていた東山祇園の茶屋の亭主が，身命を擲って壁を切り抜き，所司代に直訴に出たことに端を発する。本来，こうした軽罪の者については7，8日経てば「所ノ者トモ」，すなわち同じ町の者達などが愁訴して赦免を蒙る例があったにもかかわらず，茶屋の亭主は，平生彼らに疎まれていたのか，1ヶ月経っても所司代に愁訴に出てもらえず，そのために老母が飢えに及ぶのを見て悲しみ，直訴に及んだのである。所司代は，その孝心に感じて閉戸を免じたのみならず，町年寄と十人組を召し寄せて，小科の者については同町の者が愁訴に出る例があるにもかかわらず，彼の者と交際がないからといって理を曲げて愁訴を延引するのは不届きであり，今後そうした不仁をなしたら町年寄・十人組をともに厳しく処罰する，と申し渡し，それを聞いた「京童トモ」は，「難有所司代哉，万々歳モ此人ヲ」，といって歓喜したという。

　この話からは，第一に，町内部の構成員間の関係が窺える。すなわち，通常は，町や十人組といった町人のコミュニティーが，困窮した者がいればまわりの者が協力して助けるような相互扶助組織として機能していたこと，しかしその協力関係は，日常の交際などの一定の条件を前提として成り立つものであり，これを欠く者については他の者達が足並を揃えて排除することもあったことがわかる。第二に，こうした町人のコミュニティーと所司代に代表される権力との関係についての意識も読み取れる。町人達の不仁を咎め，弾き出された亭主を救って町人のコミュニティーに戻そうとした所司代に対する「京童トモ」の高い評価が書き込まれていることに鑑みると，このような「村八分」に近いやり方は非常に頻繁に見られたわけではなく，このテクストの主たる読者層とも重なる京の町人の間では，こうしたやり方を否定する意識の方が強かったことが推察される。しかし同時に，このように町人間の連帯が崩れたときに，所司代のような権力者が上から介入して間を取り持つことに関しては抵抗が乏しく，むしろそれを積極的に望む傾向さえあったといえる。

もっとも，このケースにおいては，町の者に見捨てられた亭主を救えるのは所司代しかおらず，その介入の仕方も最小限に近い。これに対し，同じく「村八分」のようなケースを取り上げた『本朝藤陰比事』の「町に角なき油や訴状」(巻5の2)[34]においては，上からの，より踏み込んだ介入が見られる。この話では，油屋嘉助が深田町に町中の得心のうえで家を買ったにもかかわらず，気質が堅苦しいために町中から除け者にされてしまう。これを聞いた裁判官，すなわち地頭は，自ら酒樽を油屋にやって町の者に振る舞うようにいう。油屋は，その言葉どおりに，地頭から下された酒といってこれを町の者に振る舞い，町の者は，このような地頭と油屋の結びつきになんらの反感も示さず，かえって油屋に追従し，そののちは油屋を除け者にすることはなくなるのである。

　町が，本来は支配権力である武士に対抗するための町人の連帯という性格をもっていたことに鑑みると，このような地頭の介入に対しては警戒してしかるべきであると思われ，他方，地頭の側としては，町人の連帯を強化するために働くことは，権力にとって厄介な抵抗勢力を育てることにつながる可能性があり，慎重になるべきところである。しかし，このケースでは，地頭と町の者達の間にそうした緊張が乏しく，双方の警戒がともにあまり働いていないといえる。

　裁判物の複数の作品を比べると，時代が下るにつれ，裁判官が権威主義的でパターナリスティックになる傾向が一般的に見られるため[35]，裁判官の介入の仕方における『板倉政要』との相違は，そうした変化の一環として捉えることもできよう。また，『板倉政要』と比べると，町の側の性質も変化していること，すなわち町が次第に権力の側に取り込まれつつあることも窺える。ただし，特に裁判官の側に見られる変化が顕著になるのは，基本的に近世後期になってからである。この近世前期の2例においても，近世後期に比すれば，裁判官は町人のコミュニティー自体は重視しており，介入の程度に差はあれ，これがうまく機能するように手助けするにとどまっている。そして，このような町人のコミュニティーの尊重という点は，近世前期のテクストのなかでも，『本朝桜陰比事』に，とりわけ強く見られるのである。

(2) 『本朝桜陰比事』にみる町人のコミュニティー

　『本朝桜陰比事』には，『板倉政要』と異なり，十人組は現れず，町年寄の語もわずかしか見られないが，代わりに「町の者」や「町中」といった語が，半数近くの事例に含まれている。「町の者」は，事件の裁判への持ち込み[36]や，相続への意見・立会い[37]など，『板倉政要』における町年寄や十人組と同様の役割を果たしていることも少なくないが，その者が，制度化された支配機構の一員としてではなく，より自律的・自治的なコミュニティーとしての町の一員として捉えられていることが，重要な相違である。町人達にとっては，日常生活において，町役人や十人組よりも漠然と「町の者」が意識されることの方が多かったと考えられ，このテクストが完全に町人側の視点に立って描かれていることが窺える。

　そのことは，このテクストの特徴として，実質上は「町」に近い意味で，「世間」や「世上」という語が繰り返し使われていることにも示されているように思われる。これらの語は，町に比して明確な外延を持たず，基本的にその語を発した者が関わりを持つ人々の世界を指している[38]が，文脈上，親族や町と重なると考えられることが少なくない。一例を挙げれば，職人夫婦が，仲間から合力を受けた金を盗まれたとあっては「世間」の取沙汰が気になる，として一家心中を図ろうとする話[39]における「世間」は，当事者の行為が直接知られる範囲を指していることが明らかであり，事実上，当事者の近隣の者や親族などであろうと思われる。

　さらに，この「世間」の語に関連して注目に値するのは，町人が生活してゆくうえで，まさにこの意味の「世間」における信用が不可欠である，という意識が随所に窺えることである。たとえば，「手形は消て正直か立」（巻3の2）においては，親の代より懇(ねんご)ろであった者に「銀子五貫目」を貸した商人が，預り手形を取り置いたものの，8年後に取り立てようとすると白紙に変わっており，借りた側に返したといい張られ，かえって悪評さえ立ってしまい，「世上に外聞うしない」堪忍できず，銀子の損はともかく「せめて我正直を世にしらせたき願ひ」をもって訴え出ている。これを受けて，裁判の場に「町の者」が召し出され，貸し方と借り方の双方の身代について聞かれてい

るため，両人は同じ町内の者という設定であることがわかり，町内での信用や評判を失うことにより生じるさまざまな不利益の方が，債権を回収できないことによる金銭的損害よりも，少なくとも長期的にははるかに大きい，という意識が，町人の間に存在したことが窺える。また，金の落とし主と拾い主が双方譲り合って受け取ろうとせず裁判になったものの，それが正直者として都に顔を知らせてからのちのち詐欺を働こうという落とし主の企みに基づく狂言であることを御前が見破る，という話[40]も，地縁的なコミュニティーにおける信用の重要性を裏から物語っているといえる。

　このように，一般の町人の観点に立って町人のコミュニティーを重視する態度は，町人と権力との関係の描き方にも現れている。このテクストにおいて，御前は，名裁判官として描かれてはいるものの，つねに迅速に真相を明察するわけではない[41]。また，特に「民事裁判」の場合には，御前がただちに一定の考えや原理に則った判断を下し，当事者にそれを押しつけるのではなく，部分的な指示や少し変わった判決を出すことで，最終的解決や判決後の両当事者間の関係構築については，当事者や周囲の町人達が自ら考えるように仕向けることが多い[42]。この傾向は，近世前期の他の裁判物と比較しても顕著である。たとえば，『本朝桜陰比事』の「何れも京の妾女四人」（巻4の5）と『鎌倉比事』[43]の「譲状の代筆」（巻6の1）は，ともに遺産の不当な分配を決めた遺言状をめぐる裁判であり，後者は前者から着想を得た可能性も高い。しかし，前者では，御前が，遺言状にある関係者はもちろん町の者達を残らず集め，町中・親類・手代が立ち会ったうえで洛中の知恵者も集めて相談し贔屓のないような分配を考えるように，と述べて，町人達の裁きを待つのに対し，後者では，裁判官に当たる「最明寺殿」が，遺言者の弟と町の者に釣書を遣わし，その意向を事細かに伝えたうえで，死んだ兄の気持ちになって遺言状を書き換えよ，と弟に命じ，弟はその意向どおりに書き換えるのである。『本朝桜陰比事』は，町人達が血縁や地縁によって作り上げたコミュニティーをできる限り尊重し，たとえそのなかではうまく解決できない問題が起きた場合でも，介入は最小限にとどめ，町人達がなるべく自律的に内部の関係を修復し紛争の予防や解決ができるように促すのが名裁判官

である，という考え方に立っているといえる。

　しかし，そうした名裁判が成り立つためには，町人のコミュニティーと裁判官の双方が，一定の条件を満たしていなくてはならないはずである。その条件を満たした理想像がいかなるものであったかを窺わせる好例が，以下に全文を掲げた「両方よらねば埒の明ぬ蔵」(巻5の4)である。

　　むかし都の町に目貫小柄の買問屋有。難波の里より縁組して此妻十一
　　年なじみ，男子一人七歳になる時此父親相果しが，其節女房も後家立る
　　心底を聞定めて，財宝残らず親子に書置して男子十八に成までは，見せ
　　は手代に預け毎年の勘状は父方母方の親類中立合と念比に頼み置ぬ。商
　　売仕込の外に金子五千両ありしを，父かたの親類よりは此子十八になる
　　までは預り置べしといふ。又母かたの親類より此方へと申てたがひにう
　　たがひ，此論下にて済かたく両方御前に罷出右の段段言上申せば，
　　両方申所尤至極にきこしめし分させられ，拠仰せ出されしは其金子の
　　義親類町中吟味いたし相違なきにおゐては，念を入内蔵におさめ置，板
　　戸の錠前に父かたの一門として封印を付，又土戸の封印は母かたの一門
　　として付置，板戸のかぎは母かたに預り土戸のかきは父かたに預り，一
　　子十八に罷成時是を相渡すべし。用心の義は手代に預け置へしと，両方
　　うたかひなき仰わたされありがたし。此内蔵両方立合すしては戸前の明
　　さる事を深く感じけると也

　ごく簡単に概略を述べるならば，都の町の商人が妻と幼い息子に遺した金子五千両について，書置で息子の後見を頼まれた父方と母方の親類が，ともに自ら預かるといって聞かず，訴えを受けた「御前」が，金子は親類・町中が確認したうえで蔵に納め，その二重の戸の鍵と封印を互い違いに父方・母方に付けるように，と命じ，双方が立ち会わねば蔵が開かないようにした，という話である。

　この話は，酷似する先行話を持たないが，おそらく『棠陰比事』の一事例「斉賢両易」(110)を参考にしたのではないかと思われる。「斉賢両易」は，宋

の張斉賢による名裁判の話で，『棠陰比事』のなかでは数少ない「民事裁判」例である。その内容は，財産の配分が均等でないといって争い続けていた甲と乙に対し，張斉賢が両名の取り分をそっくり交換するという判決を下したため，さすがの両名もこれには服さざるをえなかった，というものである。『棠陰比事』は，この事例を，先行する類書『折獄亀鑑』から，その著者鄭克による評語も含めて採用している[44]が，評語のなかには，のちにべつの地で，兄弟間で田地の配分が不均等だという訴えがあったとき，裁判官が張斉賢のやり方にならい，双方の取り分を交換させることで決着した，ということも書かれている。

　この日中のテクストは，いずれも両当事者が同等の権利を主張して争い，それに対して両者がともに文句のつけようのない裁きが下されている，という点において共通するが，その他の設定については，均分相続の話か否か，被相続人の周囲の者，とりわけ被相続人の妻やその親族が相続に積極的に関与するか否か，相続の主たる対象は土地か動産か，といった点を始め多くの相違が見られる。これらの相違は，いずれも親族と相続をめぐる両国の実態の相違と密接に関係していると考えられる[45]が，その一方で，いずれのテクストもむろんたんなる現実の反映ではなく，特に「両方よらねば埒の明ぬ蔵」の解決方法は，西鶴や町人が考える名裁判を示すものといえる。すなわち，もし裁判官がたんに同等の権利を双方に与えることだけを考えるならば，父方と母方の親類に金子を半額ずつ管理させるという解決などもありうるはずだが，それでは西鶴らにとって名裁判にはならない。この話が名裁判たる所以は，互いに信用できずにいる当事者を，タイトルどおり，ともに相手を頼らなければ自分の権利も実現できない，つまり否応なしに協力せざるをえない，という状況に置くことで，裁判官が争いをやめるように説教することなしに，両当事者はもちろん，町中や手代も含めた関係者達に，当該争いの無益さと互いの協力の重要性を気づかせる，というところにある。すなわち，この裁判は，将来にわたる当事者間の関係の構築と民事紛争の予防を見据えているのである。

　ただし，この解決に則って当事者間の協力関係を維持してゆこうとすると，

その限界も見えてくる。この解決によって，両当事者は，たしかにいずれも一方的には金子に手を出せないことになるが，その結果，金子は凍結されてどちらにとっても運用できないものになると考えられる。双方にとって信用できる第三者を介在させるという方式は想定されておらず，どちらか一方に運用させることは両当事者間の連帯自体を揺るがすおそれがあるため，これを維持するには，運用を断念せざるをえない。その意味で，この関係には，外に開かれた形で発展できないという窮屈さがあり，これは両当事者間の関係を切ってしまう「斉賢両易」では起こりえない問題点でもある。

　このケースは，母方の親族として「難波の里」の者を巻き込んでいると考えられるため，厳密には町に限られない関係といえるが，ここであるべき姿として想定されている，町を主たる舞台とした当事者間の連帯は，『本朝桜陰比事』の他の話から窺える町人のコミュニティーの理想像とほぼ重なる。それは，上から組織された十人組のようなものではなく，基本的には構成員どうしが自発的に築き上げたもので，構成員間に一定の信頼関係が前提され，他を生かすことが自らを生かすことにもつながるような相互扶助的な面をもつが，一部の構成員が突出することに対しては警戒的なコミュニティーであるといえる。こうした関係は，現実には容易に成立しがたいが，少なくとも西鶴のなかでは，それは現実のモデルをもっていたと考えられる。そのモデルとは，当時，庶民の文芸として流行した俳諧の連歌，つまり連句を通じて築かれる関係である。

(3) 連句の座と町人のコミュニティー

　西鶴が，浮世草子作者となる前は俳諧を学び，延宝期(1673-81)から天和期(1681-84)にかけて一世を風靡した，談林派の大坂俳壇の先頭に立っていたことは，よく知られている。そして，『本朝桜陰比事』に，縁語の多用や俳人松永貞徳の著書の利用等の点で俳諧との強い連関が見られることも，すでに先学の指摘するところである[46]。したがって，表面的なレヴェルにおいて，このテクストが俳諧の影響を受けていることは疑いがないが，ここで特に注目したいのは，付合の文芸としての連句の性質，およびそれにより形成され

る座の構造との連関である。

　連衆と呼ばれる作者達が，五・七・五の長句と七・七の短句とを交互に付け合うという，付合の形式により一つの文芸を構成する点は，連歌も連句も同じである。すなわち連衆は，互いに前句を受けながらもそれを転じ，さらに次の付句を喚起するが，自己の作句がすぐれた芸術的効果をあげうるか否かは，自句が前句の心をいかに生かしえたか，生かしえたことによって新しい詩境をいかに発展させたか，という点によって定まるとされる[47]。換言すれば，連歌も連句も，他を生かすことによって初めて自らを生かすことができるという，まさに「両方よらねば埒の明ぬ蔵」に示されたような関係を作り出す要素を持っていることになる。

　ただし，むろん連歌と連句には重要な相違点もあり，また連句のなかでも，寛永(1624-44)初期から寛文期(1661-73)にかけて最盛期を迎えた，松永貞徳を祖とする貞門風，これに取って代わった談林風，さらに俳諧を大きく進展させた松尾芭蕉の蕉風，と時代や俳風が変化するのに伴い，付合のあり方も変わる。

　まず，連歌や連句の制作の場である座においては，連衆は肩書を捨てて雅号によって交わり[48]，実社会における身分差に関係なく対等な立場に立つという建前があるが，実際上，雅語を用いるという用語の制約などの規制が多い連歌の座に，古典文化に通じていない町人が参加するのは難しい。これに比して，連句は規則が緩く通俗的であり，身分の上下や知識の有無を超えて広範囲の人々の参加を可能にする面を持っていた。この点，貞門風は，連歌には用いない漢語・俗語，すなわち俳言を使うとはいえ，古典故事を利用することも多く，実際上は一定の知識や教養を必要としていたが，談林風は古典から離れ，代わりに流行語なども積極的に取り込むようになり，古典に通じていない庶民の参加に門戸を開いたといえる[49]。

　また，付合の性質については，連歌が，雅語をとおして古典的な美意識を共有し同質的な付合になりやすいのに対し，連句の場合，前句との調和を無視するわけではけっしてないが，美意識まで共有する必要はなく，むしろ前句のイメージとは落差の大きい俗な世界に転じることで滑稽味を醸し出すこ

とも少なくない。そのため，幅広く多様な付句が展開されうる[50]。特に談林風においては，前句中の言葉の縁語を使って付句をつくる「物付」に加え，句全体の意味や風情に応じる「心付」が取り入れられた[51]ので，理論的には，貞門風以上に付句の発展の可能性が拡大し，連衆一人一人の個性を生かす関係を築きやすくなったといえる。

ただし，現実には，連衆の能力，個性，座の外における相互関係などに左右され，相手の個性を尊重しつつも自らあらたな境地を開き，全体としての調和も保つ，という関係を構築するのは容易ではない。能力の低い者がなかなか付句を付けられなかったり，元から連衆の出身地域や階層に共通性が高い結果，共通の経験を無意識に前提し閉鎖的になって作風が停滞したり，逆にマンネリズムを打破しようと奇を衒いすぎて全体の調和を台無しにすることも少なくない。こうした失敗を防げるか否かは，連衆個々人のあり方にかかっているが，なかでも，座の取り仕切りを任された宗匠の能力は，決定的に重要である。宗匠は，付けあぐねている連衆に適切な示唆を与えたり，提案された付句の採否を決めたり，といった「捌き」によって連衆を導くことが期待されており[52]，誰が宗匠を務めるかにより，連句の出来栄えが明らかに変わるといわれる[53]。

すなわち，超越的な観点から連衆を強引に一定の方向に導くのではなく，連衆の個性と主体性を尊重しながらも，連句全体のバランスをとるように的確に捌くのが理想的な宗匠ということになるが，この宗匠のイメージは，西鶴が『本朝桜陰比事』で描き出した「御前」の姿に類似する。現実の近世社会において，訴訟当事者と裁判官の間に立場の互換性はなく，その間の溝は大きいが，西鶴の描く御前は，町人ではないにもかかわらず町人の立場に立って考え，またさまざまな示唆を与えて町人自身に考えさせ，名裁きによって彼らを手助けする点で，すぐれた宗匠のような役割を果たしているからである。そして，特に「民事裁判」においては，御前の裁きによって，町人どうしが互いを尊重し合いつつ協調を図るという，連句の座の構造をモデルにしたようなコミュニティーが回復することが多いといえる。

さらに，連句と町を中心とするコミュニティー，および「民事裁判」の結

びつきは，西鶴個人の意識のみにおいて見られるものではけっしてない。「民事裁判」に限定されるわけではないものの，「公事」や「訴訟」の語は，貞門風から蕉風に至る連句・発句のなかで幅広く使われており，特に談林派の作品においては，これらの語の前後に，縁語として町中や町役人が持ち出されていることが目につく[54]。したがって，少なくとも談林派を中心とする俳人の間には，裁判への関心に加え，裁判が機能するために町が重要な役割を果たしているという認識が存在したことは確かであり，その認識は，連句で培われた感覚のなかから得られたものと推測される。『本朝桜陰比事』に限らず，「民事裁判」と町に強い関心を示す近世前期の裁判物のテクストには，作者のレヴェルで俳諧とのつながりが見られること，すなわち『鎌倉比事』の作者月尋堂は俳人藤岡月尋と同一人物であり[55]，『本朝藤陰比事』の作者は，西鶴の門下生であった俳人北条団水ではないかと考えられている[56]ということも，この推測を補強する。

　しかも，近世前期においては，裁判物の読者の側にも，こうした俳人の意識を受け止める素地があったと考えられる。これらのテクストの流行した17世紀末から18世紀初期は，談林風は勢いを失いつつあったものの，これに代わって蕉風の俳諧が隆盛を迎えた時期と重なり，上方や江戸をはじめ全国各地に俳壇が形成されていたため，読者の側にも，連句を嗜む者や連句を通した交友関係を身近に見ていた者が，少なからずいたと思われるからである。

　連句と町人のコミュニティーと「民事裁判」が構造的な結びつきをもっていることは，18世紀半ば以降，裁判物において「民事裁判」に対する関心が急激に衰えるのに先立って，前二者が大きな変容を見せるという事実によって，裏からも示される。互いの個性を生かしながら，かつ全体の調和を壊さないように協調しあう，という意識の形成に寄与し，町を中心とするコミュニティーを支えたと考えられる連句は，元禄(1688-1704)中期から享保期(1716-36)にかけて，急速に解体へと進む。連句解体の最大の引き金となったのは，付句一句の独立性を重んじる蕉風の傾向が付合を困難にしたことであった[57]が，このような蕉風の試みが，連句の醍醐味と裏腹の関係にある

その限界，すなわち一句単独では享受されず，その解釈を次の句を付ける者に委ねてゆくという形で一句一句の自立性と普遍化を制約するという性質を，打破しようとする側面をもっていたことに鑑みると，連句中心から発句中心への転回はいずれ避けられないものであったとも考えられる。

　これとほぼ時を同じくして，町が最も早く発達した京都においては，町人個人がそれぞれの業種に応じて仲間や組を形成したり，町を超えて活躍する大商人が現れたりして，町を相対化させてゆく動きが見られる。その結果，債務弁済や訴訟経費の負担など，町が構成員の経済活動に対して有していた信用保証機能が低下し[58]，町の構造も大きく変容してゆくのである。

V　結

　近世前期の裁判物は，『棠陰比事』を始めとする中国の裁判関連テクストの翻訳・翻案なくしては成立しえなかったものであり，中国のテクストの受容は，近世日本の人々の裁判に対する関心を喚起するうえで決定的に重要であった。しかし，そこに表れた「民事裁判」への関心は，受容された中国のテクストには含まれておらず，受容する日本の側，より正確には，この一時期の上方都市の社会構造に支えられて生まれたものといえる。実際，被治者を含む広汎な人々が多様な「民事裁判」に対して強い関心を示すことは，日本史上，むしろ稀な現象に属する。そのことは，「民事裁判」を支える基盤が，容易には成立しないものであることを窺わせるが，近世前期の上方都市の町人間に存在した，権力から一定の距離をとり，構成員が互いを尊重しつつ協調しあう自律的なコミュニティー，あるいは少なくともそうしたコミュニティーを作り上げようとする意識は，その基盤を作る重要な条件の一つであるといえる。近世日本の場合，このような意識が，経済のあり方などともむろん関わるものの，それ以上に文芸，とりわけ古代以来の抒情詩の伝統を引く連句と結びついていたという点が特徴的である。もっとも，連句によってつくられる協調関係，あるいは連帯の意識には，個々人に突出を許さず一定の抑制を強いる面もあり，そうした意識に支えられた町人のコミュニ

ティーも,外に開かれた形で発展してゆく可能性が乏しく,抜け駆けを許さないことでようやく維持されるものであった。享保期にかけて上方都市の構造が大きく変化してゆく際に,町や仲間等の町人達のコミュニティーが,表面的には大きな摩擦を起こすこともなく権力の側に絡めとられ,活気を失ってゆくことには,この内在的限界が関わっていたと考えられる。しかしその一方で,そうした動きに対する鋭い抵抗の意識が存在しなかったわけではなく,それが連句とは違った形で抒情詩の伝統を引く浄瑠璃のなかにとりわけ鮮明に現れる[59]ことも,偶然ではないと思われる。

1) この過程と,裁判物が町人を中心とする当時の人々の裁判観の形成に大きな影響を与えたことについては,本共同研究プロジェクトの一環として中間報告の形で公表した,桑原朝子,「〈法のクレオール〉と主体的法形成の研究へのアプローチ(1)——近世日本における裁判観の形成と変容」(北大法学論集58巻3号,2007年)参照。なお,近世以前においても,裁判に関する説話や訴訟関係文書の集積等は見られるが,裁判物という文芸の一ジャンルが確立するのは近世が初めてであり,その流通範囲や内容に鑑みると,裁判物が人々の裁判に対する意識に及ぼした影響力は,それ以前の裁判関連テクストとは質的にも量的にも異なっていたと考えられる。
2) 滋賀秀三,『清代中国の法と裁判』(創文社,1984年),4-10頁。
3) 高橋芳郎,『訳注『名公書判清明集』戸婚門——南宋代の民事的紛争と判決』(創文社,2006年),10頁によれば,明・清代に「戸婚田土」と呼ばれたカテゴリーに対して,宋代にはこの語が用いられている。
4) 前掲の拙稿で明らかにしたとおり,近世日本の裁判物に見られる,町人を始めとする人々の裁判や法に対するあらたな意識は,中国のテクストの流入を直接の契機として形成されたが,中国のテクストには含まれていなかった要素も多分に有しており,本書の長谷川晃,「法のクレオールと法的観念の翻訳」に示された法のクレオールの,歴史的一事例に当たると考えられる。長谷川論文の第II節では,クレオールが生じる状況として三つの場面,すなわち,二つの社会の間に,(x)支配-抵抗的な関係,(y)侵略-対抗的な関係,(z)拡大-接受的な関係が,それぞれ成立している場合を区別し,各場合における典型的な「クレオール過程」を想定するが,近世日本の事例は,あえていえば(z)の状況に最も近い。ただし,こうしたクレオール状況の整理と現実に生じるクレオール状況との間にはギャップが存在することも確かであり,近世日本の事例も,(z)の場合に想定されている典型的な過程をたどるわけではない。本章が,近世前期に一時的に現れる「民事裁判」への強い関心に着目し,これと深く関係すると思われる当時の上方都市の社会構造の解明を試みるのは,法のクレオールが,現実

には相当複雑かつ多様な過程を経るものであり，狭義の法的問題にとどまらないさまざまなレヴェルの問題とつながっているのではないか，という見通しに基づくためである。

5) 地方行政官が犯罪捜査も裁判もともに担当するため，手引書も双方に関わるものになっているが，以下では，捜査の手引も含むものとして裁判手引書の語を用いる。また，『棠陰比事』の中国における位置づけや日本における受容の過程については，前掲の拙稿で論じたため，本章では最小限の記述にとどめる。なお，『棠陰比事』のテクストは，基本的に林羅山による跋文の付された元和5年(1619)の写本(内閣文庫所蔵，請求番号300-0020)を使用し，錯簡のある部分については，四部叢刊続編(上海・商務印書館，1934年)に収められたテクストに基づき補正した。

6) 島田正郎，「疑獄集・折獄亀鑑・棠陰比事」(滋賀秀三編，『中国法制史──基本資料の研究』東京大学出版会，1993年)参照。

7) 島田，前掲論文，326-328頁によれば，明代に呉訥によって，事例を80に絞り刑罰の軽重にしたがい順序を改めて評語を付した新しいテクストが作成されたというが，日本においてはあまり流布しなかったため，本章では考察の対象とせず，もっぱら144事例のテクストを用いることとする。

8) 井原西鶴が『棠陰比事』に強い関心を寄せていたことは，『本朝桜陰比事』に先立ち元禄元年(1688)に刊行された『新可笑記』(冨士昭雄・広嶋進校注・訳，『井原西鶴集』4所収，小学館，2000年)の「先例の命乞ひ」(巻1の5)に，家職を疎かにするほど訴訟にのめり込んだ大工が，「朝暮分別して，『棠陰比事』など枕にし，夢にもこれを忘れず，目安作りといふ名利にかかはりける」という一節があることからも窺える。また，この一節は，西鶴の作品の読者となりうる町人達の間に，『棠陰比事』の書名と内容がかなり広く知られていたことを推測させる。

9) 栗林章，「日本桃陰比事考」(大阪商業大学論集14，1960年)，117-119頁によれば，改題本『本朝藤陰比事』の刊行は，正徳(1711-16)末期から享保(1716-36)初期と考えられ，『日本桃陰比事』と比べると，1話少なく，3話が異なる。なお，以下では，より広汎に流布したと考えられるこの改題本のテクスト(国書刊行会編，『近世文芸叢書』5所収，国書刊行会，1911年)を用いる。

10) 逆に最も少なく見積もるとすると，『棠陰比事』から着想を得たことが疑いないのは，その「丙吉験子」(6)と一部において酷似する「曇は晴る影法師」(巻1の2)のみである。

11) 高橋，前掲書，3-4頁によれば，現存する『名公書判清明集』の明代の刊本14巻のうち，「民事裁判」を集めた「戸婚門」という編目が，巻4から巻9までの計6巻を占める。

12) 『板倉政要』については，熊倉功夫，『寛永文化の研究』(吉川弘文館，1988年)，第三部第一章「『板倉政要』と板倉京都所司代」参照。巻1-4については，滝本誠一編，

『日本経済大典』第3巻(明治文献，1966年)所収のテクストを，巻6以降については，熊倉功夫が京都大学所蔵の『板倉政要』10巻本を底本として翻刻したテクスト(熊倉功夫，「史料翻刻『板倉政要』第六巻～第十巻　裁判説話の部」，筑波大学歴史・人類学系歴史人類15，1987年)を，それぞれ使用した。

13) 近世後期の裁判物の刑事裁判は，その対象とする犯罪や犯罪者の質という点で近世前期とは異なっており，窃盗罪や詐欺罪よりも強盗殺人罪のような凶悪犯罪が多く，犯罪者も累犯など悪質さを増している。すなわち，近世後期の裁判物においては，近世前期の裁判物を特徴づけていた推理・機智・諧謔といった要素が弱まり，犯罪や犯人の怪奇さ・残虐さとこれが徹底的に懲らしめられる様子とをともに楽しむ読み物という性格が強まっているといえ，この点も，「民事裁判」をめぐる変化と同様に，町人を中心とする民衆の意識変化と関係していると考えられる。

14) たとえば，『大岡政談』の中で「民事裁判」に区分できる「実母継母の御詮議の事」は『棠陰比事』「黄覇叱姒」(8)の翻案であり，「題目念仏改宗の事並同裁許落著の事」と「畳屋建具屋出入の事並一両損裁許の事」は，それぞれ『本朝桜陰比事』の「念仏売てかねの声」(巻3の5)と「落し手有拾ひ手有」(巻3の4)の翻案であるといえる。なお，『大岡政談』については多数のテクストが存在し，収録している話もそれぞれ少しずつ異なるが，本章で言及した話は，すべて塚本哲三編，『大岡政談』(有朋堂，1923年)に収められている。

15) 曾根ひろみ，「享保期の訴訟裁判権と訴——享保期の公儀」(松本四郎・山田忠雄編，『講座日本近世史4　元禄・享保期の政治と社会』，有斐閣，1980年)，267-271頁。

16) 親族や隣人どうしの土地争いが多いことには，宋代において，一定範囲内の親族か隣人に土地の先買権を認める「親隣之法」が存在したことも関係していると考えられる。この点についてくわしくは，仁井田陞，『補訂　中国法制史研究　法と慣習・法と道徳』(東京大学出版会，1964年)，387-390頁参照。

17) 『大岡政談』の「大岡殿頓智の事」・「仏市兵衛鬼源蔵の事並仏と鬼と間違の事並道理を分けて理解の事」・「題目念仏改宗の事並同裁許落著の事」は，それぞれ『棠陰比事』「允済聴葱」(43)・『本朝桜陰比事』「仏の夢は五十日」(巻2の3)・同上「念仏売てかねの声」(巻3の5)の翻案であり，長屋の住人どうしの関係，大家と店子の関係，隣人どうしの関係が問題になる。

18) この作品のくわしい書誌情報については，杉本好伸，『西鶴を楽しむ⑤・⑥　日本推理小説の源流『本朝桜陰比事』上・下』(清文堂，2009年)参照。なお，本章では，初版初印本を底本とする徳田武編，『本朝桜陰比事〈翻刻〉』(おうふう，1996年)のテクストを用いた。

19) 『板倉政要』巻1「掟書」第2条。宇佐美英機，『近世京都の金銀出入と社会慣習』(清文堂，2008年)，86頁も参照。

20) 藤井譲治，「京都町奉行の成立過程」(京都町触研究会編，『京都町触の研究』，岩波

書店，1996年），146-148頁．
21) 京都町触研究会編，『京都町触集成』別巻2(岩波書店，1989年)の触番号277・283・292・295・299・310・312・313等．
22) 宇佐美，前掲書，55-64頁．
23) 鎌田道隆，「町の成立と町規則」(京都町触研究会，注20前掲書)，284-289頁．
24) 十人組については，煎本増夫，「十人組の成立」(北島正元編，『近世の支配体制と社会構造』，吉川弘文館，1983年)参照．
25) 煎本，前掲論文，186頁によれば，十人組が京都町中に早期に制定されたのは，江戸を拠点とした徳川氏の豊臣対策と無関係でない政治的な措置であるという．
26) 煎本増夫，『五人組と近世村落――連帯責任制の歴史』(雄山閣，2009年)，18頁でも触れられている，松平忠明著・徳川光貞補，『創業記考異』(国立国会図書館蔵，請求記号132-151)には，「将軍家仰」により「十人ノ内一人悪事ヲ把ハ九人ノ者可与同罪之由」をもって十人組を施行し，京・伏見等に横行する「盗賊」の乱行も取り締まろうとしたが，「福人ハ貧人ニ組コトヲ愁財宝ヲ他所ヘ令運送置之」，との記述が見える．すなわち，幕府のこの政策に対して富裕な町人は特に懐疑的であり，同じ組の貧しい町人に財を奪われたり，その負債を肩代わりさせられたりすることを避けようとして，財宝を他所へ移すという自衛手段をとったものと考えられる．
27) 「五器盗人之事」(巻6の11)．
28) 「密通公事」(巻6の16)．
29) 「閨養子而妾女江譲状之事」(巻6の1)，「瓢箪譲三子事」(巻6の8)，「義絶ノ弟ニ兄ノ家財不残被下之事」(巻7の10)，「妻女公事捌之事」(巻7の13)，「本妻与妾之事」(巻8の6)等．
30) 「分散公事」(巻8の4)，「借金請人之事」(巻10の5)等．
31) もっとも，裁判物に十人組が出現しない直接の原因は，すでに寛永20年(1643)に京都では十人組から五人組への転換が行われていた(煎本，前掲論文)，194頁ということにあろう．しかし，十人組に代わって五人組への言及が頻繁になされるわけでもなく，「五人組」の語は，『本朝藤陰比事』にわずかに現れるのみである．
32) 熊倉，前掲書，280-281頁．
33) 「密通公事」(巻6の16)．
34) この話は，改題前の『日本桃陰比事』のテクスト(杉本好伸・劉穎，「〈資料翻刻〉宝永六年刊『日本桃陰比事』」，安田女子大学日本文学会安田文芸論叢編集委員会編，『安田文芸論叢　研究と資料』，2001年)にはなく，偽の薬を売りつけられたと訴えた薬種屋がそれを証明できずに閉門になるという「正真を見しらぬ似せ物」(巻5の2)と差し替えられる形で，改題後のテクストにあらたに収録されたものである．酷似する先行話のないこともあわせ考えると，本話は，18世紀初頭の新しい社会構造を表している可能性が高い．

35) この点については，前掲拙稿，1414-1417頁参照。
36) 「壺堀て欲の入物」(巻3の8)，「仕もせぬ事を隠しそこなひ」(巻4の8)等。
37) 「孑は他人のはじまり」(巻1の6)，「命は九分目の酒」(巻1の7)，「京に隠れもなき女房去」(巻2の9)等。
38) 阿部謹也，『「世間」とは何か』(講談社現代新書，1995年)は，「世間」という言葉の実態はかなり狭いもので，社会と等置できるものではなく，自分が関わりを持つ人々の関係の世界と，今後関わりを持つ可能性がある人々の関係の世界にすぎないとし，井原西鶴の作品中では，この現在の使い方とほとんど変わらない使い方がされている，と述べている。
39) 「太鞁の中はしらぬが因果」(巻1の4)。
40) 「落し手有拾ひ手有」(巻3の4)。
41) 「形見の作り小袖」(巻1の8)や「聾も爰は聞所」(巻2の7)においては，御前はすぐに当事者の嘘を見破ることができず，嘘をついた犯罪者の改心や被害者の計略によって，初めて真実が明らかになる。
42) たとえば，「孑は他人のはじまり」(巻1の6)では，双子の兄弟のうち，どちらを惣領とするかをめぐって，双方の乳母が争い，町中の意見も聞き入れなかったが，すべてを二分するはじめとして家に伝わる仏を真っ二つに割ってから再び来るように，との御前の言葉に，無用の争いを悔やむようになって和解したことが描かれている。「念仏売てかねの声」(巻3の5)，「何れも京の妾女四人」(巻4の5)，「小指は高くくりの覚」(巻5の6)も，当事者や周囲の町人達に自ら考えさせるケースである。
43) テクストは，国立国会図書館蔵本(享保3年版)を底本とした，松村美奈，「翻刻『鎌倉比事』」(一)・(二)・(三―完)(愛知大学国文学40・41・42，2001-2002年)を参照した。
44) 『棠陰比事』には典拠として司馬光の『涑水記聞』が挙げられているが，ここから直接採用したのではなく，これをもとにした『折獄亀鑑』のテクストを参照したと考えられる。テクスト間の差異，とりわけ『折獄亀鑑』(鄭克撰，銭熙祚増輯，百部叢書集成52，台北・芸文印書館，1968年)と『棠陰比事』の間の字句の差異はわずかであるが，『涑水記聞』(司馬光撰，鄧廣銘・張希清点校，歴代史料筆記叢刊，北京・中華書局，1997年)においては，この裁判を担当した張斉賢の有能さを描き出すことに重点があり，『折獄亀鑑』，さらには『棠陰比事』，と次第に裁判の手法に重点が移る傾向は読み取れる。
45) 主に唐代中期以降から清代までの中国の相続と親族に関する原則は，滋賀秀三，『中国家族法の原理』(創文社，1967年)により明らかにされているが，「斉賢両易」およびこれに関する鄭克の評語中の事例には，ここに示された，兄弟均分をはじめとする原則に反する部分は見当たらない。その一方，「両方よらねば埒の明ぬ蔵」の事例は，中国の相続の原則には反するが，中田薫，『徳川時代の文学に見えたる私法』(岩

波文庫，1984 年，初出は 1914 年）や石井良助，『日本相続法史』（創文社，1980 年）に見られる近世の上方町人社会の相続のあり方とは整合的である。
46) 杉本，前掲書，8-10 章参照。
47) 能勢朝次，『連句芸術の性格』（角川書店，1970 年），29 頁。
48) 乾裕幸・白石悌三，『新版　連句への招待』（和泉書院，2001 年），7 頁。
49) 貞門風と談林風の特徴や相違については，さしあたり，『俳句講座 1　俳諧史』（明治書院，1959 年）；今榮藏，『初期俳諧から芭蕉時代へ』（笠間書院，2002 年）；乾裕幸，「初期俳諧の展開」（森川昭・加藤定彦・乾裕幸校注，『初期俳諧集』，岩波書店，1991 年）参照。なお，乾によれば，新しい出来事や風俗を詠む談林風の時局性は大衆の心をつかんだものの，きりのない俳言領域の拡大は，付合の時間的・空間的な普遍性を阻害する一面ももったという。
50) 連歌と連句の付合の性質の相違については，廣末保，「俳諧と芭蕉」（『廣末保著作集 第四巻　芭蕉』，影書房，1999 年，初出は 1976 年）参照。
51) 能勢，前掲書，162-163 頁。
52) 乾・白石，前掲書，12-14 頁。
53) 能勢，前掲書，45-46 頁によれば，たとえば，『俳諧七部集』の連句の巻々において，芭蕉がさばいた巻には，そうではない巻に比して格段の香気が存するという。
54)『古典俳文学大系』CD-ROM 版（集英社，2004 年）で「訴」・「訟」・「公事」等の語を検索すると，連句・発句を合わせ，それぞれ数十件の用例が出てくるが，そのうち特に談林派の連句においては，これらの語の前後に，「町中」・「町内」，町役人である「名主」，といった町関連の用語が現れる例が多い。たとえば，延宝 3 年（1675）に刊行された江戸の談林派の連句集『談林十百韻』（森川・加藤・乾，前掲書所収）においては，「訴訟のことは菊の花咲」という正友の句に，「我宿の組中名ぬし罷出」という一朝の句が付けられており，延宝 6 年（1678）に刊行された上方の談林派の連句集『大坂檀林桜千句』（穎原退蔵・暉峻康隆・野間光辰編『定本西鶴全集』第 13 巻，中央公論社，1950 年）においては，「町中をよへはこそ愛に来りたれ」という均朋の句に，「よい噯のかかる公事宿」という西鶴の句が付けられている。
55) 藤原英城，「月尋堂とその周辺——その知られざる活動の一面」（国語国文 59 巻 12 号，1990 年），37-38 頁。
56) 栗林，前掲論文，111-117 頁。
57) 乾・白石，前掲書，37-41 頁。
58) 宇佐美，前掲書，218-228 頁。
59) 特に近松門左衛門の作品に顕著であり，その分析については別稿を予定している。

11. 法のナラティヴと法的推論
―― 志賀直哉『范の犯罪』を素材に

林 田 清 明

"Narrative is seen as the social construction of reality."
——P. Gewirtz, Narrative and Rhetoric in the Law, in Law's Stories 13.

I　はじめに

　明治以降，近代化のなかにあって，もっぱら西洋法がわが国の社会に移入されることによって，一種の法のクレオールと呼ばれる現象が出来したといえる。一つには，西欧諸国の法を接合しながら新たな日本法を整備・制定していったのがその重要な一例である。これは，日本の近代化の過程のみならずに，今日においてもなお大きな成果と影響力をもっている[1]。二つには，法の適用の面，すなわち法解釈・法的推論の面でも，法のクレオール的現象が生じたはずである。このため，ここでは明治以来の公式あるいは官製の法解釈の有り様についての変化や変容の一端を検討することにしたい。その手法として，法理論の現代の動きである〈法と文学〉研究を取り入れて，法がナラティヴや物語に依存していることを今一度考慮することで，これまでの法の本質や役割についての問題を新たな視点から考察できると考える。
　第二に，法をナラティヴと捉え直すことから，それが法解釈や法的推論にどのような影響を与えるのかを検討する。むろん，法が物語であるといっても，それがすぐに法的推論や法解釈論に寄与するわけではないが[1a]，〈法と文学〉理論が，法解釈や法的推論にとっても，実践上，有益であること，また，そのことが法のパフォーマンスをより望ましいものにするだろう[2]。
　なお，ナラティヴの領域や様式は多様であるため，ここで扱うのは，その

限られた一部にとどまるという限定である。この他の多様な面や機能の検討は，別の機会や将来の研究に委ねるより他はない。

II　ナラティヴとしての法

　W・シェイクスピア『ヴェニスの商人』やF・カフカ『審判』などのように，裁判を取り上げた作品も多く存在するが，ここで志賀直哉の『范の犯罪』[3]を取り上げるのは，シンプルな構成のなかに裁判や判決がどのようなものであるかについて考えさせる作品だからである。

　范という中国人の奇術師が，大勢の観客がいる舞台でナイフ投げの実演中に，投げたナイフが妻の頸動脈を切断し，妻は即死した。志賀直哉の作品はこの裁判のプロセスを描いている[4]。

　裁判官は，事件の事実を調べる。とくに，范の妻の死亡の原因が何か，そこに故意か過失があるのかについて評価するために事実を確定する必要がある。裁判官は，まず，証人として，座長および中国人の助手を調べる[5]。しかし，范を日頃よく知っているはずの彼らにも，事件が事故（過失）によるものか，あるいは故意によるものかはわからない。しかし，この作品は次のように終わっている。

　　「裁判官は何かしれぬ興奮の自身に湧き上がるのを感じた。
　　彼は直ぐペンを取り上げた。そして其場で「無罪」と書いた。」[6]

　つぎのことがいえるだろう。第一に，証拠を探したり，何人かの関係者の証言を聴取した裁判官は，この事件についての一つのストーリーを構築したのではないか。それは范自身のものとも，座長などの他の証言者のものとも，異なるものであったかもしれなかった。しかし，裁判官が自分のストーリーをどのように再構成したのかは明らかにされていない。第二に，そのストーリーを基礎として，どのようにして「無罪」とする結論に至ったかも明らかにされてはいない。そこには，物語は事件の事実を理解・把握するためのみ

ならず、これに基づいた法の適用という法的判断過程においても、用いられているといえる[7]。第三に、裁判官の物語は、別様にも解する余地や他の物語もありえたのではないかという推察が成り立つのではないか。「無罪」という結論のためには、当該犯罪の要件なりに合致しているか、証拠は十分かなどの物語がなくしては判断できないと思われる。

　わが国の伝統的な法学教育やそれに基づいた法解釈には、事件の事実が客観的に存在し、また、確定された事実を基に、法規範・条文の解釈という作業を施せば、客観的な答え（結論である判決、法的判断）に至ることができると前提されていることが多い。現実のある事件に対して、要件に当たる事実が認定されて、これについて法解釈によって一定の法的効果が与えられると考えられている。そこには、事実の認定と法解釈とを峻別しているし、裁判過程においては、これが前提とされ、制度化されてきた。しかし、事件のもっとも本来の物語性は、抽象化されており、物語は法の概念や要件などの背後に隠れたものとして扱われてきたのである。

　また、事実が客観的に定まって、また存在し、法解釈という作業によって正しい、あるいは妥当な結論に至るという伝統的な考え方の背後には、法解釈によって真実が発見されるし、そして明らかになるという信念が存在している。しかし、客観的な事実というものが存在するのか、また客観的な真実が存在するのだろうか。本作品が示唆するように範の一連の行為のうち、どれが事実で真実であるといえるか。そうでなければ、客観的な事実や真実が存在するということすら解釈の所産にすぎないのではないか[8]。

　伝統的に裁判所が事実の確定にどのように到達するかを考えるとき、次は示唆的である。裁判所は、訴訟事件の紛争の事実を確定するものと考えられている[9]。しかし、「事実審裁判所の事実なるものは「データ」ではなく、「与えられる」ものではない。それらは、裁判所が「発見」してくれるのを、ちゃんと出来上った形で、何処かで待ち受けているといったようなものではない。より正確に言えば、それは事実審裁判所によって加工されるものであり——言ってみれば、証人の供述に対する裁判所の主観的反応を基礎として、裁判所によって「作られる」ものなのである。」[10] 同様に、末弘厳太郎博士

は，より端的に「事実認定は事実の選択・構成である」[11]と指摘される。かくして，事実は"確定的な"推測に他ならないわけである。すなわち，そこに裁判官や裁判所による，事実についての物語の(再)構築がなされているといいうるのである。事実を連続する出来事の中から選択して構成するには，事件や事実そのものについての発話者の物語が存在しなければありえないのである。

　伝統法学においては，法における物語の面は，法概念や法的判断といった解釈の側面が優先されるために，脇に置かれてきた感がある。法における語り(ストーリー・テリング)という側面が，伝統法学の立場においても，弁論やそれに基づいた審理などがあり，ナラティヴやストーリーの要素が考慮されてこなかったわけではない。法においても，紛争・事件の当事者は，何らかの物語を主張・抗弁という形で語らずにはいられない。まして，裁判官は，争いある物語の内から，ある物語を判決や法的判断として選択しなければならない。このように，法そして裁判というプロセスには物語が深く関わっているのである[12]。

　これに対して，〈法と文学〉は，ナラティヴ，つまり物語をすること(ストーリー・テリング)が法的実践や法的思考の中心的な仕組みであることを明らかにして，これに着目している[13]。この立場では，ナラティヴが裁判における事実や法解釈・法的判断といった面にも深く関係しており，そのゆえに，ナラティヴの観点から諸問題を解決しようとするのである。中心的ではなかったが，伝統法学においてもナラティヴの要素を避けて通ることはできなかっただけである。そうすると，むしろ法の本質はナラティヴ(物語)ではないのだろうか。そう捉え直すことは，法をどのようなものとして理解することになるのか。

III　法の物語と隠された物語

(1)　志賀直哉『范の犯罪』

　『范の犯罪』は，「故意と過失の微妙な境界問題という，刑法的主題を扱っ

た」[14]作品といえるのだが，それのみならず，法的カテゴリーや概念に沿うように，多様な現実の事実が構成されなければならない，つまり再構成される，言い換えると事実が作られるという判断プロセスの性格を浮き彫りにしているように思われる。この作品においては，どのように殺害の意図や故意（未必の故意）もしくは過失に関する物語が構築されたかである。

　演芸人で法律には素人である范と，専門実務家である裁判官との間に「故意」や「過失」などについてはたして共通の理解があるのか疑問だが，聴取され，両者のコミュニケーションは続けられる。故意があるといえるためには，行為者が構成要件に該当する事実を表象し，かつその事実の発生を認容したことが必要である[15]。

　犯罪事実の表象と認容に関して，范は次のように自分の行為を説明する。自分らしい生活を願っているのであるから，殺害の動機や意図はありそうだし，それを実行に移す機会もある。それで，犯行に及んだのか。裁判長は范に「妻を殺そうと考えた事はなかったか？」と尋問する。

　　それでも范は直ぐには答へなかつた。そして，
　　「其前に死ねばいいとよく思ひました」と答へた。
　　「それなら若し法律が許したらお前は妻を殺したかも知れないな？」
　　「私は法律を恐れてそんな事を思つてゐたのではありません。私が只弱かつたからです。弱い癖に本統の生活に生きたいといふ慾望が強かつたからです」（『志賀直哉全集2巻』84頁，以下同じ）

　　「（そして）一方で死んでくれればいい，そんなきたないいやな考を繰返してゐるのだ。其位なら，何故殺して了はないのだ。殺した結果がどうならうとそれは今の問題ではない。牢屋へ入れられるかも知れない。しかも牢屋の生活は今の生活よりどの位いいか知れはしない。」（85頁）
　　　　　　　　　　　…略…
　　「たうとう殺したと思ひました」
　　「それはどういふのだ。故意でしたといふ意味か？」

「さうです。故意でした事のやうな気が不意にしたのです」(88頁)

　むろん，認容の存在や犯罪の表象のみならず，多くの場合，行為の動機や行為に至る契機，犯罪の前後での態度，被害者との人間関係などが総合的に判断されて，故意の有無が認定される。范は，従兄弟の紹介で，旅芸人であった妻と結婚したが，当初は普通の夫婦仲だった。その後，赤ん坊が結婚8ヶ月目で生まれたことで，妻への疑惑が生じた。また，赤ん坊は，生まれてすぐに窒息事故で死んだが，その死についても疑念が残った。妻と従兄弟との関係を寛すことができず，また「赤児の死だけでは償いきれない感情が残」った。「所が，妻が眼の前に出て来る。何かする。そのからだを見てゐると，急に圧へきれない不快を感ずる」という。他方，妻も范に対して同情的ではなかったという事情があった。

　また，事件の前の晩にも，夕食のことで諍いをした後，妻を殺そうと考えたが，決心するまでには至らず，煩悶して，夜明けを迎えたのである。むろん，人の命を奪うことは禁じられていることだが，偽りの自分ではなく，自らの良心に従って生きたいと思っている。良心に従うことは，彼が妻とのジレンマを物理的に解消する方向性を持つものである。とすれば，これが殺害の意思もしくはそれを形成する一部と考えられなくもない。

　つぎに，裁判長は，范に対してなぜ事件の後，死骸の側に跪いて黙禱したかを問う。

「それは其時，不図湧いた狡い手段だつたのです。皆は私が眞面目にキリスト教を信じてゐると思つてゐる事を知つてゐましたから，祈る風をしながら私は此場に処すべき自分の態度を決めようと考へたのです」
「お前は何処までも自分のした事を故意であると思つてゐたのだな？」
「さうです，そして直ぐ，これは過殺（くわさつ）と見せかける事が出来ると思つたのです」(89頁)

　そうならば，故意を隠蔽する行為を演出したということになろう。これは

意識の表面の問題にすぎないないのか，あるいは意識の深層においては殺意があったといえるのか。

未必の故意があるといえるのか。范は，昨夕，妻と些細なことで諍いをして，なかなか眠れず，舞台に立ってしまった。そのためもあって，演技において集中することができない。事件当日の演目のとき，不安定な精神状態にあったといえるだろう。不安定な中で緊張を欠いて，ナイフを投げれば，標的の妻に当たるかもしれないということを知っており，しかもその結果が発生すればそうなってもよいという認容があるとも見られる。現に直前に投げた何本かのナイフは，いつのも位置からは少しずれて刺さった。そうであるならば，未必の故意が成立する余地もある[16]。しかし，そうなっては大変だと思っていたが，日頃の自信はなおあると思っていたのであれば，結果の発生の認容がないから，意識的な過失にとどまると見る余地もあろう[17]。

さらに，范の行為には，通常人から判断して，そうすることがまったくもって無理がないといえる，つまり行為の非難可能性がないようなものだったか。

> 「私にはもう何処へナイフがささるか分らない気がしました。一本毎に私は（よかつた）といふ気がしました。私は落ちつかう落ちつかうと思ひました。然しそれは反つて意識的になる事から来る不自由さを腕に感ずるばかりです。」(88頁)

これは，不眠状態で，神経を集中することができなかったというのであり，ありうるともいえる。不注意であったことを示すのに有力な事柄であるでもあるようだ。また，范が妻を「實際殺してやらうと思ふ事との間には未だ大きな堀が残つてゐた」と吐露するのは，日常でもよくあることであり，理性による抑止が働いているというべきだろう。

発話者自身もよくわからない。また，過失や故意・未必の故意などの専門的な定義に従ったとしても，范の行為がいずれに該当するかを決めることは容易ではない。裁判官がどのようにしてその結論に至ったかは描かれてはい

ない。むしろ，この作品は故意や過失の定義や準則に従って認定することは困難であることを示しているのではないか。他方，発話者本人自身は素人であるから，また本人自身が何についての尋問なのか，発言がどの要件に関わるとされるのかなど，いずれか知らなかったとしても，それとは関係なく，法は自分のカテゴリーや筋道に合うように故意なら故意として取り扱うことができる。法的に見て行為が過失か故意のいずれに該当するかを決めるのは，専門家である裁判官である。事実の認定そのものは，事件の物語の構築に他ならないのである[18]。

(2) 法解釈と物語

　法解釈・法的推論の限界について，古くからさまざまに議論されてきた。なぜ法的推論が答えを出す力をもっていないのかについて，つぎの指摘がある。一つには，法の個々のルールは曖昧で，不確定である。二つには，法ルールは同義反復的であり，また矛盾している場合がある。三つには，法ルールを用いることは，メタ・ルールを参照することを必要とする。そうすることによって，既存のルールを逸脱することがあるのである[19]。これらの理由によって，これまでの法解釈や法的推論は，決定することができない場合があるとされる。

　たとえば，民法709条(不法行為)という条文を適用する場合に，この条文のルールを理解する必要があり，要件として挙げられる故意・過失，権利侵害・違法性，損害や賠償などの法律用語や法概念の意味を知る必要がある。しかし，これらのみならず，賠償責任の有無を決定するには，つまり709条という規範に意味を与えるには，事件の全体への物語が必要だと指摘されている。「この法規が意味をなすためには，「[暗黙に前提される]平穏な状況―平穏な状況の破れ(不法行為)―解決(損害賠償)」というプロット構造と，「故意」や「過失」(「意図」)によって「問題(損害)」を生じさせて不法「行為」を行う「行為者」と損害を被った「行為者」，またその状況(「場面」)，より成るある種の「物語」といってよいイメージを想起しないわけにはいかない，ということである。同時にその物語的理解には，行為への暗黙の「評

価」(一方の行為者は「悪人」であり，他方は「善人」であり，その行為は「悪」であるから償わせるべきである……等々)といった童話や神話やお伽噺などにも共通の，「物語」に必須の構成要素が織り込まれているのである。」[20]

このことは，他でも，たとえば民法94条第2項の類推適用の場合においても当てはまり，不実な表示の作出という物語が介在しなければ，同条は類推適用されないのである。また，つとに指摘されている民法21条の「詐術」の解釈についても同様である。

> 「ちょっと考えると「詐術」という言葉だけを引き離してその国語としての意義を明らかにさえすれば，この規定の解釈ができるように思われるけれども，本当のところは解釈家が無能力者保護の必要を大きく考えるか小さく考えるかで決まるのだ。つまり無能力者をあまり保護しすぎると相手になる一般人が迷惑するからなるべく保護を与えないようにすべきだと一般的に考えている学者は「詐術」という言葉の意義をできるだけ広く解釈して相手方の保護をはかろうとする。また裁判官としても眼の前に置かれた具体的事件において無能力者と相手方とそのいずれがより多く保護に値するかを考えて「詐術」の意義を決する。要するに「詐術」なる言葉の意義が先に定まるのではなくして，解釈家がこの規定の適用によって無能力者の相手方をどこまで保護すべきであるかを先に決めた上，その目的に合うように「詐術」の意義を決めるわけだ。」[21]

法律用語の言語的・言葉的操作を用いながら，「詐術」の意義はポリシーや政策など価値判断によって決められているというのである[22]。その判断の中に解釈者の主観が存在し，そこには民法21条についての物語が構築され，それが判決という結論を決定しているのである。

このように，条文やそれが示す要件の理解だけでは法の解釈や適用はできない。法の解釈とは，概念法学におけるように，与えられた法規の中に存在

する意味を明らかにすることではなく，むしろ，当該の法規に「外から意味を付与する」こと，つまり，解釈者が意味を与える過程に他ならない[23]。意味を与えるとは，解釈者が法的な判断となる一つの物語を構築したことに他ならない。物語の構築とは聞こえはよいが，さまざまなレベルのものが現実には存在しよう[24]。

　前述の志賀作品から示唆されることは，法とストーリーに関して，第一に，法もしくは法的判断・判決がストーリーないしは物語から成っていることを示している。第二に，法的判断・判決のためには，裁判官などは事実を再構築つまり，ストーリーを構築しなければならない。裁判官は，あるストーリーを自分自身で構築したということである。第三に，法の世界では，「無罪」と書いたように，裁判官の物語が最終的には通用するということである。他のストーリーは否定されたか，採用されず無視されたのである。そして，裁判官のストーリーが説得力をもっているかどうかである。別のストーリーが存在しうるし，たえずどの物語が説得的かが判断される必要がある。〈法と文学〉のなかでも，このようなナラティヴを重視する立場では，法をたんに規範や社会的ポリシーの集合体と見るのではなく，ストーリーや説得・説明など言語的な要素，それにレトリックなどを含むものとして，法を見る。この方法においては，むろん法は本質的にナラティヴである。

　では，法はどの意味においてナラティヴであるのか。ナラティヴとは物語をすること（ストーリー・テリング）をいう。ナラティヴの考え方によれば，物語には，プロット，読者の動機や特徴など読者の関心，語り手の視点それにジャンルの四つの属性がある[25]。第一に，本人を含めた当事者，それに証人そして裁判官がそれぞれの語りをもっていることを認識することである。座長や助手はそれぞれの視点から范を観察して人物を構成しており，范も自分自身を構成して理解しようとしている。裁判官も，証人たちや本人から聴いたストーリーによって范という人物や彼の行為をナラティヴして，事件の物語を再構築しようとしているのである。

　それぞれの語りは，それぞれの人の観点から切り取られて，個別に理解された，范という人物に関するストーリーである。そこには，取捨選択された

事実や出来事によって，個別に再構成されているものである。裁判官という有資格者の物語や語りこそが，司法においては，最終的に有効かつ権威的な物語として通用するのである（上訴での否定・修正を除く）。

　第二に，法においては，ストーリーは，他者を説得するために，また，議論をするためになされる。依頼者・被害者が自分が受けた被害や事件について語る。警察や検察官がそれを聞き，事件の物語を形成する。裁判所では，審理のなかで検察（被害者）側のストーリーとこれに対する加害者（被告人）や弁護人側のストーリーが語られる。裁判官は，判決するときに，この事件のストーリーを再構成し，これに基づいて，結論を出すのである。このように刑事事件においては，被害者・検察側，被告人側，裁判官の，少なくとも三つの物語が存在しているのである。これらのストーリーは，他のストーリーを説明したり，また反駁したり，補強したり，賛同したりするなど，法的な議論として出され，また他者を説得するために語られるのである。ここでは，ストーリー・テリングは，議論であり，またそのような役割をもっている。

　第三に，法の物語性が意味するものとして，ストーリーと法的議論や理論との関係を見直すことになる。その場合，なかでも裁判官や検察官，弁護士それに訴訟当事者たちが，裁判におけるストーリーを作り，形成し，また使用する，それぞれの異なったやり方が分析されることになろう。とくに裁判においてある特定のストーリーがなぜ問題なのかを検討したり，また，特定の事柄を述べるのに使われた法廷意見でのレトリックを分析することになる。さらに，法がどのように発見され，また裁判官がどのように命令するかを検討するのではなく，当該の判決や法的判断がどのように構築されるかを吟味する点が主要な課題となりえる[26]。

IV　物語を裁く

　では法解釈するとはどのようなことか。また，それは何に依存しているのか。明らかなように判決は法的推論（法解釈）によって基礎づけられていない，ないしは，決定されていないという見方が現実に沿った見方であろう[27]。

判決の究極の基礎は幅広い諸々の要因を含んだ社会的，かつ，政治的な判断に他ならない。法解釈や法的判断には，末弘博士の「一切一時」やフランク判事らの「直観」，そして近年の価値判断・ポリシー判断などがたえず存在しているのである。そうだとすれば，私たちは法解釈・法的判断が主観にすぎないものであり，客観的・科学的なプロセスではないというペシミズムやシニシズムにただちに陥らねばならないのか。この点で，法的な議論に大きな影響を与えているのは，そうした言葉や言語的操作や意味解釈的問題ではなく，その前提や背後に存するナラティヴ・物語ではなかろうか。

そこで物語やナラティヴにはどのような意義や役割があるか。その範囲は幅広く多様なので，ナラティヴ・ジュリスプルーデンスと呼ばれるものにどのような役割と意義があるかをすべて挙げることは難しい。法自体も一つの大きなナラティヴであるとも見ることができるし，法理論や法の見方それ自体もメタ論的にナラティヴとして把握されることもある[28]。

第一に，ナラティヴには，語りによる喜びや面白さをもたらす機能がある。語りによって，現実や世界の新しい転回がもたらされる。それはまた，世界を支配しようとする欲望であり，真理を解き明かすものであるという。さらに，他者を理解する可能性をもたらすのである[29]。人間やその行動に対する洞察を改善することになろう。

第二に，小説や物語が，社会規範を内面化する，強力な装置であるとも指摘されている。たとえば，おとぎ話でさえ，少女に女性のあり方や役割を教えている[30]。他方，この面のナラティヴは，社会に対する批判も教える役割を持っている[31]。たとえば，社会的な弱者，女性の地位，犯罪被害者やその側の窮地や，顧みられない経験を暴露する役割を持っている[32]。これまで無視された，あるいは新しいストーリーや経験をすくい上げるなどの役割がある。

第三に，ナラティヴにはモラルを改善するという役割がある。たとえば，法は一般的カテゴリーのなかに，多様な現実や状況を当てはめることになるから，一方に偏したり，中立を害するようなことを嫌うので，感情移入や同情を助長しない。この点で，ナラティヴは特に他者への感情移入，特に同情

を通じて法を是正する力をもつという見方がある[33]。わが国の法学でも，「とくに人がこうして物語として自分の経験した出来事を語るとき，必ずそこには道徳的な評価が織り込まれてくるのであって，法は直接にその人々の生活空間を貫通している規範と接触することになる」という指摘がなされている[34]。このように，ストーリーは理性的議論をもたらす説得力を持っている。他方で，ストーリーは法的議論が理性的な分析であるというような，受け入れられている前提を疑問視する。これまでの解釈方法では，人間のリーズニングの本質を捉え損なっていると思われる[35]。

つぎに，どのようにナラティヴを法解釈において生かせるかを検討する。第一に，法解釈や法的推論が法的結論を得るために用いられていないという点である。これは，つとに1930年代のリーガル・リアリズム（法現実主義）運動においても指摘された。たとえば，J. フランク判事はつぎのようにいう。「もし，法が裁判官の判決から成り立っているならば，そしてもし，それらの判決が裁判官の勘に基づいているならば，結局，裁判官がどのようにして彼の勘を得るかということが，裁判過程を理解するための鍵となる。裁判官の勘を生み出すものこそが，法をつくるのである。」[36]。

これまでの議論からも，社会問題や判決など法的解決が求められる法的判断や法解釈が，先例や制定法のような権威的なテクストの上に立って，客観的な議論を経て，真実に至るような結論を得るという判断がなされているものではないことが明らかといえよう。

第二に，法的思考の性質を考慮する必要があることである。そこにナラティヴの役割がある。法は，自然科学の隆盛に伴って，社会科学として科学でなければならないという要請もしくは期待があった。たとえば，自然科学の思考様式は，パラダイム様式と呼ばれるものであるが，これは仮説と検証による証明を経て，真理（真実）であることを証明する様式である。そこには，客観的な事実や真理の発見がある[37]。

しかし，自然科学を類推して，法の科学性を強調するには，法学では仮説や検証がなされにくいし，無理がある。それは端的に，法学の思考様式が，自然科学のそれではなく，つまり真実ではなくて，真実らしいという領域に

あるものを問題としている可能性が高いからではなかろうか[38]。この実践知や実践的推論が妥当する領域においては，物語をすることによって，理解をし，それによってある事柄が真実らしいということを信じるに足るまでに確信を高めることが主要な課題である。物語・ナラティヴによってリアリティを構築するのが主眼であって，真理は不存在か不明な場合である。この領域の法的推論では，ストーリーが理性的な議論の限界を超える説得力をもっていることを認める必要がある[39]。このように，実践的推論もしくはナラティヴ様式とは，真実らしいと理性的に決定できる思考様式である。

　このように法的推論の様式からも，ナラティヴに着目するのは，物語をすることが，法の本質的な要素であると考え，また，それが個人や社会の具体的な経験や，他の者たちの声を組み入れる重要な機能，——そしてそれは法的判断のまさしく前提となるものである——を持っているからである。この面こそは，多数が前提とする議論に対置される議論やストーリーを提供する大切な機会をもたらすのである[40]。それゆえに，〈法と文学〉がそれについて果たすであろう役割はけっして小さくはないといえよう。

　第三に，裁判所や裁判官が採用した物語のみが通用するということの問題点は何か。法解釈も，言葉とその操作によって成り立っている。しかし，まず，制定法や判例などの法的テクストは，他のテクストとは区別され，法学テクストは，客観的，真実，一貫性，科学的などの特徴が与えられてきた。つぎに，有資格者である法律専門家が，先例や制定法テクストや文言を解釈するとなれば，本来そこに曖昧なものでも，確定的な答が得られそうだと考えられがちである。つまり，そこには公式の物語が特権化されるのである。こうして特権化されたテクストは，法律専門家の間で扱われることになる。裁判官や検察官，弁護士などの有資格の専門家が扱ったテクストや，彼らの口や書類から語られる物語は，権威あるものとして取り扱われることになる。

　特権化が行ってきたものを見直して，暗い闇の判断プロセスをより明らかにして，説得的で，分析的・知的なものへとすることが必要であろう。まずはそれが唯一で客観的なものであると考えないことが重要となろう。別の物語も十分存在しているのである。むしろ，なぜその物語が採用されたかを考

えること，そして分析することが肝心である。物語をする意義はここにある。

　裁判官や裁判員たちは，彼らが真実のストーリーと信じるものをどうやって決定するのか。また，裁判をストーリー・テリングと捉えることによってつぎの規範的問題が生じる。裁判官は，どのように客観的あるいは真実の，そして，唯一のストーリーを手に入れることができるか。また，物語の多様性や複数の存在は裁判や法の客観性を損なわないだろうか[41]。

　第四に，曖昧な物や不確定なものが，法解釈という専門的プロセスを経れば，つぎにはそれが確定的な答えに変換されるというのは，誰の目にも不思議であろう。たとえば有責配偶者にも離婚請求を認めるべきか，あるいは，ワイセツとは何か，生命倫理が問題となっているような，社会のなかでも意見が分かれていたり，またそれらの前提そのものに争いがあるなど，困難な事件の場合には，法的判断のプロセスは，ポリシー・政策や価値判断，道徳的判断あるいは政治的判断を取り込むことによって，確定的な答(判断)であることを装うプロセスとなるのである。

　裁判所の採った立場や判決も一つの物語にすぎない。そのため，物語の多様性から，なぜ裁判官は当該のストーリーを採用し，他を否定したり，採用しなかったのかを考察することが重要となる。つぎのような指摘がある。「最終的にその解釈が受け入れられるかどうかは，端的に解釈そのものの持つ説得力に依拠せざるを得ないのである。この説得に関わるのが物語である」[42] 物語の構築から見れば，裁判官も小説家である。

　客観的な事実や法的結論が(ただ一つ)存在するというのではなく，相争う物語，別のストーリーが存在することを認識することが必要である。これは裁判所や裁判官によってすら不確定なもの(判決)がなぜ通用するのかを問題とすることでもある。それは，いうまでもなく権威的な力，つまり政治的な権力から派生する司法の権威を背景にしているから，通用するのである。そしておそらく裁判というものは，正しい結論であるか否かは別として，有期限のなかで紛争に何らかの解決を与えるシステムである。

V　おわりに

　明治以降の西洋近代法の継受において，わが国においても法のクレオールを生み出した。それは，わが国を支配する統治者にとっての近代という大きな物語に沿うものと考えられた。この法に関する官製の物語は，法解釈にも大きな影響力をもってきた。解釈の客観性や適用の一貫性という見方が支配し，形式的に差異は解消され，多様な見方や人は同一のものへと還元された。法に本質的なナラティヴを今一度見直すことによって，新しい解釈の方向を探る必要がある。そこには，官製のものとは異なる，新たな法のクレオールの出現を私たちは見ることになろう。〈法と文学〉は，わが国の近代法という大きな物語が無視してきたもの，取り込んでこなかったものを洞察することに有益である。

　制定法や条文，判決例それに学説などの法学テクストだけを扱ってなんらかの法的答えや法的判断を出しうるという時代は終わった。また，法についての学問的批判を知る必要があり，法学の伝統に縛られた見方や考え方を改めて，多様な見方と機会を与えて，幅広い視野を得て，法のパフォーマンスを改善する必要がある。

　ついで，たんに法的思考や法的判断を価値判断や主観や直観に基づくものとしただけでは，法解釈や法そのものに対してシニシズムや否定論を生み出すだけであろう。そこで，法の本質としてのナラティヴに着目することによって，どうやって私たちが物語を形成しているか，それには何が必要かをもう一度考察してみる必要ある。〈法と文学〉は，ナラティヴそのものや，伝統的なストーリーと並んで別の物語がありえることを教えることによって，判決や法的判断の前提となっている人間理解そのものに寄与するといえよう。

　もう一つの物語がありえること，そして選んだ物語があることを認識していること，つまり多様な，また隠れた物語や見方が存在している可能性を考慮することは，法律問題はじめ法学や法規範・ルールの意義を洗練させて，結果として，法の実践や法制度のパフォーマンスの向上に寄与することが期

待できる．

1) 法のクレオールの概念については，長谷川晃，「法のクレオールと法的観念の翻訳」（本書所収），とくに第II節を参照．
1a) R. Ferguson, "Story and Transcription", 37 Yale J. Law & Humanities 37 (1994).
2) 小室金之助，「法と文学に関する一考察」創価法学 36 巻 2 号，(2006 年)，6-7 頁がこの点での課題を指摘されている．本稿はその一端に答えようとするものである．
3) 初出「白樺」大正 2 年 10 月号，後に『志賀直哉全集 2 巻』(岩波書店，1973 年)，73 頁以下に収録．
4) 作品については，伊藤氏貴・川上拓一・中村文則，「(座談会)文学的模擬裁判」文学界 2009 年 7 月号 156 頁，小川竜紀，「或る殺意の言説——志賀直哉の場合」，九大日文 5 号 207 頁(2004 年)，小林秀雄，「志賀直哉」；同，「志賀直哉論」，いずれも『小林秀雄全集 4 巻』(岩波書店，1968 年)，15 頁，100 頁，広津和郎，「志賀直哉論」(菊池寛・広津和郎集『現代日本文学大系 46 巻』，筑摩書房，1971 年)，380 頁；中村光夫，「志賀直哉」『中村光夫全集 4 巻』，(岩波書店，1971 年)，463 頁，「范の理性は，法律上の物的証拠よりより深い人間的心理の現実，その真実に向って働いている．」と見るのは，宮本百合子「作家のみた科学者の文学的活動」『同全集 11 巻』，(新日本出版社，1987 年，[初出 1937 年])，225 頁など参照．
5) 作中には大勢の観客とともに警官も演技を見ていたとあるが，これは風俗監視であろう．
6) 志賀，前掲書(注 3)，91 頁(以下，本文の引用頁も本書による)．なお，事件現場に裁判官が一人で赴き，関係者から事件の内容を聴取した後，その場で即決で無罪という判決を出しているので，志賀の描く裁判は，「おそろしく簡単な法廷」(須藤松雄，『志賀直哉の文学』(南雲堂桜楓社，1963 年)，109 頁)であり，この点を疑問視する批評もある．無罪判決をおかしいと指摘するのは，本多秋五，『志賀直哉(上)』(岩波新書，1990 年)，108 頁など．ただし，井上良雄，「芥川龍之介と志賀直哉」(初出・『磁場』1932 年 4 月号)；高橋春雄他編，『現代文芸評論』(双文社出版，1973 年)，37 頁は，「この「犯罪」は最早，人間の如何なる後悔をも懲罰をも越えた，いはば人間の内部に潜んでゐる自然力そのものの「犯罪」なのだ」として，裁判官が無罪判決を書いたのもこの故であるとする(同 39 頁)．上田穂積，「『正義派』・『范の犯罪』——響きあうコトバ」(『国文学　解釈と鑑賞』68 巻 8 号，(2003 年)，126 頁，130 頁)も無罪と書いた点に作者志賀の意図があったと評価している．しかし，ここに描かれている裁判は，戦前まで存在した予審判事による取調べと手続であり，予審判事は，裁判に付すべきかどうかを判断する権限をもっていた．予審判事制度については，小野清一郎，『刑事訴訟法講義』(全訂第 3 版，有斐閣，1933 年)，388 頁；宮本英脩，『刑事訴訟法大綱』(松華堂，1936 年)，334 頁など参照．

また,「無罪」と書いたとあるのは,通常の刑事裁判に付さない,つまり免訴という判断を表したものであろう。
　　　本作品が書かれたのは大正 2 年であるが,時期からすれば,現実には(新)刑法(明治 41 年施行)が適用されているはずだが,謀殺や故殺の用語が用いられている点からするとまだ旧刑法(明治 13 年施行,明治 41 年廃止)が適用される設定となっている。旧刑法下では,謀殺は死刑,故殺は無期徒刑。故殺には,今日の過失を含む場合があるとされる。なお,謀殺・故殺は(新)刑法には存在しない。
7)「制定法の規範命題を事実に適用するとされる裁判官の「法適用」という裁判過程の中核部分にも,物語が深く侵入している」とするのは,北村隆憲「法の物語と紛争の語り」法社会学 60 号[法と情動],(2004 年),64-65 頁。
8) たとえば「「これこれのものはこうであると私は信ずる」という価値評価が,「真理」の本質にほかならない」(原文傍点・略)。F・ニーチェ(原佑訳),『権力への意志下』(ちくま学芸文庫,1993 年),45 頁。「多種多様の「真理」があり,したがっていかなる真理もない。」(同 75 頁)など。
9)「裁判所は当事者の行為をありのままに,客観的に確定する—つまり,訴訟になる前に当事者のしたこと又はしなかったことを,それらの事実が一定の法規の遵守又は違反と関連する限りにおいて,発見するものと考えられている。」J. フランク(古賀正義訳),『裁かれる裁判所上』(弘文堂,1960 年),23 頁。
10) フランク,前掲書(注 9),36 頁。但,日米の制度の違いはある。
11) 末弘厳太郎,『法学入門』(第二版,日本評論社,1980 年),97 頁。
12)「「物語」は……,証拠による,証拠によらない膨大な事実の断片を裁判が可能なように迅速にまとめる「社会的」枠組なのであり,われわれの物語能力なしには,裁判はそもそも考えられないものなのである。」(小野坂弘,「物語と裁判」,法社会学 60 号[法と情動],2004 年,39 頁)。なお,北村隆憲,「法の物語と紛争の語り」法社会学 60 号,前掲書(注 7),59 頁；L. ベネット＝M. フェルドマン(北村隆憲訳),『法廷における〈現実〉の構築　物語としての裁判』(日本評論社,2007 年)；北村隆憲,「「法社会学」と「物語」の概念」(東海法学 7 号,1991 年,71 頁)など参照。
13) P. Brooks, The Law as Narrative and Rhetoric, in Peter Brooks & Paul Gewirtz eds., *Law's Stories*, 16 (1996). ナラティヴ・ジュリスプルーデンスの立場では,ナラティヴの他にレトリック(修辞法)が扱われるが,法や判決もレトリックを免れない。〈法と文学〉の立場からは,J. B. ホワイト(永井均訳),「レトリックと法」(現代思想 14 巻 6 号,1986 年,128 頁)など。この面の検討は別の機会を得たい。
14) 長尾龍一,『文学の中の法』(新版,慈学社出版,2006 年),131 頁。
15) 団藤重光,『刑法綱要総論』(増補,創文社,1972 年),214 頁；藤木秀雄,『過失犯の理論』(有信堂,1969 年),100 頁以下；岡野光雄,「故意」『現代刑法講座 2 巻』(成文堂,1979 年),299 頁ほか。

16) 竹田直平,「未必の故意」(平野龍一・福田平・大塚仁編,『刑法演習〔刑法総論〕』(有斐閣, 1969年), 104頁など, また判例の動向につき, 平川宗信,「故意」『判例刑法研究第3巻』, (有斐閣, 1980年), 75頁など。
17) 范の故意の有無を知るには, 作品の背景や作者の意図を知るのが近いだろうか。作者の志賀直哉がこの作品を書いた当時, いわゆる「神なき自我の肯定」(本多, 前掲注6)の時期にあったことが作品の背後にあることが指摘されている。志賀自身は, つぎのように述べている。「私の近い従弟(いとこ)で, あの小説にあるやうな夫婦関係から自殺してしまった男があった。私は少し憤慨した心持で, どうしても二人が両立しない場合には自分が死ぬより女を殺す方がましだったといふやうな事を考えた。気持の上で負けて自分を殺してしまった善良な性質の従弟が歯がゆかった。そしてそれに支那人の奇術をつけて書いたのが「范の犯罪」である。」志賀直哉,「創作余談」『同全集8巻』, (岩波書店, 1974年), 9頁。
18) 棚瀬孝雄,『権利の言説』(勁草書房, 2002年), 155頁以下, とくに158頁。裁判官は事件・事実を自分の色の物語に書き換えるというのは, Richard H. Weisberg, *Poethics and Other Strategies of Law and Literature*, 17 (1992).
19) フランク, 前掲書(注9), 23頁, Joseph Singer, "The Player and the Cards: Nihilism and Legal Theory", 94 Yale L. J. 1, 10 (1984).
20)「ある「事実」に法が「適用」される前に, 適用すべき法規自体が或る物語(のイメージ)によって初めて理解可能となるということである。換言すれば, 一般的な法規の理解可能性は,「具体的」な物語イメージに依存しているということである。……「法の適用」と呼ばれているのは, 法の抽象的な文言を事実に適用(包摂)する論理操作というよりも, 法規に潜在する「物語」と物語的に構成された「事実」との間で, 両者の整合性をすりあわせていく思考操作と考えられることになるだろう。」いずれの引用も, 北村隆憲,「市民による正義の実現と法廷における物語——訳者のあとがきにかえて」, ベネット=フェルドマン, 前掲書(注12), 249-250頁。
21) 末弘, 前掲書(注11), 107-108頁。
22) 法的判断の不確定性を補完するものとして, モラル, 政治理論などがある。Daniel A. Farber & Suzanna Sherry, "Legal Story Telling and Constitutional Law", in Brooks & Gewirtz eds., *op. cit.*, note 13, at 41.
23) いわば法テクストにおける「読者の誕生」である。加藤一郎,「法解釈における論理と利益衡量」『民法における論理と利益衡量』, (有斐閣, 1974年), 19頁。とくに棚瀬, 前掲書(注18), 163頁は,「要件に対応する事実の主張と, それに効果を結びつける規範的な評価…(は)現実には, そのいずれも全体かを通じて意味を獲得する物語として行われ(る)」という。
24) たとえば「(法的思考では)特定の目的のために最も効率的な手段が探求されたり, 逆に入手可能な手段との関係で実施可能な政策目標を絞り込んだりという具合に, 目

的―手段図式が前面に出やすい。当事者同士の妥協・調整によって当面の問題をとりあえず解決しようとする場合，そもそも関連するルールがなかったり，棚上げされたりすることも多い。関連する過去の事実の存否についても結論についても灰色の決着が選ばれることもある。」毛利康俊，「法的思考と司法的裁定」，深田三徳・濱真一郎編著，『よくわかる法哲学・法思想』(ミネルヴァ書房，2007年)，135頁。

25) G. Binder & R. Weisberg, *Literary Criticisms of Law*, 209 (2000). J. カラー，『文学理論』(岩波書店，2003年)，122頁など。

26) P. Gewirtz, "Narrative and Rhetoric in the Law", in *Law's Stories*, note 13, at 3.

27) David Kairys, "Law & Politics", 52 Geo. Wash. L. Rev. 243, 244, 247 (1984); Farber & Sherry, *op. cit.*, note 22, at 39.

28) たとえば，小野坂弘，「物語と意義と構造(一)(二)」法政理論29巻4号，(1997年)，1頁，5頁；(同30巻2号，1997年)，1頁は，三つの意義を挙げる。物語が「人間のリアリティ・現実・経験を生き生きと伝える」，法原理・制度・理論に反映されていない「忘れられた人々」の思いを伝えて「共感を喚起する」，断片的な言葉や証拠・証言をまとめるという物語の整合性によって，正しい答え・判断を可能にする，と見る。

29) カラー，前掲書(注25)，136頁。

30) Maria Aristodemou, *Law and Literature*, 160-162 (2000).

31) カラー，前掲書(注25)，138頁。

32) Martha R. Mahoney, "Legal Images of Battered Women: Redefining the Issue of Separation", 90 Mich. L. Rev. 1 (1991); Mari J. Matsuda, "Looking to the Bottom: Critical Legal Studies and Reparations", 22 Harv. Civil Rights-Civil Liberties Law Review 323 (1987); Mari J. Matsuda, "Public Response to Racist Speech: Considering the Victim's Story", 87 Mich. L. Rev. 87 (1989)，江原由美子，「セクシュアル・ハラスメントのエスノメソドロジー」好井裕明編，『エスノメソドロジーの現実――せめぎあう「生」と「常」』，(世界思想社，1992年)，111頁など。また，近年，犯罪被害者やその側の声を刑事裁判過程に反映させる制度が設けられている。

33) Lynne Henderson, "Legality and Empathy", 85 Mich. L. Rev., 1574 (1987). ナラティヴや物語が法を道徳的に改善するという見方に通じる。Weisberg, *op. cit.*, note 18; Martha Nussbaum, *Love's Knowledge: Essays on Philosophy and Literature* (1990); Robin West, "Jurisprudence as Narrative", 60 N. Y. U. L. Rev. 145 (1985).

34) 棚瀬，前掲書(注18)，159頁。

35) ストーリー・テリングについて，Farber & Sherry, *op. cit.*, note 22, at 42.

36) J. フランク，(棚瀬孝雄・棚瀬一代訳)，『法と現代精神』(弘文堂，1974年)，

165-166頁。フランクは，ハッチソン判事の論文の「裁判官は，実際は判断によってではなくて感覚によって，推論によってではなくて勘によって，判決を下しており，このような推論は判決意見の中にのみ現われる。判決への極めて重要な動機づけの衝動は，ある特定の事件において，何が正しく何が誤りであるかについての直観である。」を引用している。

37) リアリズム法学では否定的もしくは懐疑的であった。「我々は法の科学"legal science"とか法の科学"science of law"とかいった概念に終止符を打たなければならない」（フランク，前掲書（注9），305頁）。また，「自然科学を類推することにより「法の科学」を樹立しようとする試みは挫折する」（同307頁）。なお，わが国でも，戦後法解釈論争で議論された。来栖三郎，「法の解釈と法律家」（私法11号，1954年）；碧海純一，「戦後日本における法解釈論の検討」谷口知平編，『法解釈の理論』，（有斐閣，1960年）など。

38) 実践的推論については，田中成明，『法的思考とはどのようなものか』（有斐閣，1989年），1頁；「法的思考の現在」（法哲学年報，1991年）の諸論考；林田清明，『《法と経済学》の法理論』（北海道大学出版会，1996年）；亀本洋，『法的思考』（有斐閣，2006年），1-124頁，またナラティヴ様式もしくは物語パラダイムについて，石前禎幸「物語としての法」思想1989年3月（777）号，64頁を参照。

39) Farber & Sherry, *op. cit.*, note 22, at 42.

40) Brooks, *op. cit.*, note 13, at 16.

41) Gewirtz, *op. cit.*, note 26, at 9.

42) 棚瀬，前掲書（注18），162頁。なお「法は説得の技術であ（る）」というのはJ. B. ホワイト，「レトリックと法」，前掲書（注13），134頁。

12. 中国における個別事例を通じた
規範変革運動の展開とその意義
——中国法のあらたな段階

鈴木 賢

I はじめに

　中華人民共和国は1949年の建国に当たり，清末以来続けられてきた西洋法(主にドイツ法，それを継受した日本法)からの法継受の方針を放棄・中断して，ソビエト型社会主義法へと法継受の対象を完全に切り替えることとした。その前提として，中国国民党の統治下で一応の完成を見ていた西欧式の近代法体系(＝中華民国法)は共産革命の成就にともなって一夜にして廃棄されたのである。しかし，それに代わる独自の社会主義法が順調に形成されたわけではなく，曲折を経て，それは80年代まで整備されることはなかった。50年代以降，法学説と憲法だけがソ連から継受されていたものの，そのほかのソ連式の法典が陽の目を見るのは，改革開放への転換となったとされる共産党の第11期3中全会(1978年12月)の開催によって社会主義的適法性強化路線への回帰を待たなければならなかった[1]。

　周知のように中国はこれ以降，それまでの〔無法無天〕(〔　〕は中国語の原語であることを示す。以下，同様)の法ニヒリズムを反省し，一転，制定法を整備し，法に依拠した秩序形成を目指し始めた。30年間の努力の結果，現時点ではすでに基本的な法体系が整い，当初のスローガンの一つであった〔有法可依〕(依るべき法が存在する)という状態がひとまず実現しつつある。国の司法作用たる裁判もようやく基本的に依拠すべき法規範を獲得した。もっとも，法規範といっても分野によっては全国人民代表大会(およびその常務委員会)が制定した法律はなく，行政府たる国務院の行政法規や国務院に所属する部や委員

会などの行政規則，通達，命令，また地方性法規や地方政府の行政規則しか見るべき法規範が存在しないことも多い。その意味では法整備が完成したという段階にはいまだ到達していない[2]。

現代中国における法はこれまで権力者が上から下へと与えてきた色彩が濃く(政府主導型)，多分にパフォーマンス的臭いのする法案に対するパブリックコメントの聴取[3]などを除くと，一般の市民が直接，法形成に関わるチャンネルはほとんど開かれていなかった。ところが，近時，訴訟を提起することにより，紙の上の法を現実生活における活ける法〔活法〕に変えようとする意識的な運動が展開されるようになっている。それは〔影響性訴訟〕と呼ばれるものである。これは「民衆の法律に対する広範な参与を体現し，中国法治の進展を観察する新たな焦点となっている[4]」とされる。つまり，市民が下から法を活用して訴訟というチャンネルを通じて問題を社会的に提起することにより，規範そのもののあり方にインパクトを与えるという現象が現れているのである。

中国は経済面では市場原理を大胆に取り入れ，驚異的な成長を成し遂げているが，政治システムは依然として共産党による一党制支配を維持し，政治権力については多様な主体間の自由な競争を認めていない。この権威主義的政治レジームの下では，言論，結社，社会運動の自由，権利に対しては，党／国家により厳しく，かつ恣意的な体制的制約が課せられている。しかし，こうした状況下においても問題を法的論点へと加工して，裁判所という公共空間へ持ち出すことは可能な場合があり[5]，これを巧みに活用した規範への働きかけの試みが影響性訴訟だといえよう。歴史的に法がもっぱら権力者にとっての統治のための用具とされてきたこの国にとっては，革命的ともいえるこのうごきは，大いに注目に値する。本章は，さまざまな法的アクターが協同してあらたな法を形成してゆくという法のクレオールの視座を念頭に置きつつ，〔後法律移植時代〕(ポスト法律移植時代)に入ったと評される中国で現れているこの現象を観察することを通じて，60年の歴史を歩んできた中華人民共和国法が新たな段階に入ろうとしていることを明らかにしたい[6]。

II 「影響性訴訟」とは何か？

中国で2003年頃から訴訟が持つ新たな機能に着目した〔影響性訴訟〕impact litigation という概念が登場している。この年には人権を侵害する制度として悪名高かった都市路上生活者の身柄を拘束し、その出身地に送り返す収容遣送制度の廃止のきっかけとなった孫志剛事件が発生した[7]。また、殺されたはずの被害者が有罪判決発効後、忽然と現れたことにより冤罪であったことが発覚した佘祥林事件が起きて、刑事裁判のあり方に疑義が提起された。このように個別の事件が広く社会的な関心引き起こし、それがきっかけとなって制度自体の正当性を揺るがす事態が発生したのである。

この概念を最初に提起した人権派弁護士として知られる呉革[8]（元北京義派 infect 律士事務所所属、中華全国弁護士協会憲法および人権専門委員会主任）によれば、影響性訴訟とは「個別事件の価値が当該事件の当事者の請求内容を超えて、同類の事件、立法、司法の改善、公共管理制度の改善および人々の法意識の変転に大きなインパクトを与えた事件[9]」と定義される。つまり個別の訴訟事件がきっかけとなって規範変動、新たなルール形成、社会・権力者への問題提起を引き起こすような事例のことである。

これには原告が個別事件の解決を超えた一般的な作用を起こすことを積極的に狙っている場合もあるが、当事者の主観的な意図とは関わりなく、訴訟を提起したことで、結果的にそのような作用が引き起こされる場合もある。また、後述するように刑事事件も多く含まれているし、訴訟が受理されずに終わることもある。いずれにせよ、ひととおり制定法が整備され、国や社会のガバナンスのために法を実際に活用することに関心が移ってきたこと（いわゆる「ポスト法律移植時代」の到来）、一定数の弁護士が供給され、市民の権利意識も高揚していること[10]、そして何よりもインターネットの普及によりネット世論が社会的圧力となっていることなどが背景となっている。こうしたうごきは、日本でも60年代、70年代に政策形成型訴訟とか、現代型訴訟などといわれる新たな訴訟類型が脚光を浴び、また今日、制度改革訴訟とい

う社会運動として理論化されていることを想起させる[11]。55年体制の下で，事実上，政権交代の可能性が失われ，民主的政治システムが機能不全に陥っていたという点で，当時の日本と現在の中国にはある意味で共通性もある。

2005年からは中華全国弁護士協会憲法および人権委員会(弁護士の呉革が主任)が中心となり，清華大学，北京大学などの学者，新聞社「南方週末」，「法制日報」，「中国青年報」などと協力して，年度ごとに十大影響性訴訟を選出する活動を行うようになった[12]。2011年までの時点で7年間にわたり合計70件が選ばれた。それぞれの事件の概要，具体的にいかなる影響がもたらされたかについては，毎年，『中国影響性訴訟』と題して一書にまとめられ，出版されている。2010年，2011年の影響性訴訟についてはまだ出版されていないので，事件の詳細が明らかではない。そこで以下では2009年までに選ばれた50件を対象として，影響性訴訟とされる事件とはいかなる事件か，その特徴を概観してみたい[13]。

III 影響性訴訟概観(2005〜2009年)

(1) 訴訟の類型

影響性訴訟とされる事件にはいかなる類型の事件が多いのであろうか。50件のうち，2005年に選ばれた日本政府，企業に対する民間戦後賠償請求事件は，日本の裁判所に起こされた事件であり，特殊な性格を持つので除外し[14]，残りの49件を対象に分類を試みると以下のようになっている。民事法関連が9件(18.4%)，刑事訴訟が21件(42.9%)，破産，労働，独占禁止法など社会法関連が5件(10.2%)，憲法上の権利に関わる事件が6件(12.2%)，行政訴訟が8件(16.3%)となっている。

意外にも刑事事件が最多を占める一方，通常の民事事件はそれほど多くはない。刑事事件は弁護士が意図的に訴えを提起するというものではなく，その意味では訴訟の戦略的利用というケースには当たらないものが多いことになる。憲法，行政法といった対国家との間に生じた事件は合計で14件(28.6%)とけっして少なくなく，しかも増加傾向が見られる。また，選ばれ

ている事件のなかにはまだ正式に訴訟になっていない事件や，法院によって受理されなかった事件[15]，最終的に決着していない事件も多く含まれている。まだ訴訟手続に入っていない事件は 13 件 (26%) に上る。

(2) 地域的な分布

　事件が発生した地域分布を省 (直轄市，自治区) のレベルで見ると，北京市が 16 件と他を圧倒する。首都北京はなんといっても政治，文化の中心であり，公益活動に関心を持つ弁護士の数も多く，各社メディアの記者も集中し，事件が起きると全国的に注目されやすいのであろう。ついで広東省が 4 件，上海市，河南省，陝西省がそれぞれ 3 件，浙江省，福建省，安徽省，黒竜江省，河北省，天津市が 2 件で並んでいる。また，1 件だけ発生した省が，湖南，河北，山西，甘粛，江蘇，雲南，四川の各省と重慶市の 8 省・市を数える (この他台湾が 1 件)。経済的に遅れた西部や内陸でも，影響性訴訟となる事件が発生することがあることがわかる。経済的に繁栄していることと影響性訴訟の発生は直接的な関連はないといわれる[16]。

(3) 特徴的性格

(i) インターネットによる議論空間形成，影響拡散

　インターネットメディアの影響力の大きさについては，この国の場合，より特殊な事情がある。すなわち，この国では伝統的な活字メディア，テレビ・ラジオなどの放送メディアでの言論活動が厳しく当局によって制約されているという特殊な事情があり，このためネット空間の存在が相対的により大きな意義をもつに至っている。もとより，ネット空間とて権力による規制・管理がないことを意味するものではないが[17]，伝統メディアほど徹底した規制を行うことは技術的，現実的には難しい。ネットという技術の性格上，市民の自由書き込みと当局による取り締まりはイタチごっこを繰り返している。

　集会，結社，出版により社会運動を組織し，世論を喚起することは厳しく制限されたなかで，〔網民〕ネットユーザーはすでに 4 億人を超えたといわれ，

インターネットがもっとも有力な公共的言論空間となっている。しかも，中国のネットユーザーは若年で比較的教養や経済力のある層に偏っており，その影響力は当局も一目置かざるをえない状況にある。議論を巻き起こすのが，〔新浪〕〔捜狐〕などのポータルサイトが提供する書き込み欄や中国版ツイッターといわれる〔微博〕である。特定事件がネットを通じて広く市民の関心を呼び，ネットへの書き込みを通じて激論が巻き起こる。ネット世論ともいえるバーチャルな公共空間が形成される時代だからこそ，各種の政治的権利，自由権が制約された権威主義政治レジームの下でもこのようなことが起きえたのである。

(ii) **弁護士層の積極的介入**

　改革開放への転換以降に復活した弁護士制度の下，全国で弁護士業務に従事する者がすでに20万人を超え，特に北京，上海などの沿海部大都市ではかなりの厚みをなすようになっている。もっとも，弁護士の大多数はもっぱら収益を上げることに熱中し，いわゆるプロボノ活動への関心は薄い。それでも北京を中心にごく少数ながら〔維権律師〕人権派弁護士，〔公益律師〕公益的弁護士が登場し，訴訟を通じた社会問題の提起，制度変革へ向けた世論形成を意図するうごきが現れている。こうした弁護士たちは伝統メディアやネットを活用して，世論を盛り上げ，間接的に具体的事件の処理に影響を与えようと試みている。弁護士自身が原告となるケースも少なくない。

　このように弁護士層に〔自覚行動〕が現れ，司法改革の進展に静かなるインパクトを与えつつある，「影響性訴訟は中国の弁護士が現実に関心を寄せ，法制を推進するうえでの一つの新たな主張である[18]」といわれる[19]。考えてみれば，この国では特定の組織に深く組み込まれていない弁護士のような，比較的自由な知的職層はきわめて稀少であり，弁護士層の生成・拡大はこの国の将来にとって特異な社会的な意義を持つことになるだろう。

(iii) **各種メディアによる報道**

　個別の訴訟が社会的影響力を発揮するには，メディアで取り上げられることにより，人々の関心を引き起こし，議論を盛り上げることが不可欠である。市場経済化のなかで伝統メディアは商業化の波に洗われ，同業間での競争が

激しさを増している。そうしたなかで，販売戦略として主流メディアが取り上げない記事を掲載することに熱心な「都市報」と呼ばれるタブロイド紙が部数を伸ばし，人民日報や光明日報，工人日報などの主要メディアをはるかにしのいでいる。その代表格が広州を拠点とする「南方週末」である。伝統的メディアでの報道が，しばしばネット上での議論に火をつけるきっかけになることがある。

(iv) 市民の熱心な参加・討論

　一般市民の議論への参加が影響性訴訟生成のベースであり，特定の訴訟が影響力を発揮する基となっている。集会，結社，言論の自由が厳しく制限されたこの国で，このように幅広い市民が議論に参加することを可能にしたのは，いうまでもなくインターネットというメディアのお陰に他ならない。ネット空間は沈黙を強いられてきた大多数を物言う市民へと変容させたのである。

(v) 法学者の関与，提案，建議

　最後に見逃せないのは，影響性訴訟のなかには学者グループによる意見書の提起や個別の学者による支援など，法学者の関与，建議などが重要な後押し機能を果たしている場合がある。2003年の孫志剛事件での愈江らの収容遣送制度廃止を求める全国人民代表大会常務委員会に対する建議，2009年の唐福珍による立ち退き撤去への焼身自殺による抗議事件の際の沈巋ら5名の北京大学法学院の教授による「都市家屋立ち退き撤去条例」の法令審査，改正ないし廃止要請[20]などが代表的な例である。法学者の発言が一定の社会的影響力をもち，場合によっては政治をも動かすことがある。影響性訴訟は実務界と学界の有志による共同作品などといわれる[21]。

(vi) 社会的影響

　この点はまさに影響性訴訟の核心であるが，個別の事件が市民の法観念，裁判官，立法者などに影響を与えることにより，制度や規範の変動を引き起こす契機となることがある[22]。影響性訴訟が引き起こすいわゆる「影響」にはさまざまなレベルのものがある。もっともラディカルな影響としては，直接，法令の改廃を促し，制度自体の変動を誘発するきっかけとなる場合で

あろう(立法への影響)。孫志剛事件が典型例である。ついで，その後の裁判において従うべき準則を確立することがある。つまり，先例として後発の事件の範となるケースである(司法への影響)。さらに，もっとも軽微な影響としては，社会に広く問題を提起し，解決の必要性を知らしめ，以後の制度変動に向けて世論喚起の役割を果たしたり，意識の覚醒を促すことがある(市民，学者，権力者の内面への影響)。

このように影響のあり方はケースによってまちまちであり，影響を過大評価することはできないが，個別の判決の一般的効力を否定してきた中国にとっては注目すべき傾向である。

Ⅳ　若干の具体例

影響性訴訟を具体的にイメージするために，以下では50件の影響性訴訟のなかから注目すべき影響力を発揮した有名な刑事，民事，行政訴訟を1件ずつ紹介したい。

(1) 留置所"かくれんぼ"事件[23]
【事件の概要】
2009年1月28日，雲南省玉渓市に住む24歳の男性，李蕎明が林木の盗伐容疑で逮捕され，雲南省晋寧県公安局〔看守所〕(留置所)に拘置された。2月8日午後，拘置されていた李蕎明はケガをして入院，4日後，病院で死亡，死因は頭部重度損傷であった。2009年2月12日，晋寧県の警察当局の説明によると，死亡した李蕎明は留置所で同室の被拘置者と「かくれんぼ」〔躲猫猫〕をして遊んでいたところ，不注意で壁に頭をぶつけてケガをしたというものであった。雲南の地元紙「雲南信息報」がこの事故について報道すると，ネット上ではこのニュースをめぐって議論が盛り上がった。というのも，留置所で「かくれんぼ」をして死ぬなんてことがはたしてありうるのかが疑われたのであった。〔躲猫猫〕は2009年最初の流行キーワードともなった。

2月19日，雲南省共産党委員会宣伝部[24]はネットユーザー，社会各界の

代表者による「ネットユーザー，社会各界人士調査委員会」(関係部門の公務員4名，メディアの代表3名，ネットユーザー，一般人8名から構成)を組織したと発表した。翌日，調査委員会のメンバーが晋寧県留置所で現地調査をし，同時に同県公安局から聞き取りを行った。聞き取りのなかで公安局は遊びの名称を〔瞎子摸魚〕(目隠し鬼ごっこ)と訂正した。2月21日，調査委員会は次のように調査結果を発表した。「今回の調査は当局がインターネットという急速に発達を遂げた新しいツールへの対応に熟練してきたことを示し，ネットユーザーを社会的，政治的生活へと引き入れる第一歩を踏み出した」，「最終的に真相を明らかにするのは，法的リソースを有する司直，司法部門の手に委ねるしかない」。調査委員会の報告がこのようにあいまいだったため，ネット上では再度，論議が沸騰し，司法当局も本件をより重く見るようになった[25]。被害者の遺族は警察に対して40万元の賠償を請求した。他方，2月27日，雲南省検察院は「かくれんぼ」事件につき，以下のような調査報告を公表した。

　留置所の同室に留置されていた張厚華，張涛らはあとから入ってきた李蕎明に難癖をつけ，何度も拳やスリッパで殴り，頭部，胸部にケガを負わせた。2月8日17時頃，張涛，普華永らは遊びと称して，李蕎明に布で目隠しをさせて，さらに殴り続けた。その際，普華永により頭部を強打され，壁に頭を打ちつけて気を失った。病院に運ばれたが，治療の甲斐なく，2月12日に死亡したものである。法医学鑑定によれば，李蕎明は鈍器で何度も頭部を殴打されたことにより，重度の損傷を負い，死に至ったとされた。その後，張厚華，張涛，普華永らは罪を逃れるために，遊んでいてうっかりして頭を壁にぶつけて，死んだということにした。張厚華らの犯罪事実は現場検証，遺体検査，同室者の証言などからすでに明らかである。

　同日，雲南省公安庁は晋寧県公安局長，同副局長，留置所の責任者，当日勤務していた警察官の処分を決定した。8月14日，昆明市中級法院(第1審)は故意殺人事件につき以下のような判決を言い渡した。被告人張厚華を無期懲役，終身政治権利剥奪，張涛を懲役17年，罰金1000元，普華永を懲役16年に処す。また，昆明市崇明県法院は晋寧県拘置所の警察官，李東明を

職務懈怠罪で懲役1年6ヶ月，執行猶予2年，蘇紹録を被拘置者虐待罪で懲役1年に処すと判決した。

【事件が引き起こした影響】

　2009年4月20日から最高検察院，公安部が合同で全国留置所の総点検活動の展開を指示，5月には公安部が「拘置所牢名主を予防し，打撃を加える10箇条」を制定した。さらに，2010年2月26日には公安部は「拘留所管理教育指導実施意見」を制定した。また，2010年3月の全国人民代表大会と人民政治協商会議全国委員会開催中には，一部の代表，委員から拘置所条例を改正し，拘置所の管轄を公安機関（警察）から司法行政部門（司法部の系統）へ移すことが提案された。

【コメント】

　本件は2009年の刑事事件ではもっとも世間を賑わせた事件である。留置施設内での被拘置者どうしの「いじめ」により命を落とすという事件が，留置所の管理のあり方一般への疑義を生んだことで，警察当局は対応を迫られ，制度の抜本的な改革も提言される事態となったのである。影響力は伝統メディアの報道をきっかけとして盛り上がったネットでの議論から発したものであり，近時の影響性訴訟の典型例である。党はインターネットユーザーによる調査委員会を設置して調査をさせるという異例のうごきを見せたことからも，権力者がネット世論をいかに気にしているかを物語っている。

(2) 命の値段事件[26]

【事件の概要】

　何源(14歳)は重慶市内で肉の販売を生業とする農村戸口の夫婦の一人娘である。2005年12月15日，通学途中，同じ学校に通う2人の友人と出会い，3人で三輪自動車に同乗して学校へ向かった。正面から来た貨物を満載したトラックがブレーキ操作を誤って，バランスを失い，横転したところ，ちょうど，3人を乗せた三輪車が通りかかって，三輪車はトラックの下敷きとなった。この事故で3人の少女の命が失われた。事故善後処理委員会が組織され，事故原因を究明するとともに，死者の遺族に対する賠償につき検討さ

れた。3人の少女の家族は事故を起こした運転手が所属する運送会社と協議を行った。他の2人の少女の家族との間では早々に示談が成立し、それぞれ20万元の賠償金が支払われることとなった。しかし、何夫妻との交渉では規定どおりに賠償金を計算すれば、死亡賠償金は5万700元にしかならず、葬儀費用を加えてもせいぜい5万8000元にしかならないとされた。何夫妻に示された法的な根拠は、2003年12月4日採択され、翌年5月1日から施行された最高人民法院の司法解釈「人身損害賠償事件の審理において法律を適用する若干の問題に関する解釈」における以下のような規定であった。すなわち、死亡賠償金は受理裁判所所在地の前年度の都市部住民の平均可処分所得または農村住民の純収入を基準として、それぞれその20年分とすると規定されている。人身交通事故の損害賠償はこの規定に従うこととされていた。重慶市の統計によれば2004年の都市部住民平均可処分は9921元、これに対して農村住民の純収入は2535元にすぎなかった。したがって、それぞれの20年分が賠償額だとすれば、20万元と5万元という大きな差になってしまうのであった。それでも最終的には運送会社が8万元、運転手がこれに1万元を上乗せして、合計9万元を賠償するとした。

2006年3月13日、何源の父母は四川大学、上海交通大学法学院の周偉教授を通じて、全国人民代表大会常務委員会法制工作委員会に対して違憲審査の建議書を提出した。建議書のなかで、人身損害賠償に関する司法解釈は戸口による差別を定めており、これは憲法が規定する平等原則に反するとして、この司法解釈の廃止ないし新たな司法解釈を定めることを求めた。

【事件が引き起こした影響】

2006年3月15日、学者・胡星斗、弁護士・李方平はインターネット上に「都市・農村の差別的待遇を解消し、人身損害賠償基準を統一することに関する市民の意見書」を発表した。これをきっかけに学界、メディア、ネット上で都市と農村では「命の値段」が違うことの是非をめぐって議論が巻き起こった。最高法院が定めたいわゆる〔同命不同価〕のルールが批判の的とされたのである。

この議論は折しも起草中であった不法行為責任法に影響を与え、2009年

12 月に採択された同法の 17 条にはあえて以下のような規定が置かれた。「同一の不法行為によって複数の人を死亡させた場合，同じ金額で死亡賠償金を確定してもよい」。これによりまさに本件のように同じ交通事故で犠牲になった場合には，死亡賠償金を同額にできることとなった。

【コメント】

　そもそも中国法では死亡賠償を死者の生命権の喪失に対する補償とは位置づけられておらず，残された遺族の財産的な損失の塡補および精神的な慰撫のためとされてきたといわれる。したがって，死者の生活レベルを基準として賠償額を定めることには，それなりの理由がある。しかし，本件では同一の交通事故で同時に死亡したのにもかかわらず，戸口の類別の違いだけで，賠償額に倍以上の開きが出てしまったために，命の値段がそんなに違ってよいのかという疑問が提起されるに至ったものである。

　その戸口が都市か農村かによる異なる取り扱いは，あらゆる領域に及んでいることは周知のとおりである[27]。どの戸口を取得するかは親の戸口によって決まり，変更することを厳しく制限してきたため，それはあたかも生まれながらの「身分」のようなものとなってきた。1958 年に戸口登記条例が制定されて以来，農村から都市への人口の流入を制限したうえで，都市戸口をもつ者を優遇する各種政策がとられてきた。本件の発生によってそれがようやく「差別」問題なのだという認識が生まれたのである。近時は戸口による居住，就業，医療，年金，就学などの差別が問題となっているし，性別，容貌，身長，感染や疾病（B 型肝炎，HIV，糖尿病など），色覚障がいなどによる就職，就業条件における差別が問題とされつつある。

　このようにさまざまな場面で社会問題を「差別」という形で切り取るという思考が生まれてきている[28]。それはこうした具体的な事件の発生がきっかけとなっていることが多い[29]。背後には意識的に差別モードで問題をとらえ，それを法的問題に加工して社会に提起する弁護士層や NGO の働きがある。

(3) 映画「色・戒」一部カット事件[30]
【事件の概要】

　2007年11月9日，董彦斌(中国政法大学法学博士在学)は北京華星国際シネコンで映画「色・戒」を見て，大いにがっかりした。というのも，放映されたフィルムが一部カットされた不完全版であったからであった。そこで，11月13日，北京市西城区法院に北京華星国際シネコンおよび国家ラジオ・テレビ・映画総局[31]を相手に訴えを提起した。前者に対しては上映されたカット版映画の筋の構成が不完全であり，消費者の公正な取引権，知る権利を侵害したこと，後者については映画に対する検閲が厳しすぎであり，また映画にランク制[32]を導入していないことから社会的公共の利益に反することを理由としていた。原告は中国の消費者だけが完全版を見ることができないのは，不当に権利を制限するものであると考えた。具体的には劇場に対しては，チケットの払い戻しないし交換，謝罪，精神的賠償500元の支払いを求めた。また，国家ラジオ・テレビ・映画総局に対しては，「南方週末」紙上での謝罪広告の掲載，精神損害賠償500元の支払いを請求した。また，11月16日には同様の理由により，北京華星国際シネコンを相手に北京市海淀区法院にも訴えを起こした。さらに，同日，原告と北京大学法学院の習小波講師が連名で一市民の立場で，国務院に対して「映画脚本(梗概)登録，映画フィルム管理規定」14条3項について合法性審査を行うよう建議書を送った。

　西城区法院，海淀区法院は原告がノーカット版のフィルムを証拠として提出していないことを理由として，即日，事件として取り上げないことを決定した[33]。

【コメント】

　本件は台湾の映画監督，李安の中国国内用にカットされた作品を見た一観客が起こした民事訴訟であるが，原告の訴訟提起の真の目的は謝罪や慰謝料の支払いを求めることにはないことが明らかである。原告が提起したかったのは映画上映の自由に対する国家による統制システムに対する異議の申し立てであり，より制限的でない映画コンテンツ規制を要求するものである。性

的な描写や暴力などの場面につき国なり業界団体が一定の基準により，制約を加え，フィルムの一部をカットしたり，観客の年齢などに制限を加えることがありうることは認めつつも，中国ではその制限の幅が広すぎること，そして年齢制限などの手法をとっていないことを問題にしている。その際，主張の根拠を消費者としての権利に求めている点が注目される。ことは言論の自由に関わるわけであるが，正面からそれを問題にするのではなく，あえて経済的な論点を迂回させることで問題が政治化することを避けようとしたのであろう。しかし，残念ながら裁判所はそれでも本件を受理することはなく，法的な判断は示されなかった。

　上映用に映画作品の一部をカットする法的な根拠は，国務院の行政法規である映画管理条例(2001年)25条，国家ラジオ・テレビ・映画総局の行政規則である「映画脚本(梗概)登録，映画フィルム管理規定」(2006年)13条である。以下，これらを引用する。

　　映画管理条例25条「映画フィルムには以下の内容を含めることを禁止する。
　　(1)　憲法が確定する基本原則に反するもの
　　(2)　国の統一，主権および領土の完全性を害するもの
　　(3)　国家機密を漏洩，国の安全を脅かすないし国の栄誉や利益を傷つけるもの
　　(4)　民族間の憎悪，民族的差別を煽り，民族の団結を破壊するか民族の風俗，慣習を侵害するもの
　　(5)　邪教，迷信を宣揚するもの
　　(6)　社会の秩序を攪乱し，社会的安定を破壊するもの
　　(7)　猥褻，賭博，暴力を宣揚する，もしくは犯罪を唆すもの
　　(8)　他人を侮辱または誹謗し，他人の合法的権利・利益を侵害するもの
　　(9)　社会的公徳もしくは民族の優秀な文化的伝統を害するもの
　　(10)　その他法律，行政法規および国が禁止する旨を定めるその他の内

容を含むもの」

　映画脚本(梗概)登録，映画フィルム管理規定14条「映画フィルムに以下の内容を含む場合は，削除編集を加えなければならない。(1)(2)略。(3)猥褻色情，低俗な内容を交えていたり，淫乱，強姦，買春，売春，性行為，性的変態などの場面，男女の性器など隠すべき部位を描くもの。口汚く低俗な台詞，歌曲，BGMないし音響効果などを交えているもの。」

　本件で問題になった映画には猥褻なシーンが含まれていたと考えられたため，これらの規定に基づき，そのシーンをカットしたうえで上映されたものである。本件の原告は映画監督などの製作者ではないし，フィルムをカットすることの是非を検閲当局と直接，争った事件ではない。その意味では表現の自由や著作権に対する制限の限界や正当性が問題とされたわけではない。映画を鑑賞する観客の立場から消費者の権利が侵害されたとして間接的にフィルム編集の是非が問題とされた。まさに権威主義的政治レジームのなかで経済システムだけに競争原理を導入し，市場化を図る現在の中国で，正面からは争いがたい政治的テーマを巧みに経済的な論点に加工したものといえよう。

　本件の影響によって具体的に制度や法の変動が生じたわけではないが，国が映画フィルムの一部カットを命じるという制度が憲法や他の法律との関係で緊張感をはらむ問題であることを世に示したという意味で，重要な意義をもつであろう。

V　むすびにかえて

　権利獲得のための社会運動を広く組織することは，現在の政治レジームの下では多くの制約や困難を伴う。その点で日本の制度改革訴訟が弁護団や市民，マスコミを巻き込んだ運動となるのとは，まだ次元を異にする。しかし，

個別の権利救済の請求という形をとる訴訟ならば，一般的な権利充足・拡大の主張を合法的になしうる[34]。政治的な主張を法的論点へと加工することによって，問題はある程度，技術化，専門化され，法廷という公共空間での理性的議論を可能にする。政治の民主化には踏み出していない現状では，裁判はさまざまな異議申し立ての合法的回路として活用可能である。これに着目した人権派弁護士，メディア，ネット世論などの力が合わさることで，すでに地道な社会変革を導出しているのである。

30年にわたる法整備の努力を経て，中国の司法はいまだ政治的意味をもたされ，法の世界が独自の論理を貫徹できない状況にある[35]とはいえ，赤裸々な政治そのものとは違う質を獲得しつつある。その意味で法や裁判を通した異議申し立ては，中国社会の体制内変革推進のための貴重な回路として重要性を増すことであろう。

とはいえ，中国には日本国憲法のように国民に裁判を受ける権利を保障していないこともあり，法院が原告の訴えを受理し，手続を開始するとは限らず，多くの政治的にデリケートな事件は理由を説明することもなく，恣意的に門前払いされているのが現状である。さらには裁判の結果が権力の制御や法による政治の統制の効果を挙げるには，司法の独立性が確保されていなければならない。しかし，目下のところ法院は「地元政府のもっとも聞き分けのよい下部組織[36]」，「中国の裁判は権力の道具[37]」になっているのというのが，なお現状である。こうした状況下では裁判に過大な期待をすることは慎まなければならない。その意味では足取りは今後もジグザグした曲折を描くことであろう。

1) 高見澤磨・鈴木賢，『中国にとって法とは何か』(岩波書店，2010年)，86頁以下参照。
2) たとえば，税制の分野では課税の根拠となっている法律は企業所得税法，個人所得税法，車船税法のみであり，課税に関するルールは法律以下の行政法規や行政規則，地方性法規などが依然として詳細を定めている。また，放送メディアに対する国による統制を媒介するのも，法律ではなく，行政法規であるラジオ・テレビ管理条例(1997年)である。総じて，行政権の発動の根拠法令が低いレベルの法規に依っていることが多い。

3) 法案の起草段階で広く社会から修正意見を聴取した代表例としては，物権法(2006年)や労働契約法(2007年)がある。鈴木賢，「中国法の変容と共産党統治のゆくえ」(東亜535号，2012年，35頁以下)参照。
4) 艾佳慧，「網絡時代的影響性訴訟及其法治影響力——基於2005〜2009年度影響性訴訟的実証分析」(呉革主編，『中国影響性訴訟　2009年巻』，法律出版社，2010年，484頁)。
5) 中国では原告が訴えを法院に提起しても，それが受理されて訴訟が開始されるかどうかは法院の広い裁量的判断に委ねられており(いわゆる〔立案政治学〕)，受理されるとは限らない。特に政治的にデリケートな事件は受理されることが難しく，〔受理難〕といわれる現象がある。裁判を受ける権利がないことの反映である。
6) 法のクレオールの視座については，本書，長谷川晃，「法のクレオールと法的観念の翻訳」，特に第Ⅲ節。また，〔後法律移植時代〕の動向に関しては，呉革，「影響性訴訟：一種個案到法治的実践活動和研究範式」(同主編，『中国影響性訴訟2005』，法律出版社，2006年，2頁)参照。なお，筆者は中国がすでに法継受段階を卒業し，次の段階に入ったとは考えていない。条文を継受したとしても，それはけっして継受の終了を意味するものではなく，それを実際に根づかせるためには，その後も母法から判例，学説を受容し続ける必要があることは，日本の近代以来の法発展を見れば明らかであろう。
7) 高見澤・鈴木，前掲書，122頁参照。
8) 2005年から毎年，影響性訴訟の選出運動が行われている。呉革らは専門のウェブサイトを開設している。http://www.chinacase.org/(2012年3月2日アクセス)
9) 呉，前掲論文「影響性訴訟」，1頁。
10) 呉革は「造権運動」の生起であるという。
11) 淡路剛久，「被害者救済から権利拡大へ」(法律時報81巻8号，2009年，6頁以下)参照。
12) 2010年度は中国影響性訴訟網という専用サイト，南方週末のサイトを通じて，広く一般から投票を募って，十大影響性訴訟の選出を行っている。2010年度の十大影響性訴訟についての評論大会が2011年1月17日，中国法学会案例研究専門委員会(呉革が会長を兼務)の主催で開催され，多くの学者がコメンテーターを務めている。
13) 以下は基本的に艾佳慧，前掲論文に依拠している。
14) 2008年には台湾の元総統，陳水扁の汚職容疑にかかる刑事訴訟が十大影響性訴訟に選ばれているが，これも中華人民共和国憲法の法体系の下で中華人民共和国の人民法院に提起された訴訟ではなく，本来は本稿の分析から除外すべき事件である。陳水扁事件については，呉革主編，『中国影響性訴訟2008年巻』(法律出版社，2010年)，190頁以下参照。
15) 先述したように中国では当事者が提起した訴えが必ずしもすべて事件として取り上

げられるとは限らないという特殊な事情がある。
16) 艾佳慧，前掲論文，473頁参照。
17) 渡辺浩平編，『中国ネット最前線——「情報統制」と「民主化」』(蒼蒼社，2011年)参照。
18) 呉革，「影響性訴訟是中国律師的新主張」(同主編，『中国影響性訴訟 2006上』，中国検察出版社，2007年，179頁)。
19) 呉革，「用"影響性訴訟"推動司法進歩」(法律与生活2007年9期，30頁)参照。
20) 艾佳慧，「唐福珍自焚抗拒暴力折遷案」(呉革主編，『中国影響性訴訟 2009年巻』，法律出版社，2010年，339頁)参照。
21) 劉武俊，「影響性訴訟：法治進歩的司法引敬」(人大研究2006年3期，13頁)参照。
22) 劉，前掲論文，13頁参照。
23) 董皓，「"躲猫猫"案：兼論民意与法治発展的良性互動」(呉革，前掲書『中国影響性訴訟 2009年巻』，297頁以下)参照。
24) 党の宣伝部はメディア，言論活動を指導，管理，検閲，統制するイデオロギー監視のための組織。
25) 人民代表大会が憲法71条に基づき調査委員会を組織し，監督権を行使すべきだとする声もあがったという。
26) 王振寧，「"同命不同価"？——何源車禍死亡賠償金事件」(呉革，前掲書『中国影響性訴訟 2006上』44頁以下)参照。
27) 木間正道他，『現代中国法入門』第5版(有斐閣，2009年)，236頁参照。
28) 高見澤・鈴木，前掲書，140頁参照。
29) 前述の〔同命同価〕の建議をネット上に発表した李方平弁護士は，B型肝炎による就職差別訴訟をはじめとして，多くの反差別事件を扱い，多くの影響性訴訟の弁護を担当していることで知られている。「李方平：我対不公平很敏感」(新世紀週刊2007年17期，73頁以下)参照。
30) 憑永強，「《色・戒》案：以消費者身分份介入言論自由的争取」(呉革主編，『中国影響性訴訟2007年巻』，法律出版社，2010年，86頁以下)参照。
31) ラジオ，テレビ，映画事業，放送・放映コンテンツに対する検閲，管理を担当する国務院傘下の行政機関。
32) ここでいうランク制とは，映画の内容に応じて成人向け，R指定など，劇場に入場できる年齢に制限を設ける制度を指す。
33) 原文は〔未准其立案〕。「立案を認めなかった」の意。
34) 個別問題の解決を訴えるルートとしては，党や人民代表大会，政府，法院，検察院などで受け付けている〔信訪〕(手紙や訪問による苦情申し立て)も重要である。これはともすれば社会運動化しやすく，合法と違法の間のぎりぎりの異議申し立て手段である。

35) 髙見澤・鈴木，前掲書，158 頁以下参照。なお，憲法学者の張千帆(北京大学教授)は，中国では他の法治国家と異なり，政治過程と法律過程が未分離のままであることを指摘する。張千帆,「従"党管幹部"到"党管立法"」(蔡定剣・王占陽主編,『走向憲政』, 法律出版社，2011 年，210 頁)参照。
36) 艾佳慧，前掲論文「唐福珍自焚抗拒暴力折遷案」，346 頁。
37) 坂口一成,『現代中国刑事裁判論』(北海道大学出版会，2009 年)，360 頁。

あ と が き

長谷川 晃

　本書は，冒頭にも述べたように，科学研究費基盤研究(S)プロジェクト(2005～09年度)の成果である。まず，この研究プロジェクトに対して助成を認めてくださった日本学術振興会とその関係者の方々に，研究代表者として改めて感謝の意を表したい。助成に見合うに足る十分な研究成果となったかどうかという点では若干肯定に躊躇するところもあるとはいえ，広範でかつ複雑な法のクレオール，ないしは異法融合の問題についてあらたな多角的研究の端緒を提供できたであろうし，その限りで一定の成果はあったと考えていただけるかと思う。

　次に謝意を表すべきは，この研究プロジェクトを見守り，陰に陽に支えてくださった北海道大学大学院法学研究科の諸先生方である。特に，この研究プロジェクトを法学研究科基礎法学講座の共同研究活動の柱と位置づけてサポートをしてくださった，二代にわたる研究科長(岡田信弘・常本照樹両教授)のご理解とご支援に感謝申し上げるとともに，この研究プロジェクトとともに私が直接に所属していた法学研究科附属高等法政教育研究センターの長としてご支援をいただいた宮本太郎教授にも御礼申し上げたい。この他にも法学研究科の多くの先生方には，この研究プロジェクトに関心を示していただき，メンバー一同，大いに励みになったことを申し添える。

　さらに，逐一お名前を挙げることはできないが，この研究プロジェクトの遂行に際して，実のある講演や研究報告などで大いに刺激を与えてくださった諸先達と畏友の研究者の方々にも，心から感謝したい。これらの人々との間の友情に溢れかつ真剣な意見交換によって，メンバーの問題関心やアプローチは大いに研ぎ澄まされた。とりわけ，次の四氏はこの研究プロジェクトの過程を通じて，継続的な関心とサポートを与えてくださった。ここに特

に記して，改めて深甚の謝意を表したいと思う。——神戸大学大学院法学研究科教授・樫村志郎氏，関西大学法学部教授・角田猛之氏，東京外国語大学大学院総合国際学研究院教授・西谷修氏，京都大学人文科学研究所教授・山室信一氏。

　加えて，この研究プロジェクトの成果たる本書の刊行に際しては，北海道大学大学院法学研究科選書の一環として位置づけることについて法学研究科出版助成小委員会委員長(当時)の吉田克己教授(現早稲田大学)や委員の方々のご高配をいただくことができた。現今の出版事情の下では，本書のような専門的内容の書物の刊行は，この種の助成なしにはなかなか難しい。厚く御礼申し上げたい。また，本書の出版の事務的なサポートをしてくださった北海道大学出版会にも感謝する。とりわけ，本書の編集担当の労をとってくださった滝口倫子さんには，本書の構成，印刷，校正などすべての製作段階で多々お世話をいただくとともに，細やかな配慮をいただくことができた。衷心より感謝申し上げる。

　最後に，この研究プロジェクトの代表者として，メンバーとして協同し本書に研究成果を寄せてくださった敬愛する同僚・友人諸氏にも，心からの感謝の意を表したい。それぞれに個性溢れ，かつ俊英の基礎法学者であるメンバー諸氏から多くを学ぶことができたこと，またその研究が各段階において法学研究科の共同講義「比較法文化論」として展開され少なからぬ聴講者を集めることができたことは，代表者として大きな喜びである。法のクレオールというあらたなパースペクティヴをめぐるこの研究プロジェクトが一つの重要な契機となって，これらの俊秀各氏による北大法学研究科や日本全体における基礎法学の研究と教育が，現今の厳しい学術事情を乗り越えて，今後さらに革新的で充実したものとなってゆくことを願ってやまない。

索　引

欧　文

adatrecht　55
communitarian　160
communitarianism　168
Dogma　145
Dogmatik　145
European Communities Act 1972（1972年EC加盟法）　177
hak　53, 54
hak ulayat　54, 68, 69
hukum　69
hukum（法）　55
hukum adat　55
ius　53
Lawrence v. Texas　198
Legalism　157
Rechtsdogmatik　145
Rezeption（継受）　66
Roper v. Simmons　199
Transplant（移殖）　66
Wheaston, Henry　53

あ　行

アヴィニヨン　122, 126
アダット法　54, 70
アメリカ合衆国　197
アメリカ内部の多様性　206
アメリカ例外主義　205
アラビア語　54-55
アリストテレス　144
アーレント，ハンナ　143
アングロ・ノルマン学派　95
異議申し立て　278
イギリス法　147
「生ける憲法」論　204
生ける法　146
意識的な過失　247

『板倉政要』　218, 220
イデオロギー　35
命の値段事件　272
井原西鶴　217, 229, 231
異法融合　i, iii, iv, vii, viii, xii, 283
今福龍太　26
EUの法秩序　173
EU判例法　174
EU法　173
EU法の優位性　174, 177
因子分析　56
インターネット　267, 269
インドネシア　53, 54, 58
インドネシア語　54, 55
ヴィーアッカー，フランツ（Franz Wieacker）　93
ヴィコ　144
ヴィーン大学　132
ウェイド，H・W・R（Henry William Rawson Wade）　177
ヴェーバー，マックス　150
ウォーフ，B・L（Benjamin Lee Whorf）　52, 67
ヴォルシュレーガー，クリスチャン　38
映画管理条例　276
影響性訴訟　264, 265, 266
英米法圏　173
エリュチュ，エシン　25, 28
エールリッヒ，オイゲン　146
欧州人権条約　191
大堀寿夫　65
オランダ法　54

か　行

外国法　198
解釈学的循環　144
解釈的活動主体性　ix, xi, xii, 8, 9, 12-14, 16, 18, 19, 23

解釈的理解　163
概念転回　21, 22
学位　119, 123, 125
拡散 diffusion　51, 66
学識法　117, 125, 126, 128, 131
学識法学　93, 95
学識法的(ローマ・カノン法的)訴訟手続
　　93
学問化　117
かくれんぼ事件　270
過失　244
樫村志郎　29, 30, 284
ガダマー(Georg Gadamer)　144
価値判断　160, 255
可能的諸結果　163
カノン法学　94, 95, 98
上方　216, 218, 233
川島武宜　33, 63
鑑定　121, 132
カント(Immanuel Kant)　144
観念的期待　21, 22
キェルケゴール　153
貴族　119, 131, 134
規定的判断力　144
逆翻訳 back translation　58, 60
客観的可能性　161
究極(ultimate)　182
宮廷　127, 131
教会裁判所　121
教会大分裂　119, 123, 126, 127
教会法　117, 119, 121, 123-129, 132
教皇　122
教皇庁　122, 129, 132
共同体重視　63
キルヒベルク，ハインリヒ・フォン
　　(Heinrich von Kirchberg)　123
金印勅書　128, 131
近世前期　215, 216, 220, 233
クザーヌス，ニコラウス　123, 134
クレオール　i, ix, 2-7, 15, 26, 27, 51
クレオール過程　ix, 7, 8, 11, 15, 18
クレオール状況　7-9, 11, 13, 15, 22
クレオール法学　149
グレン，H・パトリック　25, 30
グロスフェルト，ベルンハルト　52, 67

継受　i
決断主義　160
ケルン大学　120, 121
原意主義　204
権威主義政治レジーム　264, 268, 277
原状回復(in integrum restitutio)　80
憲法革命　182
憲法制定権力(constituent power)　189
憲法訴訟　197
憲法的(constitutional)制定法　184
権理　53
権利意識　52
故意　244
公案小説　215, 217, 218
行為　35
行為的直観　170
公共性　151
耕作権　64
公証手引書　93, 106, 107
合法的支配　156
呉革　265
コキーユ，ギー(Guy Coquille)　78
国王選挙　128
国家主権の原則　176
国家的制定法　147
国家的法観　147
小林寧子　54
個別法 iura propria　103
コミュニティー　219, 220, 225, 229, 233
顧問　129, 131, 132
固有法(adat, adat 法)　53, 54
コンスタンツ公会議　127, 130

さ　行

裁判員制度　70
裁判官　224, 226, 228, 231
裁判への一般人の参加　70
裁判物　215-217, 232, 234
詐術　249
サピア＝ウォーフ仮説　52, 67
差別　274, 280
志賀直哉　242
「色・戒」一部カット事件　275
自記式留め置き法　55
死刑　199

自然科学　253
自然と作為　43
自然の摂理　46
実践的推論　254
実践哲学　143
死亡賠償金　273, 274
島田弦　54, 68
市民　119, 132
社会構造　216, 233
社会秩序の法化　38
社会的なるもの the social　151
社会的法観　147
借用語　54
シャロンダス＝ル＝カロン，ルイ(Louis Charondas Le Caron)　76
ジャワ語　54, 55, 68
自由学芸　120, 121, 123, 129
十大影響性訴訟　266
十人組　221-223
主体性　118
受理難　279
尚書局(chancellerie)　73
上訴　122, 124-126
承認のルール　178
消費者の権利　276
書記　123, 129
職権　93
自律倫理　155
新カント派　170
人権派弁護士　268, 278
人文主義　78, 140
信訪　280
ジンメル(Georg Simmel)　156
信用　225, 226, 233
森林採取権　69
水利権　69
末弘厳太郎　243
スーフィー教団　54
スポモ(Raden Soepomo)　70
政策形成型訴訟　265
政治的判断力　143, 152
聖職者　119, 121, 123, 129
聖職禄　119, 121-124
制定法実証主義　147
制度　35

責任倫理　154
1998年人権法　191
共通感覚(センスス・コムーニス)　143, 147
宗匠　231
相同性認知　20-22
相同的転回　21
訴訟戦術　102, 106
訴訟法書　93, 106, 107
社会政策(ゾチアールポリティーク)　157
孫志剛事件　265, 269
村落共同体　64

た　行

大学　118
ダイシー(Albert Venn Dicey)　176
対人関係重視　60, 62, 63
対人関係の重視　58
大陸法圏　173
談林　229, 230, 232
町　219, 220
町年寄　220-222
町人　218-220, 225, 229, 233
直接効　174
通常の(ordinary)制定法　184
つくられた権限(constituted power)　189
津田真一郎　53
角田猛之　25, 284
帝国集会　131, 133
ディルタイ(Wilhelm Dilthey)　166
手続　124, 132
デニング記録長官(Alfred Denning)　178
デュマ，オーギュスト(Auguste Dumas)　74
ド・スミス(Stanley Alexander de Smith)　189
『棠陰比事』　216, 217, 219, 227, 233, 235
ドゥオーキン，ロナルド(Ronald Dworkin)　1, 25, 27, 29-31
導管のメタファー　66
当事者　93, 98
当然無効(nullité de plein droit)　80
戸口　274
ドマ，ジャン(Jean Domat)　81
取消(rescision)　73

取消状(lettres de rescision) 73
トワイニング，ウィリアム(Twining) ii, iii, 24, 25, 175

な 行

中田薫 67
ナラティヴ 250
ナラティヴ・ジュリスプルーデンス 252
西田幾多郎 170
西谷修 26, 27, 284
ニーチェ(Friedrich Nietzsche) 159
日本 53, 55
『日本人の法意識』 33
人間主義 159
『認知言語学』 65
認知言語学 65, 66
認知の枠組み 64
ネット世論 265, 268, 272, 278
野田良之 67

は 行

ハイデッガー(Martin Heidegger) 159
ハイデルベルク大学 120, 129
ハイムブルク，グレーゴル(Gregor Heimburg) 131, 132
長谷川晃 146
バーゼル公会議 127, 130, 133
ハート，H・L・A(Herbert Lionel Adolphus Hart) 178
パドゥア大学 125, 132
パリ大学 119, 120, 123, 129
『万国公法』 53, 67
反省的判断力 144
『範の犯罪』 242
比較文化研究 58
比較法学 175
比較法研究 208
ピサ公会議 129, 130
ピジン，クレオール語 65
美的判断力 151
ピューリタニズム 156
表現の自由 277
ファクタテイム事件(Factortame) 179
フェーナー，ヨブ(Job Vener) 128
ブチリエ，ジャン(Jean Boutillier) 76

普遍的道徳法則 155
不法行爲 248
不法行爲責任法 273
プラトン 151
プラハ大学 119, 120
フランク，ジェローム(Jerome Frank) 252
フランスにおいて無効の主張はなんら実現されない。 73
フランス法(droit françois) 74
ブリッジ裁判官(Nigel Bridge) 180
フルーリー，クロード(Claude Fleury) 81
賢慮(フロネーシス) 143, 158
文化 34
文化説対制度説 33
文化変容 acculturation 51
文芸 215, 229, 233
米国 53, 60
ベイナー，ロナルド 143
ヘーゲル(G, W, F, Hegel) 164
ペリクレス 162
弁証法 145
法意識 66
法意識についての質問票調査 55
法解釈 248
法解釈学 145
法学テクスト 254
法学の復活 →学識法学
放棄(renonciation) 75
法教義学 145
法継受 263
法現実主義 253
法実務 93, 99
法生活の学問化 93, 94, 99, 103, 107
包摂演繹論理 146
包摂実証主義 146
法的三段論法 146
法的思考 253
法的主体 66
法的推論 248
法的変成 i
法的変成のマトリックス 12, 15, 22
法と言語 51
法と文学 241

(法についての)知識不足　98-99, 105-106
法の科学性　253
法のクレオール　i, ii, iii, iv, vi, vii, viii, ix, x, xi, xii, 1, 6, 11, 12, 13, 14, 15, 16, 17, 18, 19, 20, 23, 24, 26, 27, 28, 29, 30, 241, 264, 283
法の継受　1, 15
法の相互作用　66
法の伝播/拡散　ii, iii, 6, 65, 66
法のパラダイム　1, 2
法の普遍性　42
法文化　2
法務官（*praetor*）　80
法律顧問　125, 133
ポスト法律移殖時代　264
ポチエ，ロベール＝ジョゼス（Robert-Joseph Pothier）　82
堀田秀吾　28, 51, 65
穂積重遠　67
ポパー，カール（Karl Popper）　18
ボローニャ大学　118, 120, 125, 127, 129
翻案　215, 218, 233
『本朝桜陰比事』　217, 220, 225, 229
翻訳　215, 233

ま 行

マインツ大司教座フェーデ　132
松尾弘　29
マルクス（Karl Marx）　170
マレー語　54, 55, 68
三木清　169
ミッチェル，J・D・B（John D, B, Mitchell）　189
未必の故意　247
民事裁判　215, 216, 219, 233

民法 21 条　249
民法 94 条　249
民法 709 条　248
命令権（*imperium*）　80
メートル法殉教者（Metric Martyrs）　183
メニヤル，エドモン（Edmond Meynial）　75
物語　250

や 行

安田信之　68
ヤスパース　171
柳父章　67
山室信一　30-32, 284

ら 行

rights，権利　v, x, 19-22, 29, 31, 52, 53
ラートブルフ（Gustav Radbruch）　157
ランデック，マルクヴァルト・フォン（Marquard von Randeck）　127
リーガル・リアリズム　253
立案政治学　279
リッカート（Heinrich Rickert）　169
李方平　273, 280
ルカーチ（Georg Lukács）　170
ルートヴィヒ 4 世　126
ループレヒト　128, 129
連句　229, 233
連帯　223, 224, 229, 233
ローズ裁判官（John Laws）　184
ローマ法　119, 121, 124, 128, 132, 147
ローマ法学　94, 98
ローマ法継受　117
ロワゼル，アントワーヌ（Antoine Loisel）　73

執筆者紹介（掲載順）

長谷川晃（はせがわ　こう）
　別記

尾﨑一郎（おざき　いちろう）
　1966 年生まれ
　東京大学大学院法学政治学研究科修士課程修了
　北海道大学大学院法学研究科教授

松村良之（まつむら　よしゆき）
　1947 年生まれ
　東京大学法学部卒業
　北海道大学名誉教授

齋藤哲志（さいとう　てつし）
　1979 年生まれ
　東京大学大学院法学政治学研究科修士課程修了
　北海道大学大学院法学研究科准教授

水野浩二（みずの　こうじ）
　1973 年生まれ
　東京大学大学院法学政治学研究科博士課程修了
　北海道大学大学院法学研究科准教授

田口正樹（たぐち　まさき）
　1965 年生まれ
　東京大学法学部卒業
　北海道大学大学院法学研究科教授

今井弘道（いまい　ひろみち）
　1944 年生まれ
　京都大学大学院法学研究科博士課程中途退学
　浙江大学光華法学院特聘教授

中村民雄（なかむら　たみお）
　1959 年生まれ
　東京大学大学院法学政治学研究科博士課程修了
　早稲田大学法学学術院教授

会沢　恒（あいざわ　ひさし）
　1971 年生まれ
　東京大学大学院法学政治学研究科博士課程中途退学
　Northwestern University School of Law LL. M. Program 修了
　北海道大学大学院法学研究科教授

桑原朝子(くわはら　あさこ)
　　1974年生まれ
　　東京大学法学部卒業
　　北海道大学大学院法学研究科准教授

林田清明(はやしだ　せいめい)
　　1951年生まれ
　　九州大学大学院法学研究科博士課程単位取得退学
　　北海道大学大学院法学研究科教授

鈴木　賢(すずき　けん)
　　1960年生まれ
　　北海道大学大学院法学研究科博士課程修了
　　北海道大学大学院法学研究科教授

長谷川 晃（はせがわ　こう）

1954年　秋田市に生まれる
1977年　東北大学法学部卒業
1982年　東京大学大学院法学政治学研究科博士課程修了
現　在　北海道大学大学院法学研究科教授

主要著書
・権利・価値・共同体（弘文堂，1991年）
・解釈と法思考（日本評論社，1996年）
・市民的法秩序のゆくえ（編著）（北海道大学出版会，1999年）
・公正の法哲学（信山社，2001年）
・ブリッジブック法哲学（共編著）（信山社，2004年）
・新訂市民社会と法（共著）（放送大学出版振興会，2012年）

北海道大学大学院法学研究科研究選書 6
法のクレオール序説──異法融合の秩序学
2012年6月29日　第1刷発行

編著者　長 谷 川　晃

発行者　吉 田 克 己

発行所　北海道大学出版会
札幌市北区北9条西8丁目 北海道大学構内（〒060-0809）
Tel.011(747)2308・Fax.011(736)8605・http://www.hup.gr.jp

㈱アイワード／石田製本　　　　　　　　©2012 長谷川晃
ISBN978-4-8329-6760-1

北海道大学大学院法学研究科　研究選書

1	投票行動の政治学 ——保守化と革新政党——	荒木俊夫 著	A5・330頁 定価5400円
2	《法と経済学》の法理論	林田清明 著	A5・318頁 定価5400円
3	不当労働行為法理の基本構造	道幸哲也 著	A5・272頁 定価4600円
4	アメリカの環境訴訟	畠山武道 著	A5・394頁 定価5000円
5	社会保険の基本構造 ——社会保障における「連帯」のかたち——	倉田 聡 著	A5・386頁 定価5000円
6	法のクレオール序説 ——異法融合の秩序学——	長谷川晃 編著	A5・318頁 定価5200円

〈定価は消費税を含まず〉

——— 北海道大学出版会 ———

書名	著者	体裁・定価
〈北海道大学法学部ライブラリー4〉 市民的秩序のゆくえ	長谷川晃 編	A5・322頁 定価4200円
〈北海道大学法学部ライブラリー3〉 情報・秩序・ネットワーク	田村善之 編	A5・466頁 定価6000円
〈北海道大学法学部ライブラリー6〉 複数の近代	小川浩三 編	A5・408頁 定価5200円
平和憲法の確保と新生	深瀬忠一 他 編著	A5・400頁 定価3600円
「市民」の時代 ──法と政治からの接近──	今井弘道 編著	四六・320頁 定価2400円
現代中国刑事裁判論 ──裁判をめぐる政治と法──	坂口一成 著	A5・410頁 定価7500円
市場・人格と民法学	吉田克己 著	A5・464頁 定価7600円
競争秩序と公私協働	吉田克己 編著	A5・298頁 定価3800円
環境秩序と公私協働	吉田克己 編著	A5・254頁 定価3800円
教材憲法判例[第4版増補版]	中村睦男 他 編著	A5・510頁 定価3000円
アメリカ憲法史	M.L.ベネディクト 著 常本照樹 訳	四六・266頁 定価3000円
法のことわざと民法	山畠正男 福永有利 著 小川浩三	四六・240頁 定価1400円

〈定価は消費税を含まず〉

──── 北海道大学出版会 ────